KB075827

서미석

서양 고전 전문 번역가이자 편집자.

어려서부터 호기심이 많아 이야기 속 미지의 세계를 탐닉하다 보니
자연스럽게 책과 가까워졌고, 독후감을 쓰며 글쓰기에
자신감을 얻었다. 서울대학교 서어서문학과에서 문학을
공부하고 졸업 후 종합상사에 입사해 무역, 외환, 홍보, 번역 등
다양한 업무를 경험했다.

정말 좋아하는 일이 무엇일까 찾고 고민하다가 접어 두었던
꿈을 기억해 내고 번역가의 길로 들어섰고, 어린 시절
무척이나 좋아했던 그리스·로마 신화와 북유럽 신화 등을
번역했다. 첫 작품 『아서 왕과 원탁의 기사』를 시작으로
『칼레발라』, 『러시아 민화집』 등 서구의 옛 이야기들을
거쳐 『로빈 후드의 모험』, 『아이반호』, 『벤허』 등 역사
소설로 작업의 지평을 넓혀 갔고 『성전 기사단과 아사신단』,
『호모 쿠아에렌스』, 『루터의 밧모섬』, 『불멸의 서 77』 등
서구 문화를 다룬 다양한 도서를 번역하면서 책 전반에 대한
관심이 커져 『인포그래픽 성경』, 『장서표 100』을 비롯한
책 몇 권을 도맡아 편집하기도 했다.

20년 넘게 다양한 작품을 옮기고 섭렵하며 쌓은 헬레니즘과
헤브라이즘 지식을 더 많은 독자들과 나누고 싶어서 유래 깊은
이야기에서 탄생한 영어 표현 366개를 엮어 이 책을 펴낸다.

하루 영어교양

하루 영어교양

매일 한 줄로 익히는 서양 문화 상식 365

유유

서미석 지음

일러두기
1. 본문 속 성경 인용문은 개신교와 가톨릭의 여러 판본을 비교·대조하여 입말에
조금 더 가까운 쪽을 택하고, 독자의 이해를 돕기 위해 저자가 풀어 쓰기도 했다.
2. 성경 각 책의 제목과 인명은 가톨릭 성경에 따라 표기했다.

들어가는 말
말 한마디에 담긴 신화와 문학, 역사와 문화

혹시 'head on a plate'와 'sow dragon's teeth'가 무슨 뜻인지 짐작이 가시는지?

'쟁반에 담긴 머리'와 '용의 이빨을 뿌리다'라는 글자 그대로의 의미만으로는 '가혹한 처벌'과 '화근거리를 만들다'라는 속뜻을 유추하기 쉽지 않을 것이다. 이렇게, 어구를 구성하는 단어들의 원래 뜻과는 한참 동떨어진 채 하나의 관용어로 굳어진 표현들을 이해하려면, 그 유래에 얽힌 이야기와 배경을 알아야 한다. 'head on a plate'는 성경에 나오는 세례자 요한의 참수 사건과 관련 있는 표현이고, 'sow dragon's teeth'는 그리스 신화에 등장하는 테베의 건설자 카드모스의 일화에서 유래한 말이다.

이 책은 영어 관용어 표현의 유래와 배경을 알아보며 그 안에 담긴 서구의 사고방식과 문화를 엿볼 수 있도록 이끄는 교양서다. 그리스·로마 신화를 비롯하여 서구의 신화·성경·문학·역사와 관련된 책을 오랫동안 번역하고 편집하면서 고유명사나 특정 용어 등이 등장하면 독자의 이해를 돕기 위해 주를 달곤 했는데, 그런 작업이 이어지며 서양의 고사성어와 관련된 표현을 설명하는 책을 쓰면 좋겠다는 생각이 들었다. 서양의 관용 표현을 익혀 두면 작품을 읽을 때 이해의 폭이 커질 뿐 아니라 덤으로 교양도 키울 수 있을 테니 말이다.

동양 문화권에 속한 우리가 불교에서 유래한 표현이나 중국의 고사성어에 익숙하듯이 서양에는 서양 문화를 이루는 두 축인 헬레니즘과 헤브라이즘에서 유래한 표현이 많다. 특히 중세를 거치며 그리스도교가 생활 전반에 스며들었을 뿐 아니라 지식을 보존하고 전수하는 역할까지 맡게 되면서 성경에서 유래한 표현이 자연스레 어휘에 녹아들었다. 영화나 게임을 비롯한 대중문화에서도 신화와 성경에서 유래한 모티프들이 끊임없이 차용되며 변주되고 있다.

중세 이후에는 셰익스피어나 월터 스콧 같은 대문호의 작품에 등장하여 유명해진 표현도 생겨났다. 작가가 새롭게 만들어 유명해지기도 하고 구전으로 떠돌던 표현이 작품 속에서 알맞게 쓰여 회자되며 널리 퍼지기도 했다. 또한 지식이 상류층의 전유물에서 벗어나는 근대로 오면서 여러 단계를 거쳐 형성된 표현도 있다.

이렇게 신화·성경·문학·역사에서 유래해 습관처럼 쓰여 온 표현들을 매일 하나씩 이야기처럼 읽으며 익힐 수 있도록 366개를 추려 엮고, 실제 말과 글에서 어떻게 쓰이는지 알 수 있는 예문과 함께 다양한 이야기를 실었다. 신화·성경·문학에서 기원해 출전이 명확한 표현은 배경이 된 이야기를 다루거나 생성될 당시의 문장을 소개했고, 역사에서 유래한 표현은 어원이나 형성 과정을 살피며 어떤 식으로 변화하며 쓰이게 되었는지 설명했다.

개인적 차원에서든 사회적 차원에서든 구사하는 어휘가 풍부해질수록 더 깊은 차원의 사고와 소통이 가능해진다. 한 공동체의 문화가 발전하고 타문화와 교류하면서 새로운 어휘가 유입되면 그 사회의 언어는 더욱 풍부해지고 사고도 확장된다. 지금도 어디선가 새로운 표현이 끊임없이 만들어지고 특정 집단에서 쓰이지만 그렇다고 이 말들이 모두 살아남지는 못한다. 많은 사람의 입에 계속하여 오르내릴 만큼 깊은 울림을 주는 표현만이 시간이라는 체로 걸러져 어휘의 저장고에 담기게 될 것이다. 그런 면에서 보면 말은 한 민족의 얼과 혼이 담긴 문화와 역사의 결정체라고 할 수 있고, 그렇기에 짧은 관용 표현 하나를 통해서도 그 안에 녹아 있는 다양한 문화와 역사를 배울 수 있다.

이 책을 쓰면서 영어를 이렇게 배웠더라면 좀 더 재미있게 공부했을 텐데 하는 아쉬움이 강하게 들었다. 그러니 영어 공부라는 말만 들어도 단어와 숙어를 달달 외우기부터 해야 한다는 부담을 느끼는 분이 있다면 차례와 날짜에 구애받지 말고 손에 집히는 대로 페이지를 넘기며, 이야기 읽듯 재미있게 그들의 문화와 역사를 이해하고 흥미와 관심을 키워 가길 권한다.

아는 만큼 보인다고, 무언가 알게 되면 관심이 가고 거기서부터 더 깊이 알고자 하는 열망이 생기는 법이다. 이 책이 그 소중한 열망을 키우는 작은 마중물이 되길 바란다.

Here is Rhodes, jump here!
실제로 입증해 보라

Jimmy bragged so much that he had mastered martial arts in the army that I asked him to compete against me saying, "Here is Rhodes, jump here!"
지미가 군대에서 무술을 익혔다고 자랑하기에 내가 "어디 제대로 입증해 보시지!"라고 말하며 겨뤄 보자고 했다.

라틴어 'hic Rhodus, hic salta'여기가 로도스다, 여기서 뛰어라에서 유래한 이 말은 『이솝 우화』의 허풍쟁이 이야기에 나온 표현이다. 로도스는 그리스 본토에서 멀리 떨어진 이오니아 남방에 있는 섬으로, 이곳의 제우스 신전에서 올림피아 제전이 열렸다. 당시 제전에서는 경주, 투창, 투원반, 멀리뛰기, 레슬링 다섯 종목을 겨루었다.

어느 날 한 허풍쟁이 청년이 외국 각지를 여행하고 고향에 돌아와 친지들에게 둘러싸여 그동안의 견문과 경험담을 과장해 가며 신나게 늘어놓았다. 마침 로도스에 갔을 때의 이야기가 나오자, 자신은 로도스에서 그 누구보다 멀리뛰기를 잘했다고 자랑하며 자기 말이 믿기지 않는다면 그곳 사람들에게 물어보라고 했다. 그러자 한 사람이 나서더니 "그 말이 정말이라면 증인 따위는 필요 없다, 여기가 로도스라고 생각하고 직접 뛰어 보라"고 요구했다. 큰소리치던 허풍쟁이 청년은 아무 말도 못하고 입을 다물었다. 이후 이 우화에서 유래한 이 표현은 '말로만 큰소리치지 말고 실제 행동으로 입증해 보라'는 뜻으로 쓰이게 되었다.

good wine needs no bush
좋은 와인은 간판이 필요 없다, 내용이 좋으면 선전이 필요 없다

The product I've invented is so excellent that it needs no ad campaign, just as good wine needs no bush.
좋은 와인은 간판이 필요 없듯이 내가 발명한 제품은 너무 훌륭해 별다른 광고를 하지 않아도 된다.

'좋은 것은 굳이 광고하지 않아도 입소문으로 알려지게 된다'는 의미의 이 속담은 셰익스피어가 『뜻대로 하세요』 4막 5장에서 다음과 같이 쓴 뒤로 유명해졌다. "If it be true that good wine needs no bush, 'tis true that a good play needs no epilogue; yet to good wine they do use good bushes, and good plays prove the better by the help of good epilogues."좋은 포도주에 간판이 필요 없는 것이 사실이라면, 좋은 연극에 에필로그가 필요 없는 것도 사실이다. 그러나 좋은 포도주에 좋은 간판을 쓰듯 좋은 연극은 좋은 에필로그의 도움으로 훨씬 더 훌륭해진다. 이 표현의 기원은 영국의 선술집들이 담쟁이덩굴bush이나 나뭇가지를 간판처럼 걸어 놓았던 풍습에서 찾아볼 수 있다. 로마 시대부터 담쟁이덩굴은 술의 신 바쿠스에게 바쳐진 식물로 신성시되었고, 아무 곳에서나 잘 자라는 강인한 식물이기 때문에 술을 팔고 있다는 표시로 문 위에 걸어 놓았다고 한다. 지금도 글로스터와 워릭 등지에서는 축제 때에 간판 대신 담쟁이나 꽃이나 나뭇가지 다발을 걸어 술을 판다는 사실을 알리는 풍습이 남아 있다. 그래서 'good wine needs no bush'는 '술이 좋으면 굳이 간판을 걸어 놓지 않아도 사람들이 알음알음 찾아온다'는 의미가 되었다.

swap horses in midstream
(계획 따위를) 중간에 바꾼다, (지지 대상을) 바꾸다

We were about to close on the house, and my husband suddenly wanted to swap horses in midstream and look at another property!
우리는 거의 그 집으로 결정할 참이었는데, 남편이 갑자기 마음을 바꾸어 다른 부동산을 보고 싶어 했다!

글자 그대로 해석하면 '강을 건너는 도중에 말을 바꾼다'는 이 표현은 미국의 16대 대통령 링컨이 여러 번 사용했다. 특히 1864년, 이듬해에 있을 재선에서 대통령 후보 지명을 수락하면서 링컨은 "제가 유능해서라기보다 동료 공화당 의원들이 '전쟁 중에 후보를 교체하는 것은 좋지 않다'고 결론지었기 때문입니다"라고 겸손하게 말했다. 이때 빗대어 쓴 표현이 "It is not best to swap horses while crossing the river"강을 건너는 중에 말을 바꾸는 것은 최선이 아니다였다.

이 표현은 1840년에 발표되어 인기를 얻은 우스꽝스러운 이야기에서 유래한 것으로 추측된다. 한 남자가 암말과 망아지를 데리고 강을 건너다 그만 물에 빠지고 말았다. 경황이 없던 남자는 급류에 휩쓸리지 않으려고 망아지의 꼬리를 잡고 물속에서 끌려갔지만, 강 건너편에 닿기도 전에 망아지는 지친 기색이 역력했다. 그 모습을 지켜보던 구경꾼들이 망아지 대신 암말의 꼬리를 붙잡으라고 충고했다. 그러자 남자는 "지금은 말을 바꿀 때가 아니다"라고 대답했다고 한다.

buridan's ass
우유부단한 인물, 미적지근한 사람

I feel stuffy when I see Paul. He always hesitates as buridan's ass in the face of important matters.
폴을 보면 답답한 마음이 든다. 그는 언제나 중요한 문제 앞에서 우유부단하게 망설인다.

글자 그대로 해석하면 '뷔리당의 당나귀'라는 뜻의 이 말은 14세기 프랑스의 철학자 장 뷔리당이 도덕 결정론을 풍자하며 사례로 가정한 역설에서 유래했다. 어느 날 길을 가다 지쳐 쓰러지기 일보 직전인 당나귀가 건초 더미와 물동이가 있는 곳에 이르렀다. 하지만 다음 날 아침 당나귀는 죽은 채로 발견되었다. 어느 것을 먼저 먹어야 할지 선택하지 못하고 망설이기만 하다가 결국 배고픔과 갈증으로 죽고 만 것이다. 이로부터 '망설이며 결단을 내리지 못하는 사람이나 상황'을 '뷔리당의 당나귀'라고 부르게 되었다. 장 뷔리당 이전에도 비슷한 개념에 대해 논의한 철학자들이 있다. 특히 아리스토텔레스는 『천체에 관하여』에서 지구가 둥글고 사방에서 가해지는 힘이 같기 때문에 움직이지 않는다는 소피스트의 견해를 조롱하며 이와 유사한 비유를 사용했다. "……a man, being just as hungry as thirsty, and placed in between food and drink, must necessarily remain where he is and starve to death."음식과 술 사이에 끼어 똑같이 갈증과 허기에 시달리는 사람은 그 자리에서 굶어 죽을 것이 분명하다.

break the ice
서먹서먹한 분위기를 깨다, 실마리를 찾다

The teacher made the students laugh by making a joke to break the ice on the first day of class.
선생님은 학기 첫날 어색한 분위기를 깨려고 농담으로 학생들을 웃겼다.

고대에는 무역으로 성장한 도시들이 모두 강 기슭에 건설되었으므로 추운 겨울이 되면 바깥 세계로 나가는 관문이 얼어 버려 곤란을 겪었다. 그래서 귀중한 화물을 실은 큰 배가 드나드는 길을 내도록 얼음을 깨는 작은 배가 개발되었다. 1579년 토머스 노스가 플루타르코스의 『영웅전』을 번역하면서 'break the ice'얼음을 깨다라는 말을 은유적 의미로 처음 사용했다. "To be the first to break the Ice of the Enterprize."최초로 그 모험의 길을 트는 선구자가 되다. 이후 강화된 선체와 강력한 엔진을 장착한 전문가용 쇄빙선이 극지방 탐험에 이용되면서 이 표현은 '새로운 길을 개척하거나 낯선 사람과 좋은 관계를 만든다'는 현재의 의미로 쓰이기 시작했다. 마크 트웨인은 1883년 『미시시피강의 생활』에서 사람들이 어색한 분위기를 풀어 나가는 상황에 'ice-breaker'라는 표현을 사용했다. "They closed up the inundation with a few words— having used it, evidently, as a mere ice-breaker and acquain- tanceship-breeder—then they dropped into business."그들은 몇 마디 말로 홍수에 대한 이야기를 끝냈다—그 화제는 어색한 분위기를 깨고 친밀감을 높이려고 사용한 게 틀림없다—그러고는 사업 이야기로 넘어갔다.

cut the Gordian knot
어려운 문제를 단번에 해결하다, 쾌도난마

The new CEO cut the Gordian knot that was strangling the company.
신임 CEO는 회사를 괴롭히던 난제를 단번에 해결했다.

'대담한 방법을 써야만 풀 수 있는 어려운 문제나 작업'을 의미하는 이 표현은 고대 그리스의 전설에서 유래했다. 소아시아의 프리기아인들은 "이륜마차를 타고 오는 사람이 왕이 되리라"는 신탁을 받았는데, 마침 가난한 시골 농부 고르디우스가 짐마차를 타고 광장에 나타났다. 그러자 사람들은 고르디우스를 왕으로 추대했고, 즉위를 기념하는 의미에서 고르디우스는 타고 왔던 마차를 신전에 끈으로 매듭을 지어 단단히 묶어 놓았다. 이것이 바로 '고르디우스의 매듭'the Gordian knot이다. 매듭이 워낙 복잡했으므로 그 매듭을 푸는 사람이 아시아 온 땅을 지배하게 되리라는 전설이 퍼져 나갔고, 많은 사람이 풀어 보려고 도전했으나 성공한 사람이 아무도 없었다. 그러다 마침 아시아 원정길에 오른 알렉산드로스 대왕이 프리기아를 지나다 그 이야기를 듣고 매듭 풀기에 도전했지만 제대로 되지 않았다. 한참을 궁리한 끝에 알렉산드로스는 차고 있던 칼을 뽑아 매듭을 끊어 버렸다. 이 일화에서 유래한 '고르디우스의 매듭'은 '기존의 구태의연한 방식이 아닌 혁신적인 방식으로 접근해야 풀 수 있는 복잡한 문제'를 의미하고, 'cut the Gordian knot'고르디우스의 매듭을 끊다는 '난제를 단번에 해결하다'라는 뜻으로 쓰인다.

snake in the grass
눈에 띄지 않는 위험, 불의의 습격, 숨은 적

We used to be friends, but who knew he'd turn out to be such a snake in the grass?
우리는 한때 친구였는데, 그가 그렇게 믿을 수 없는 놈인 줄 누가 알았겠어?

글자 그대로 해석하면 '풀숲에 숨어 있는 뱀'이라는 뜻의 이 표현의 개념은 고대 로마의 시인 베르길리우스의 『전원시』에서 유래했다. "Qui legitis flores et humi nascentia fraga,/ frigidus, o pueri, fugite hinc, latet anguis in herba."정원 근처에서 꽃과 딸기를 따는 너희 소년들아, 여기서 도망치거라, 풀숲에 섬뜩한 뱀이 숨어 있으니. 뱀이 유혹이나 교활함의 표징이 된 것은 일찍이 구약성경의 『창세기』에 나오는데, 뱀은 아담과 하와를 꼬드겨 선악과를 따 먹고 에덴동산에서 추방되게 만든 장본인이었다. 'snake'라는 단어의 기원은 '기어가다'라는 의미의 인도-유럽어근 '(s)nēg-o'에서 유래했다. '기어가다'라는 뜻의 옛 고지대 독일어 'snahhan', 고대 노르웨이어 'snakr', 고대 영어 'snaca'가 모두 여기서 파생된 말로, 중세 무렵에는 'snaca'가 '뱀'이라는 뜻으로도 쓰이게 되었다. 뱀에 대한 부정적 이미지는 아마도 풀숲에 숨어 있다 은밀하게 다가가 먹이를 덮치는 습성 때문에 생겨났을 것이다. 오랫동안 문자적 의미와 비유적 의미로 모두 쓰인 'snake in the grass'는 오늘날 '겉으로는 친한 척하지만 믿을 수 없고 기만적인 사람'을 일컫는 말이 되었다.

tower of Babel
바벨탑

Mass production based on genetic manipulation can be termed as a modern version of the Babel tower.
유전자 조작에 기반한 대량 생산은 현대판 바벨탑이라고 할 수 있을 것이다.

'인간이 쌓아 올린 욕망과 교만'의 은유적 표현으로 흔히 쓰이는 이 말은 구약성경에서 유래했다. 『창세기』 11장에 바벨탑 건설에 얽힌 이야기가 나온다. 대홍수 이후에 세상에는 언어가 하나뿐이어서 모든 사람이 같은 말을 썼다. 동쪽에서 퍼져 나가던 사람들은 신아르 지방의 한 벌판에 자리를 잡고, "성읍을 세우고 꼭대기가 하늘까지 닿는 탑을 세워 이름을 날리자. 그렇게 해서 우리가 온 땅으로 흩어지지 않게 하자"고 했다. 그들이 세운 성읍과 탑을 본 하느님은 서로의 말을 알아듣지 못하게 뒤섞어 놓고는 그들을 그곳에서 온 땅으로 흩어 버렸다. 그래서 도시가 완성되지 못한 채 사람들은 뿔뿔이 흩어졌고 그곳을 '바벨'이라 부르게 되었다. 『창세기』 구절에서 보듯이 사람들의 말이 뒤섞여 혼란스럽게 되었다는 사실을 근거로 'bālal'뒤섞다, 혼란스럽게 하다이라는 동사에서 '혼란'을 의미하는 'Babel'이 유래했다.

a penny for your thoughts
무슨 생각을 그렇게 골똘히 하고 있니?

You've been awfully quiet tonight, honey — a penny for your thoughts?
당신 오늘 밤은 너무 조용하네요. 무슨 생각을 그리 골똘히 하고 있죠?

글자 그대로 해석하면 '네 생각을 사로잡고 있는 1페니'라는 뜻의 이 표현은 페니라는 화폐와 관련이 있다. 페니는 영국에서 통용되던 은화로 757년경에 처음 만들어졌다. 14세기 에드워드 3세 시대에는 1실링의 1/12의 가치였는데, 구매력 측면에서 보자면 오늘날 2달러에서 4달러쯤 되지만 가장 중요하게 유통되던 동전이라서 매우 귀하게 여겨졌다. 이처럼 페니는 영국에서 긴 역사를 가지고 있기 때문에 이 표현도 오래전에 생겨났을 것이다. 하지만 기록으로 처음 등장한 것은 1535년 무렵 발표된 토머스 모어의 『네 가지 마지막 사안들』이었다. "In such wise yt not wtoute som note & reproch of suche vagaraunte mind, other folk sodainly say to them: a peny for your thought." 사람들은 누군가가 정신을 딴 데 팔고 있는 것처럼 보여 대화에 집중하기를 바랄 때 '무슨 생각을 그리 골똘히 하느냐'고 묻는다. 1546년 극작가 존 헤이우드가 편찬한 『속담 및 경구집』에도 수록될 만큼 유명해진 이 표현은 자주 쓰이다 보니 'a penny for them'이라는 축약형도 등장했고, 심지어 'penny'라는 한 단어로까지 줄여 쓰기도 했다.

bottoms up
건배!

I'm drunk, but the night is still young. Bottoms up!
취했어. 하지만 아직 초저녁이잖아. 건배!

18세기와 19세기 영국에는 '킹스(퀸스) 실링'이라는 1실링짜리 주화가 있었는데 주로 신병 모집에 사용되었다. 일반 사병의 하루 일당에 해당하는 이 동전을 받으면 입대 신청으로 간주되었다. 당시 영국 해군은 입대 인원을 늘리기 위해 늘 고심하고 있었다. 결국 신병 모집자들은 술집을 찾아 부정한 방법을 쓰기 시작했다. 사람들이 마시는 맥주잔에 몰래 킹스 실링을 떨어뜨린 것이다. 술 취한 남자들은 술잔을 비울 때까지도 실링이 들어 있는 것을 보지 못하거나 동전의 금속성 맛을 알아차리지 못했다. 그러나 이미 실링을 받은 것으로 간주되었으므로 술에 취한 채 끌려가서 다음 날 먼바다로 나가는 배 위에서 영문도 모른 채 깨어나곤 했다. 한편 신병 모집자의 술수를 알아차린 술집 주인들은 바닥이 보이는 투명한 술잔을 사용하기 시작했다. 그리고 손님들에게 술을 마실 때 실링이 들어 있지 않은지 술잔을 들어 바닥을 확인하라고 상기시켰다. 여기서 '바닥을 위로 들라'는 뜻의 'bottoms up'이 '건배'를 의미하게 된 것이다. 킹스 실링을 사용하는 관습은 1879년에 폐지되었지만, 'take the King(Queen)'s shilling'킹스 실링을 가져가다은 오늘날에도 여전히 '입대하다'라는 의미로 쓰이고 있다.

(a) method in one's madness
그럴 만한 이유, 말 못 할 사정

I know you don't understand my motivation for this decision, but after the dust
settles you'll see that there is a method in my madness.
내가 이렇게 결정한 동기를 이해 못 하겠지만, 사태가 진정되고 나면 그럴 만한 이유가 있었다는 걸 알게
될 거야.

영어 단어 'method'에는 '방법'이라는 뜻과 함께 '조리, 체계, 질
서'라는 뜻이 있다. 즉 글자 그대로라면 '어떤 미친 행동이나 무모
한 짓의 질서 또는 체계'로 읽히는 이 표현은 셰익스피어가 만들
어 낸 말로 1602년작『햄릿』2막 2장에 처음 등장했다.

덴마크의 왕이었던 햄릿의 아버지가 잠을 자다 급사하자 왕비인
어머니와 결혼한 숙부가 왕위에 오른다. 유령이 되어 궁에 출몰
하던 선왕은 어느 날 햄릿을 만나 자신이 숙부의 모략으로 살해
되었다는 사실을 알려 주며 원수를 갚아 달라고 부탁한다. 믿었
던 어머니에 대한 배신감과 숙부를 향한 끓어오르는 분노로 안
절부절못하던 햄릿은 복수를 결심하고, 적의 경계심을 풀기 위
해 일부러 미친 척 행동한다. 왕의 고문인 폴로니우스 경이 햄릿
과 대화를 하던 중 그가 미친 원인이 자신의 딸 오필리어 때문
이라고 짐작하는 독백에 이 표현이 등장한다. "Though this be
madness, yet there is method in it."이러는 것이 미친 짓이긴 하지만 다 그
럴 만한 이유가 있다. 햄릿의 이런 행동에서 유래한 'a method in one's
madness'는 이후 '말 못 할 어떤 사정'이나 '그럴 만한 이유'를 의
미하게 되었다.

hoist with one's own petard
제 무덤을 파다, 자승자박하다, 자기 꾀에 넘어가다

He tried to avoid the difficult situation with weasel words, but he is hoist with his own petard.
그는 교묘한 말로 곤란한 상황을 빠져나가려고 했지만 제 무덤을 파고 말았다.

'petard'는 오래전 전쟁에서 사용된 장치다. 성문이나 벽의 틈을 폭파시켜 날려 버리는 데 쓰던 공성용 기구로, 금속이나 나무 상자 속에 화약을 가득 채워 폭탄처럼 터트리는 장치였다. 그러므로 'hoist with(by) one's own petard'자기 화약고를 들어 올리다는 '자기가 쳐 놓은 덫에 걸린다'는 뜻이다. 이 표현도 셰익스피어가 만들어 『햄릿』(3막 4장)에 처음 사용했다. 햄릿의 숙부는 햄릿을 살해할 목적으로 두 친구를 딸려 햄릿을 영국으로 보내며 영국 국왕에게 햄릿을 죽이라고 쓴 편지를 전달하게 한다. 그러나 햄릿은 중간에 편지를 가로채 내용을 바꾸어 함께 온 친구들에게 앙갚음하고, 그 일을 어머니 거트루드에게 다음과 같이 언급한다. "They bear the mandate; they must sweep my way/ And marshal me to knavery. Let it work,/ For 'tis the sport to have the enginer/ Hoist with his own petard; and 't shall go hard/ But I will delve one yard below their mines/ And blow them at the moon."그들은 명령을 받고 내게 못된 짓을 하려고 하죠. 그러라지요. 그들이 제 스스로 무덤을 파게 만들 거니까요. 게다가 나는 그들의 무덤을 더 깊이 파서 그들을 달까지 날려 보낼 거예요.

curiosity killed the cat
꼬치꼬치 캐지 말라, 너무 많이 알려고 들면 다친다

I think you offended her by asking such personal questions — curiosity killed the cat, after all.
네가 너무 개인적인 것을 물어봐서 그녀의 기분이 상한 것 같아. 결국 꼬치꼬치 캐묻는 거니까.

영어 문화권에는 'a cat has nine lives'고양이 목숨은 아홉 개라는 말이 있다. '고양이는 웬만해서는 죽지 않는다'는 뜻이다. 그런데 이렇게 목숨줄이 질긴 고양이도 호기심 때문에 죽을 수 있다니 이 속담에는 '괜한 호기심을 부리면 위험해질 수도 있다'는 경고가 담겨 있다. 이 표현은 영국 작가 벤 존슨이 1598년에 쓴 희곡 『각인각색』에 'care killed a cat'근심이 고양이를 죽였다이라는 형태로 처음 등장한다. 중세에는 'care'가 '걱정' 또는 '슬픔'이라는 의미로 쓰였다. 셰익스피어 역시 1599년에 발표한 희곡 『헛소동』에서 이 표현을 썼다. "What, courage man! what though care killed a cat, thou hast mettle enough in thee to kill care."대단한 용기로군! 걱정이 고양이를 죽인다지만 그대는 걱정을 죽일 만큼 충분한 기개가 있군. 'care'가 언제부터 'curiosity'호기심로 바뀌었는지는 확실치 않지만, 1868년 아일랜드의 한 신문에 "They say curiosity killed a cat once"고양이는 호기심 때문에 죽었다는 말이 있다라는 문장이 등장한 적이 있다. 1909년 오 헨리의 작품에도 언급된 것으로 보아 이 무렵에는 이미 널리 퍼져 있었던 듯하다.

cat got one's tongue
꿀 먹은 벙어리가 되다, 잠자코 있다

What's the matter, girl, cat got your tongue?
무슨 일이니, 얘야, 왜 꿀 먹은 벙어리가 됐어?

글자 그대로 해석하면 '고양이가 혀를 가져갔다'라는 뜻으로, 주로 아이들이 잘못을 저지르고 아무 말도 못 할 때 어른들이 추궁하듯 쓰는 말이다. 이 표현은 세 가지 기원설이 있지만 모두 확실한 증거는 없다. 가장 오래된 기원은 수천 년 전 '눈에는 눈, 이에는 이'라는 관습법이 존재했던 중동으로 거슬러 올라간다. 물건을 훔친 도둑에게는 오른손을 자르는 처벌을, 거짓말을 하거나 신성모독을 한 사람에게는 혀를 잘라 왕이 키우는 고양이에게 먹이로 던져 주는 처벌을 내렸다는 데서 비롯되었다는 설이다. 두 번째로, 마녀와 마법사의 존재를 믿던 중세 시대에서 유래했다고 보는 설도 있다. 그때 사람들은 마녀와 마녀가 기르는 검은 고양이와 마주치면 다른 사람에게 발설하지 못하도록 혀를 빼앗겨 벙어리가 된다고 믿었다. 마지막으로 1800년대 영국 해군에서 유래했다고 보는 설도 있다. 당시에는 선원들이 잘못을 저지르면 'cat-of-nine-tails'꼬리 아홉 달린 고양이라는 도구로 체벌했다고 한다. 끝에 날카로운 쇠나 뼛조각이 달린 이 아홉 가닥짜리 채찍으로 맞으면 정신을 잃을 정도였으니 아무 말도 할 수 없었음은 물론이요, 몸에 고양이 발톱에 할퀸 것 같은 상처가 남았다고 한다.

gossip
소문, 한담, 험담, 세상 이야기

Gossip can be fun to listen to but it is hard to ignore.
소문은 듣기에는 재미있을 수 있지만 무시하기도 어렵다.

동서고금을 막론하고 정치를 잘하려면 위정자는 민심에 귀를 기울여야 했다. 지금처럼 대중의 의견을 청취할 미디어가 없던 시절에는 중요한 사안에 대한 여론을 파악하기 위해 신하들을 각 지역의 선술집과 주점 등으로 내보냈다고 한다. 그리고 사람들 틈에 섞여 술을 마시며 술꾼들이 나누는 대화와 정치적 의견을 듣고 오게 하였다. 'sip'은 한·번에 쭉 들이키는 것이 아니라 '홀짝홀짝 조금씩 마신다'는 의미다. 그러므로 'go sip'은 술을 마시는 것이 아니라 '술잔을 앞에 놓고 홀짝이며 여론을 청취하러 간다'는 말이었다. 그러다 두 단어가 합쳐져 '지역 여론'을 지칭하게 되었고, 오늘날 'gossip'의 형태로 굳어졌다.

by hook or by crook
수단과 방법을 가리지 않고, 어떻게 해서든지, 기어이

I am determined to finish the task this week by hook or by crook.
이번 주 안으로 어떻게 해서든 그 일을 마칠 작정이다.

지금은 'hook'과 'crook'이 낚시 바늘이나 갈고리를 의미하지만, 원래 'hook'은 나뭇가지를 베는 데 쓰는 낫 비슷한 도구였고 'crook'은 양치기의 지팡이로, 끝이 갈고리처럼 굽어 무언가를 긁어모으는 도구로 쓰였다. 중세 시대 영국에는 혹독한 겨울이 되면 땔감이 부족한 농부들에게 왕실이 소유한 숲을 개방하여 말라죽은 나무를 벌목할 수 있게 하는 풍습이 있었다. 당시로서는 최선의 장비였던 낫과 갈고리를 챙겨 들고 숲으로 간 농부들은 해 떨어지기 전까지 최대한 많은 땔감을 구하려고 낫으로 죽은 나무를 베고 갈고리로 잔가지를 긁어모았다. 여기에서 'by hook or by crook'낫을 쓰든 갈고리를 쓰든이라는 표현이 생겨나 '수단과 방법을 가리지 않는다'는 뜻으로 쓰이게 되었다. 이 말이 처음으로 언급된 작품은 1390년 존 가워의 교훈시 『연인의 고백』이다. "What with hepe(hook) and what with croke(crook) they, by false Witness and Perjury, make her maister ofte winne."그들은 종종 수단과 방법을 가리지 않고 가짜 증인과 위증으로 그녀의 주인이 이기게 만든다. 오늘날에는 '합법이든 불법이든 상관없이 필요한 모든 수단을 동원한다'는 의미로 쓰인다.

a feather in one's cap
자랑거리

It'll be a real feather in her cap if her son wins the best actor award.
아들이 최고 배우상을 받는다면 그녀에게 대단한 자랑거리가 될 것이다.

글자 그대로 해석하면 '모자에 꽂은 깃털'이라는 뜻의 이 표현은 '자랑스럽게 생각할 만한 성공이나 업적'을 나타내는 말이다. 이 말의 유래는 캐나다 알버타의 뫼니타리스 부족과 미국 노스다코타와 사우스다코타의 원주민 전통문화에서 찾아볼 수 있는데, 이들은 적의 목을 벨 때마다 머리 장식에 깃털을 추가하는 풍습이 있었다고 한다. 스코틀랜드와 웨일스의 고지대에는 딱따구리를 가장 먼저 잡은 사냥꾼이 깃털을 뽑아 모자에 꽂는 풍습이 아직도 남아 있다. 1599년에 영국 작가 리처드 핸서드가 쓴 『헝가리에 대한 묘사』를 보면 헝가리인들은 적인 투르크인을 죽일 때마다 모자에 깃털을 추가해서 깃털의 수가 많을수록 용감하고 애국심이 강한 사람으로 여겼다고 한다. 이 표현은 1734년 포틀랜드 공작부인이 콜링우드 양에게 보내는 편지에 등장하면서 널리 쓰이기 시작했다. "My Lord (……) esteems it a feather in his hat, that……"공작께서는 그 일을 자랑스럽게 여긴답니다…….

Jack of all trades and master of none
팔방미인, 재주는 많으나 뛰어난 한 가지가 없다

Those who seek for diversity too much run the risk of being a jack of all trades and master of none.
너무 다양성을 추구하다 보면 재주는 많으나 특별히 뛰어난 점이 없는 사람이 될 위험이 있다.

부정적 의미를 내포한 이 관용어의 유래는 14세기로 거슬러 올라가 존 가워의 교훈시 『연인의 고백』에서 찾을 수 있다. 중세에는 'Jack'이 최하층민, 무례한 사람, 악한을 일컫는 말이었다. 'lumberjack'나무꾼, 'steeplejack'뾰족탑 수리공 같은 다양한 허드레 직업에 붙거나 선원을 가리켜 'Jack'이라고 부르기도 했다. 그러다가 1612년에 작가 제프리 민슐이 수감 경험을 바탕으로 쓴 『수필, 구치소 사람들과 죄수들』에서 'jack of all trades'잭은 뭐든지 잘한다라는 말을 쓰면서 관용어로 굳어졌다. 그리고 1677년경 런던의 차터하우스 스쿨 교장 마틴 클리퍼드가 존 드라이든의 시에 대한 주석집에서 다음과 같이 언급하면서 'master of none'결정적인 것이 없다이라는 의미가 추가되었다. "Your writings are like a Jack of all Trades Shop, they have Variety, but nothing of value."당신 작품들은 팔방미인처럼 다양하지만 쓸 만한 것이 없습니다. 지금처럼 온전한 형태의 표현이 처음 등장한 기록은 1741년 의사 겸 약제사 찰스 루카스의 『파르마코마스틱스: 약제사의 업무와 활용과 오용 설명』이었다.

between Scylla and Charybdis
진퇴양난, 사면초가, 이러지도 저러지도 못하는

To judge from your comments, the UK economy is caught between Scylla and Charybdis — hyperinflation or deflation.
당신의 논평으로 판단하건대, 영국 경제는 초인플레이션이거나 디플레이션이라는 진퇴양난에 처해 있다.

글자 그대로 해석하면 '스킬라와 카리브디스 사이'라는 뜻의 이 표현은 호메로스의 『오디세이아』에 나오는 이야기에서 유래했다. 트로이 전쟁에서 그리스 연합군으로 싸운 오디세우스는 트로이를 함락시킨 후 귀향길에 오르지만 바다에서 온갖 역경을 겪느라 쉽사리 집에 돌아갈 수 없었다. 스킬라와 카리브디스는 항해 중에 반드시 지나게 되는 길목에 도사린 괴물이다. 스킬라는 이빨 세 겹이 달린 입과 머리 여섯 개, 다리 열두 개를 가진 괴물로 낭떠러지의 한쪽 꼭대기에 살고, 반대편 물속에는 전설적인 소용돌이로 하루에 세 번 바닷물을 들이마셨다가 토해 내며 지나가는 배를 모조리 난파시키는 카리브디스가 있었다. 뱃사람들은 그 사이를 지날 수밖에 없었으므로 스킬라 아니면 카리브디스에게 매번 공격당했다. 오디세우스도 마녀 키르케가 가르쳐 준 대로 스킬라 쪽으로 붙어 지나다가 결국 부하 여섯 명을 잃고 만다. 스킬라와 카리브디스는 뱃사람에게 가장 큰 위험을 안겨 주는 거대한 암초와 소용돌이를 의인화한 것인데, '둘 다 비슷할 정도로 위험하여 이러지도 저러지도 못하는 상황'을 의미한다. 비슷한 표현으로 'on the horns of a dilemma'진퇴양난에 빠진가 있다.

fly off the handle
벌컥 화를 내다, 자제심을 잃다, 흥분하다

She is likely to fly off the handle for some unknown reason.
그녀는 알 수 없는 이유로 벌컥 화를 잘 낸다.

이 미국식 표현은 도끼를 대부분 수작업으로 만들어 쓰던 서부 개척 시대로 거슬러 올라간다. 개척자들은 나무를 직접 깎아 만든 도끼 자루에 동쪽 연안의 공업 지역에서 배에 실려 온 도끼날을 부착해서 사용했다. 전문가가 아니라 사용자가 직접 조립하다 보니 도끼날이 자루에 꼭 맞게 끼워지지 않는 경우가 많았고, 쓰다 보면 자루handle에서 날이 떨어져 나가fly off 낭패를 보거나 도끼를 사용하는 장본인이나 주변에 있던 사람들에게 상해를 입히기도 했다. 이런 상황에 빗대어 '자제심과 냉정을 잃고 갑작스럽게 분노를 표출하면 위험한 결과를 초래할 수 있다'는 의미가 된 이 표현은 1825년에 발표된 존 닐의 소설 『조너선 형제 또는 뉴잉글랜드 사람들』에 'off the handle'손잡이에서 빠지다의 형태로 처음 등장했다. 그리고 1843~1844년 토머스 핼리버턴의 연작 『잉글랜드 주재 대사관원 샘 슬릭』에 나오는 한 이야기에서 지금의 형태인 'fly off the handle'로 쓰이기 시작했다. "He flies right off the handle for nothing."그는 아무것도 아닌 일에 벌컥 화를 낸다.

forbidden fruit
금단의 열매, 불의의 쾌락

While I was on a diet, delicious chocolate cakes were forbidden fruits for me.
다이어트를 하는 동안 맛있는 초콜릿 케이크는 내게 금단의 열매였다.

글자 그대로 해석하면 '금지된 열매', 즉 '금기시되는 무엇'을 은 유적으로 표현하는 이 관용어는 구약성경에 나오는 아담과 하와 의 이야기에서 유래했다. 『창세기』 2장을 보면 하느님이 아담을 에덴동산에 데려다 두고 그곳을 일구고 돌보게 한다. 그리고 동 산에 있는 모든 나무에서 열매를 따 먹어도 되지만 선과 악을 알 게 하는 나무의 열매를 따 먹으면 죽을 것이니 그것만은 따 먹지 말라고 이른다. 하지만 뱀의 꼬임에 넘어간 하와의 권유에 따라 둘은 선악과를 따 먹고 그 벌로 에덴동산에서 쫓겨난다. 서양 문 화권에서는 전통적으로 이 금단의 열매를 주로 사과라고 생각해 왔다. 그래서 열매를 삼키던 아담의 목구멍에 선악과의 조각이 박혀 버렸고 대대로 유전되었다고 믿었다. 이런 의미에서 남성 의 목 정면에 튀어 나온 후골을 'adam's apple'아담의 사과이라고 부 른다.

the grass is always greener
on the other side of the fence
남의 떡이 더 커 보인다

As the saying goes, 'the grass is always greener on the other side of the fence', Mary always supposes others to have the perfect life.
'남의 떡이 더 커 보인다'는 속담처럼, 매리는 항상 남들이 자기보다 더 행복하다고 생각한다.

글자 그대로 해석하면 '울타리 건너편 풀이 더 푸르러 보인다'는 뜻의 이 표현은 영어권에서 매우 널리 쓰이는 속담이다. '지금 가진 것에 만족하지 못하고 항상 갖지 못한 것을 추구하는 인간의 탐욕'을 의미하는 이 말의 기원은 에라스무스가 쓴 라틴어 격언에서 찾아볼 수 있는데, 1545년 영국의 그리스어 학자 리처드 태버너가 라틴어 원문을 다음과 같이 영어로 옮겼다. "The corne in an other mans ground semeth euer more fertyll and plentifull then doth oure owne." 다른 사람 땅의 곡식이 우리 땅의 것보다 훨씬 더 비옥하고 풍성해 보인다. 16~17세기에 점차 알려진 이 초기 버전은 영국 주류 문화에서 인기를 얻지는 못했지만 지금 쓰이는 속담의 기원이 되었다. 1959년에는 영국의 배우 겸 극작가 휴 윌리엄스가 마거릿 윌리엄스와 함께 집필한 2막극『남의 풀이 늘 푸르다』의 제목으로도 쓰였다. 19세기에는 'Distant pastures always look greener' 멀리 있는 풀밭이 더 푸르러 보이는 법, 'Cows prefer the grass on the other side of the fence' 소들은 울타리 너머에 있는 풀을 더 좋아한다처럼 형태는 다르지만 같은 의미로 쓰이는 표현들이 생겨났다.

Elysium
낙원, 이상향

Everything was perfect. She felt as if she were in Elysium.
모든 것이 완벽했다. 그녀는 마치 낙원에 있는 것처럼 느껴졌다.

'엘리시움'Elysium은 그리스의 종교 및 철학 부문에서 전해 내려오던 일종의 사후 세계를 지칭하던 말이다. 처음에는 저승인 하데스의 영역과는 분리되어, 신과 혈연이 있는 자나 영웅만이 갈 수 있는 곳이었다. 나중에는 개념이 좀 더 확장되어 의인이나 영웅, 신의 선택을 받은 이도 갈 수 있으며, 죽은 후에도 생전의 행복하고 복된 삶을 누릴 수 있는 곳이 되었다. 호메로스는『오디세이아』에서 엘리시움을 천국과 같은 곳으로 묘사한다. "그곳은 사람들이 살기에 매우 안락하다. 눈이나 폭풍우, 심지어 비도 내리지 않고 바다에서는 늘 시원한 서풍이 불어온다." 그러면서 엘리시움이 땅 끝 오케아노스 강가에 있다고 했다. 그리스의 시인 헤시오도스는『노동과 나날』에서 엘리시움이 지구 끝 서쪽 바다에 있는 극락의 섬이라며 그곳에 사는 사람들을 다음과 같이 묘사한다. "그들은 깊이 소용돌이치는 바다를 따라 늘어선 축복받은 섬에서 불행과는 담을 쌓은 채 살아가고 있다. 그들은 불사의 신은 아니고 크로노스의 지배를 받지만 1년에 세 번이나 꿀처럼 달콤한 결실을 맺는 풍요로운 땅에서 살아가는 행복한 영웅들이다." 여기에서 유래한 '엘리시움'은 이후 '낙원'이나 '이상향'을 의미하게 되었다.

draw a line in the sand
한계를 두다, 분명한 선을 긋다, 마지노선을 정하다

The government is trying to draw a line in the sand regarding public sector pay rises.
정부는 공공부문 임금 인상에 마지노선을 정하려 애쓰고 있다.

이 멋진 표현은 고대 로마의 역사가 리비우스가 기록한 일화에서 유래했다. 기원전 168년 셀레우코스 제국의 안티오코스 4세가 이집트를 손에 넣으려고 멤피스를 함락하고 알렉산드리아를 향해 파죽지세로 진격하자 로마 원로원은 포필리우스를 특사로 파견했다. 안티오코스는 그를 반가이 맞으며 손을 내밀었지만 포필리우스는 원로원의 칙령이 쓰인 석판에 손을 얹은 채 그것부터 읽으라고 요청했다. 알렉산드리아 공격을 중단하고 이집트에서 당장 철수하지 않으면 전쟁을 선포하겠다는 로마 원로원의 요구에 안티오코스는 어떻게 하면 좋을지 신하들과 상의하겠다고 둘러댄다. 그러나 왕이 시간을 벌려고 꾸물거린다는 것을 간파한 포필리우스는 지팡이로 땅바닥에 왕을 둘러싼 원을 그리더니 '확실히 답하기 전에는 원 밖으로 나오지 말라'고 했다. 그의 단호한 태도에 놀라 잠시 망설이던 안티오코스는 마침내 원로원의 요구를 받아들이기로 결정한다. 그제야 포필리우스는 우방이라는 표시로 손을 내밀었고, 안티오코스는 지정된 날 이집트에서 철수했다. 포필리우스가 안티오코스를 압박하기 위해 원을 그렸던 데서 유래한 'draw a line in the sand'모래에 선을 긋다라는 표현은 이후 '한계를 정하다, 마지노선을 정하다'라는 의미로 쓰이게 되었다.

ashes to ashes, dust to dust
재는 재로, 먼지는 먼지로

The priest stood over the casket and said, "Ashes to ashes, dust to dust," as he concluded the service.
신부는 관 위로 "재는 재로, 먼지는 먼지로" 하고 말하며 예배를 마쳤다.

이 구절은 영국의 장례식에서 유래한 표현이다. 성공회의 『일반기도서』 1662년 판본을 보면 매장식의 방법과 예식문이 적혀 있는데, 옆에 선 사람이 시신 위로 흙을 뿌리는 동안 사제가 이렇게 말한다고 한다. "We therefore commit his body to the ground; earth to earth, ashes to ashes, dust to dust." 우리는 그의 육신을 땅에 맡깁니다. 흙은 흙으로, 재는 재로, 먼지는 먼지로 돌아갑니다.

장례식에서 쓰이는 이 문구의 더 오랜 기원은 성경에서 찾을 수 있다. 구약성경 『창세기』 3장 19절을 보면 하느님은 선악과를 따 먹은 아담을 에덴동산에서 추방하며 다음과 같이 이른다. "By the sweat of your brow you will eat your food until you return to the ground, since from it you were taken; for dust you are and to dust you will return." 너는 흙에서 나왔으니 흙으로 돌아갈 때까지 얼굴에 땀을 흘려야 양식을 먹을 수 있으리라. 너는 먼지이니 먼지로 돌아가리라.

neither rhyme nor reason
영문을 알 수 없는, 두서없는, 다짜고짜

I've looked over it several times, but there's neither rhyme nor reason to the report they sent this morning.
그들이 오늘 아침에 보낸 보고서를 몇 번이나 살펴보았지만, 뭔 말인지 종잡을 수가 없다.

한 작가 지망생이 자신이 쓴 원고를 헨리 8세의 수상이자 『유토피아』를 쓴 명망 있는 저자 토머스 모어에게 가져가 의견을 구했다고 한다. 모어는 원고를 살펴보고 그에게 글을 운문으로 바꾸어 보라고 했다. 시키는 대로 자신의 글을 운문으로 바꾸어 다시 보여 주자 모어는 이렇게 말했다. "Ay, ay, that will do. 'Tis rhyme now, but before it was neither rhyme nor reason."아, 그나마 좀 낫군. 이제 운은 맞네, 전에는 운율도 앞뒤 맥락도 안 맞았는데.

한편 이 전설을 믿지 않고 다른 주장을 펴는 이들은 운율이 엉망인 어느 시에서 이 표현이 유래했다고 본다. 운율이 맞지 않는 시는 기껏 좋아 봐야 산만할 뿐이고 최악의 경우에는 의미도 통하지 않기 때문에, 프랑스 연설가들은 그러한 형편없는 시를 문자 그대로 'neither rhyme nor reason', 즉 '운율도 안 맞고 조리도 없다'고 표현했다. 과거 수백 년 동안 영국의 교양 있는 연설가들은 프랑스어도 유창하게 구사했으므로 이 프랑스어 표현이 영어로 번역되어 도입된 것이라고 주장한다.

break a leg
행운을 빌어, 잘해 봐, 화이팅

"Break a leg!" shouted the stage director to his actors before the beginning of the play.
"행운을 빌어!" 연극이 시작되기 전, 무대감독이 배우들에게 소리쳤다.

글자 그대로 해석하면 '다리를 부러뜨려라'라는 이 표현이 중요한 일을 앞둔 사람에게 행운을 빌어 주는 말이라면 좀 의아할 것이다. 연극 개막일 전야에 자주 쓰인 이 표현은 공연을 앞둔 배우에게 행운을 빌어 주면 외려 망치게 된다는 미신에서 비롯되었다. 우리도 좋은 일일수록 마가 끼기 쉽다고 여겨 귀한 자식일수록 '개똥이'라고 불렀던 사실을 떠올려 보면 쉽게 이해될 것이다. 이 밖에도 여러 기원설이 있다. 고대 그리스 관중은 환호할 때 박수를 치기보다는 발을 굴렀는데, 때로는 너무 심하게 구르다가 발이 부러지는 경우도 있었다고 한다. 또한 로마제국에서 검투사들은 한쪽이 죽을 때까지 싸워야 했는데, 관중이 "quasso cruris" 다리를 부러뜨려라 하고 외치면 다리만 부러뜨리되 죽이지는 말라, 즉 '검투사를 둘 다 살려 주자'는 제안이었다. 셰익스피어가 활동하던 엘리자베스 여왕 시대에는 이 표현이 말 그대로 '무릎을 굽혀 절하는 것'을 의미했다. 공연이 성공하면 배우가 무대에서 '무릎을 굽히고' 박수갈채를 받기 때문에 이 말은 사실상 행운을 비는 소원이 되었다. 이런 의미가 확장되어 지금은 '잘해 봐' 하며 격려하는 말로도 쓰인다.

beat around the bush
에둘러 말하다, 요점을 회피하다

Don't beat around the bush — just tell me the truth.
빙빙 돌리지 말고 사실만 말해 줘.

글자 그대로 해석하면 '덤불 주위를 두들기다'라는 이 표현은 중세 시대에 새를 사냥하던 방식에서 기원을 찾을 수 있다. 당시 사냥꾼은 사람들을 시켜 새들이 숨어 있던 덤불을 막대기로 두들겨 새가 튀어나오게 했는데, 이러한 새 사냥 방식에서 두 가지 표현이 생겨났다. 하나는 '본론으로 들어가지 않고 빙빙 돌려 말하다'라는 의미인 'beat around the bush', 또 하나는 이와 반대인 'cut to the chase바로 추격을 시작하다'로 '단도직입적으로 말하다'라는 뜻이다. 'beat around the bush'는 1440년 작자 미상의 중세 로맨스 『게네리데스, 7연 4행 로맨스』에 처음 등장했다. "Butt as it hath be sayde full long agoo, Some bete the bussh and some the byrdes take."그러나 옛말에도 있듯이, 누군가는 덤불을 두들기고, 누군가는 새를 잡는다. 그 후 1572년에 나온 영국 시인 조지 개스코인의 『작품집』에도 인용되어 있다. "He bet about the bush, whyles other caught the birds."그가 덤불을 두들기는 동안 다른 사람은 새를 잡았다. 영국에서는 'beat about the bush'라는 표현을 썼지만 미국에서는 'beat around the bush'라고 써 왔고, 오늘날에는 미국식 표현이 일반적인 형태로 자리 잡았다.

call a spade a spade
사실대로 말하다, 직언하다, 솔직히 말하다

Why don't you call a spade a spade? He's a rude, uncaring, selfish man!
솔직히 말하는 게 어때? 그는 무례하고 무정하고 이기적인 남자라고!

글자 그대로 해석하면 '삽을 삽이라고 부르다'라는 이 표현은 앞서 나온 'beat around the bush'와 반대로 '에둘러 말하지 않고 문제의 본질을 직설적으로 말하다'라는 뜻이다. 이 말은 플루타르코스의 『스파르타의 격언』에서 유래했는데 원래의 표현은 'call a fig a fig, and a blade a blade'무화과를 무화과라고 부르고, 보습을 보습이라고 부르다였다. 에라스무스는 이 작품을 라틴어로 번역한 『격언집』에서 그리스어 'spáthē'보습를 'ligo'곡괭이로 옮겼는데, 이는 오역이 아니라 극적인 효과를 노린 의도적 선택이었다는 주장도 있다. 그리고 1542년 에라스무스의 작품을 영어로 번역한 니컬러스 유돌이 그 단어를 다시 'spade'삽로 바꾸어 소개했다.

그렇게 정립된 표현을 오스카 와일드가 『도리언 그레이의 초상』과 『진지함의 중요성』에서 거듭 사용했고, 디킨스, 에머슨, 서머싯 몸, 조너선 스위프트 등 여러 작가도 썼다. 에라스무스의 고국인 네덜란드식 표현 외에도 '빵을 빵이라 부르고 포도주를 포도주라 부르다'라는 스페인식 표현과 '고양이를 고양이라 부르다'라는 프랑스식 표현이 종종 쓰인다.

be caught with one's pants down
불시에 일격을 당하다

We have to stand on guard all night, otherwise, we might be caught with our pants down.
밤새 보초를 서지 않으면 불시에 일격을 당할 수도 있다.

글자 그대로 해석하면 '바지를 내린 채 잡히다'라는 이 표현은 '카라칼라'라는 별칭으로 알려진 로마제국의 폭군 마르쿠스 아우렐리우스 세베루스 안토니누스와 관련이 있다. 파르티아를 침공하기 위해 카레로 진격하던 중, 이질로 고생하던 그는 용변을 보려고 풀숲으로 들어갔다. 그를 방해하지 않으려고 호위병들이 등을 돌리고 있는 사이, 호위병 가운데 하나가 갑자기 달려들어 순식간에 그를 칼로 찔러 살해했다. 살해 동기는 원한이었는데, 며칠 전 황제가 자신의 형제를 처형했기 때문이라고도 하고 자신을 백인대장으로 승진시켜 주지 않았기 때문이라는 설도 있다. 혹은 차기 황제가 된 집정관 마크리누스의 사주에 의한 것이라는 주장도 있다. 어쨌든 카라칼라로서는 말 그대로 '바지를 내리고' 볼일을 보다가 일격을 당했으니 이 표현에 딱 들어맞는 상황이 아닐 수 없다. 공동 황제였던 동생을 살해하고 아내를 비롯하여 자신을 지지했던 사람들 2만 명을 학살한 그는 암살되기 며칠 전부터 칼을 든 아버지와 동생에게 쫓기는 악몽에 시달렸다고 하니, 악행을 저지른 사람은 결국 편안한 최후를 맞이할 수 없는 모양이다.

the last straw
최후의 결정타, 더 이상 견딜 수 없는 한계

The relationship of that couple had been in trouble for a while and the husband's behaviour that night was just the last straw.
그 부부의 관계는 한동안 문제가 있었는데, 남편의 그날 밤 행동이 마지막 결정타였다.

이 표현은 "it is the last straw that breaks the camel's back"낙타의 등을 부러뜨리는 마지막 지푸라기이라는 속담의 줄임말이다. 이 속담은 아랍의 오래된 이야기에서 유래했다. 옛날에 낙타를 부려 짚을 나르던 부자가 있었는데 그는 낙타를 최대한 활용하려고 실을 수 있는 만큼 많은 짚을 싣곤 했다. 그러던 어느 날 "마지막으로 하나만 더" 하며 지푸라기 하나를 낙타의 등에 올려놓는 순간, 낙타는 쓰러지고 말았다. 마지막 지푸라기의 무게를 견디지 못해 등이 부러진 것이다. 영어권에서는 1654년에서 1684년까지 토머스 홉스와 신학자 존 브램홀이 벌인 신학 논쟁에서 이 개념이 처음 등장했다. "……as the last Feather may be said to break a Horses Back, when there were so many laid on before as there want but that one to do it."마지막 깃털 하나가 말의 등을 부러뜨린다고 하듯이 이미 너무 많이 실려 있으면 단 하나만으로도 부러뜨리기에 충분하다. 1830년대까지 낙타 대신 말, 당나귀, 원숭이 등을 넣은 다양한 아류 표현이 봇물을 이루었다. 찰스 디킨스는 1846년부터 1848년까지 연재한 『돔비 부자』에서 '최후의 일격'이라는 은유적 의미로 이 표현을 썼다. "As the last straw breaks the laden camel's back……"낙타의 등을 부러뜨리는 최후의 일격처럼……

every cloud has a silver lining
쥐구멍에도 볕 들 날 있다, 고진감래

When I'm going through a hard time, I try to remind myself that every cloud has a silver lining.
힘든 시기를 겪을 때면, 고생 끝에 낙이 온다는 사실을 기억하려고 노력한다.

글자 그대로 해석하면 '모든 구름에는 은빛 자락이 있다'는 뜻으로 '고생 끝에 낙이 온다'는 의미인 이 속담은 영국의 고전 시인 존 밀턴이 1634년에 발표한 가면극 『코무스』에 나오는 다음 시구에서 유래했다. "Was I deceived or did a sable cloud/ Turn forth her silver lining on the night?/ I did not err; there does a sable cloud/ Turn forth her silver lining on the night,/ And casts a gleam over this tufted grove."내가 헛것을 본 것인가 아니면 한밤의 짙은 어둠 속으로 은빛 자락이 내비친 것인가? 한밤에 먹구름은 은빛 자락을 펼쳐 이 무성한 덤불 위로 빛을 드리운다. 이후 '구름'과 '은빛 자락'은 '밀턴의 구름'으로 자주 언급되며 문학에 등장했다. 그리고 낙관주의와 긍정의 분위기가 팽배한 1800년대 빅토리아 시대에 지금과 같이 '절망적인 상황에서도 희망을 잃지 말라'는 격려의 의미가 담긴 속담 'every cloud has a silver lining'이 생겨났다. 비슷한 표현으로는 'every dog has his day'쥐구멍에도 볕 들 날 있다가 있다.

no spring chicken
더 이상 풋내기가 아닌, 젊지 않은, 한물간

That actress is no spring chicken, but she does a pretty good job of playing a twenty-year-old girl.
저 여배우는 한물갔지만 스무 살 역할을 꽤 잘 해내고 있다.

옛날에 몇몇 식당에서는 닭이 가장 맛있을 때 잡았다는 것을 보증하기 위해 메뉴판에 고기가 부드러운 영계, 그중에서도 봄에 도축한 것임을 설명해 놓았다. 그래서 봄에 태어난 어린 닭은 겨울을 지낸 닭보다 잘 팔렸다. 뉴잉글랜드 농부들은 봄철에 태어난 병아리가 더 비싸다는 사실을 알고는 오래된 병아리도 갓 태어난 병아리라고 속여서 팔려고 했다. 이렇게 사기를 치는 농부에게 사람들이 "No spring chicken"햇병아리가 아니잖아 하고 받아치면서 이 표현이 생겨났다. 그러다가 1711년 영국의 일간지 『스펙테이터』에 처음 등장했을 때는 '더 이상 젊지 않다'는 뜻으로만 쓰였다. "You ought to consider you are now past a chicken; this Humour, which was well enough in a Girl, is insufferable in one of your Motherly Character."너는 이제 젊지 않다는 걸 생각해야지. 소녀 시절에는 충분히 통했던 이 유머는 너의 어머니 같은 성격을 가진 사람에게는 거슬리는 말이다. 시간이 더 지나 20세기 초부터는 미국에서 주로 나이 든 여성에게 '한물갔다'고 조롱하는 은유적 의미로 쓰이기 시작했다.

eat humble pie
잘못을 인정하다, (굴욕, 비난 등을) 감수하다

The mayor is perfectly willing to eat humble pie if his new plan advances the reform of city government.
시정을 쇄신할 수만 있다면 시장은 어떤 비난이라도 들을 각오가 되어 있다.

원래 이 표현은 'umble pie'사슴 내장 파이에서 유래했다. 14세기 초 사슴이나 돼지 같은 동물의 내장을 의미하는 프랑스어 'numble'이 영어로 유입되면서 음운 변화가 일어나 'umble'이 되었다. 확실한 기록은 찾을 수 없지만, 전해 오는 이야기에 따르면 사슴을 사냥해도 부자들처럼 맛있는 부위를 먹을 여유가 없었던 하층민들이 맛없는 내장을 요리해 파이로 만들어 먹었다고 한다. 시간이 흐르면서 'eat umble pie'는 'eat humble pie'로 변화하면서 '자신을 낮추거나 매우 겸손하게 행동한다'는 의미가 되었다. 1850년에 찰스 디킨스가 『데이비드 코퍼필드』에서 이 표현을 비유적으로 사용한 바 있다. "When I was a young boy, Uriah said, I got to know what umbleness did, and I took to it. I ate umbel pie with an appetite (……) I am very humble to this very moment, Master Copperfield, but I've got a little power!"우리야는 말했다. "저는 어렸을 때, 겸손의 위력을 깨닫게 되었고, 겸손해지려고 애썼습니다. 기꺼이 제 자신을 낮추곤 했죠. (……) 코퍼필드 도련님, 저는 지금까지도 매우 겸손합니다, 하지만 이제 저도 힘이 좀 생겼지요."

I am not my brother's keeper
내가 알 게 뭐야, 상관할 바 아니다

Of course I'm disappointed that Travis got arrested again, but I'm not my brother's keeper.
물론 트래비스가 다시 체포되어 실망스럽지만 내가 상관할 바가 아니다.

뱀의 꾐에 빠져 금지된 열매를 먹은 죄로 에덴동산에서 쫓겨난 아담과 하와. 둘은 카인과 아벨 형제를 낳았고 형 카인은 농부, 동생 아벨은 양치기가 되었다. 두 형제는 함께 하느님께 올릴 제사를 준비하며 카인은 땅의 소출을 제물로 바치고 아벨은 양 떼 가운데 맏배들과 거기서 나온 굳기름을 바쳤다. 한데 하느님은 아벨과 그의 제물에는 흡족해했으나 카인과 그의 제물은 탐탁지 않게 여겼다. 그러자 질투심에 사로잡힌 카인은 동생을 들판으로 꾀어내어 돌로 쳐 죽였다. 하느님이 카인에게 물었다. "아벨은 어디 있느냐." 그러자 카인은 모른다고 발뺌하며 되물었다. "I do not know. Am I my brother's keeper?"모릅니다. 제가 아우를 지키는 사람입니까?(『창세기』 4:9) 여기서 비롯된 'I am not my brother's keeper'나는 동생을 지키는 사람이 아니다는 이후 발뺌하거나 책임을 회피할 때 쓰는 말이 되었다.

the brand of Cain
카인의 낙인, 살인죄

Last night, a young man was arrested in our building on a charge of the brand of Cain.
어젯밤 한 청년이 우리 건물에서 살인죄로 체포되었다.

'카인의 낙인'이라는 이 표현 역시 『창세기』에 나오는 카인과 아벨 이야기에서 유래했다. 화가 나 동생을 쳐 죽이고 하느님의 물음에도 모른다고 잡아뗀 카인. 얼마 후 하느님은 아벨이 흘린 피가 땅에서 울부짖으므로 카인에게 "너는 밭을 갈아도 더 이상 수확을 얻을 수 없게 되어 그 땅에서 쫓겨나 세상을 떠돌며 헤매는 신세가 될 것"이라며 저주를 내린다. 이에 카인은 세상을 떠돌며 헤매면 만나는 사람마다 자신을 죽이려 들 테니 너무 가혹한 형벌이 아니냐며 호소한다. 그 말에 하느님은 카인을 죽이면 일곱 곱절로 앙갚음을 받을 것이라며 카인에게 낙인을 찍어 주어, 누구도 그를 죽이지 못하게 하였다. 이때 카인에게 찍힌 낙인은 결국 동생인 아벨을 죽였다는 표식이다. 그러므로 오늘날 이 표현은 '살인죄'를 뜻하게 되었다.

be caught red handed
현행범으로 잡히다, 덜미를 잡히다

Fines can only be inflicted when the spitter is caught red-handed.
침을 뱉은 사람이 현장에서 잡혔을 때에만 벌금을 부과할 수 있다.

이 표현의 기원은 아일랜드 얼스터 지방에 전해 내려오는 '오닐의 붉은 손'Red Hand of O'Neill 전설과 연관이 있다. 기원전 10세기경 이베리아반도의 왕 밀레시우스는 26년간 끔찍한 대기근에 시달리다가 새로운 낙토를 찾으라는 유언을 남기고 죽었다. 우여곡절 끝에 천혜의 땅인 아일랜드섬을 발견하고, 왕자들은 섬을 정복하기 위해 떠나면서 해안에 손이 먼저 닿는 사람이 그곳을 지배하기로 한다. 헤레몬과 더몬트 두 왕자가 최후의 승자 자리를 놓고 경쟁하게 되었는데, 간발의 차이로 더몬트에게 뒤지자 헤레몬은 도끼로 자신의 왼쪽 손목을 잘라 해안으로 던졌다. 결국 피 묻은 손이 먼저 땅에 닿은 헤레몬이 왕위를 차지했으니 그가 바로 1500년 동안 아일랜드를 지배한 오닐 가문의 시조다.

'red hand'가 '살인이나 밀렵을 저지른 후 손에 피를 묻히는 것'이라는 뜻으로 처음 쓰인 것은 1432년 제임스 1세의 스코틀랜드 의회법에서였다. 그 후로 다양한 법률 소송에 여러 차례 등장했는데 대개는 범죄를 저지르다 잡힌 사람, 즉 현행범을 지칭했다. 1819년 월터 스콧이 『아이반호』에서 'red handed'로 변형해서 쓴 이후 대중화되었고, 1867년 조지 앨프리드 로런스가 『가이 리빙스턴』에서 처음으로 'caught red handed'라는 표현을 썼다.

bring home the bacon

①생활비를 벌다 ②원하던 바를 이루다, 성공을 거두다

Nowadays many women bring home the bacon for their family.
오늘날 많은 여성들이 가족을 부양하기 위해 생활비를 번다.

이 표현은 1104년 영국 에식스의 한 수도원에서 시작된 '던모우 플리치'Dunmow flitch라는 풍습에서 유래했다. 플리치는 소금 간을 하여 훈제한 돼지 옆구리살, 즉 베이컨을 의미한다. 당시 영주인 레지널드 피츠월터 부부는 결혼 1주년을 기념하여 신분을 속인 채 평민 차림으로 수도원장에게 강복을 청했다. 부부애에 감동한 수도원장이 베이컨 한 꾸러미를 선물하자 그제야 영주는 신분을 밝히며 금슬 좋은 부부에게 앞으로도 쭉 베이컨을 시상하는 조건으로 수도원에 영지를 기증했다. 14세기 무렵에는 이 심사가 널리 알려져 1362년 잉글랜드 시인 윌리엄 랭글런드가 쓴 『농부 피어스의 꿈』에도 등장하고, 1395년 제프리 초서의 『캔터베리 이야기』 「바스의 여장부 이야기」 편에도 다음과 같이 언급되었다. "But never for us the flitch of bacon though, That some may win in Essex at Dunmow."우리는 아니더라도 에식스에서 던모우 플리치 심사에 통과하는 사람도 있다. 미국에서는 카운티 박람회에서 기름칠을 한 돼지잡기 경연대회가 열렸는데, 우승자는 돼지고기 베이컨을 부상으로 받았다. 이제 이 표현은 '생활비를 벌다'뿐 아니라 '원하던 일을 성취하다'라는 의미로도 쓰인다.

worth one's salt
봉급만큼 일을 하는, 제 몫을 하는, 쓸모가 있는

Any teacher worth his salt is able to inspire his students with confidence.
제 몫을 다하는 교사는 학생들에게 자신감을 불어넣을 수 있다.

글자 그대로 해석하면 '자신의 소금만큼 가치가 있다'는 이 표현의 유래는 로마 시대로 거슬러 올라간다. 냉장고가 없던 예전에는 염장법이 음식을 오래 보존하는 주된 방법이었다. 소금 없이는 식량 보급이 어려웠으므로 장거리 원정이나 새로운 곳을 찾는 탐험에 나설 수 없었다. 또한 소금은 시대를 막론하고 다양한 문화권에서 의식이나 종교적 제의에 사용되었다. 염전과 추출 방법이 개발되기 전까지 소금은 늘 희소가치가 높았고, 상황이 이렇다 보니 화폐 기능까지 갖게 되었다. 플리니우스의 『박물지』 31권에 나오듯이 로마 군인들은 소금 또는 소금 구입권으로 봉급을 받기도 했다. 영어 단어 'salt'소금와 'salary'봉급의 어원은 라틴어 'salarium'소금 구입권에서 왔는데, 'salarium'의 어근 'sal'이 소금을 의미한다. 따라서 'worth one's salt'는 자기가 받는 소금, 즉 '봉급만큼 값어치를 한다'는 뜻이 되었다.

below the salt
하층민의, 별 볼 일 없는, 변변찮은

Robert's tech firm bankrupted last month, so I guess he's back to sitting below the salt again.
로버트의 기술회사가 지난달에 파산했어. 그가 다시 별 볼 일 없는 신세가 된 것 같아.

중세 영국에서는 소금이 매우 비쌌다. 기후가 따뜻하고 일조량이 풍부한 남부 유럽과 달리 북부 유럽은 여건상 바닷물에서 소금을 얻기가 쉽지 않았다. 그래서 1600년대 중반 체셔에서 천연 암염이 채굴되기 전까지는 소금이 귀해 상류사회에서만 겨우 소비되었다. 중세에는 'salt'가 소금은 물론 소금이 담긴 용기를 지칭하기도 했다. 당시 귀족들은 높은 식탁에, 평민들은 낮은 식탁에 앉아 밥을 먹었다. 소금은 높은 식탁의 중앙에만 놓였으므로 오직 신분이 높은 사람들만 이용할 수 있고, 낮은 식탁에 앉은 평민들은 '소금 그릇보다 아래'below the salt에 있는 셈이었다. 15세기부터는 '소금'이 이렇게 비유적으로 사용되어 신분을 나타내는 말로 쓰였다. 1599년 영국의 극작가 벤 존슨의 작품 『신시아의 잔치』에도 이 표현이 등장한다. "His fashion is not to take knowledge of him that is beneath him in clothes. He never drinks below the salt."옷차림으로는 그의 실체를 알 수 없다. 그는 결코 낮은 신분이 아니다.

salt and light
소금과 빛, 선한 영향력

"Most of all, it has hindered the church from being salt and light in America," he says.
"무엇보다도 그로 인해 교회가 미국에서 빛과 소금이 되지 못했다"고 그는 말했다.

'세상을 이롭게 하는 선한 영향력'을 나타내는 이 표현은 예수의 가르침에서 유래했다. 예수는 자신의 생각을 생활에서 흔히 볼 수 있는 것에 비유하여 누구나 이해하기 쉽게 설명하곤 했는데, 소금과 빛의 비유도 그중 하나였다. 소금은 음식이 상하지 않도록 하는 데 꼭 필요하고, 빛은 악의 상징으로 여겨지던 어둠을 밝히는 데 유용했다. "Ye are the salt of the earth: but if the salt have lost his savour, wherewith shall it be salted? it is thenceforth good for nothing, but to be cast out, and to be trodden under foot of men. Ye are the light of the world. A city that is set on an hill cannot be hid. Neither do men light a candle, and put it under a bushel, but on a candlestick; and it giveth light unto all that are in the house." 너희는 세상의 소금이다. 그러나 소금이 제 맛을 잃으면 무엇으로 다시 짜게 할 수 있겠느냐? 아무 쓸모가 없으니 밖에 버려져 사람들에게 짓밟힐 따름이다. 너희는 세상의 빛이다. 산 위에 자리 잡은 고을은 감추어질 수 없다. 등불은 켜서 함지 속이 아니라 등경 위에 놓는다. 그렇게 하여 집 안에 있는 모든 사람을 비춘다.(『마태오 복음서』 5:13~15)

hide one's light under a bushel
재능을 숨기다, 겸손한 태도를 취하다

She ranked number one in the university and still hides her light under a bushel.
그녀는 대학교에서 수석을 했지만 여전히 태도가 겸손하다.

'bushel'부셸은 곡물이나 과일 등의 양을 재는 단위로 대략 36리터에 해당한다. 예전에는 이 정도 부피를 가진 됫박, 즉 커다란 함지박을 나타내는 말이기도 했다. 글자 그대로 해석하면 '빛을 함지박 밑에 숨긴다'는 뜻인 이 표현 역시 세상의 소금과 빛에 대한 예수의 비유에서 유래했다. 예수는 소금이 짠맛을 잃고 빛이 환히 비추지 않으면 소용이 없으니 제자들에게 세상의 소금과 빛이 되라고 가르친다. 그러면서 "Neither do men light a candle, and put it under a bushel, but on a candlestick; and it giveth light unto all that are in the house."등불은 켜서 함지 속이 아니라 등경 위에 놓는다. 그렇게 하여 집 안에 있는 모든 사람을 비춘다.(『마태오 복음서』 5:15)라고 언급한 데에서 'hide one's light under a bushel'이라는 표현이 생겨났다. 성경에 담긴 속뜻은 '누구나 하느님께 받은 재능과 능력이 있으니 다른 사람을 도울 수 있도록 계발하라'는 말이었지만, 오늘날에는 '자기 재능을 자랑하지 않다', '겸손하게 행동하다'라는 의미로 쓰인다.

worth one's weight in gold
매우 귀중한, 값을 매길 수 없을 만큼 귀한

An away goal to us was especially worth its weight in gold.
우리에게는 특히 원정 경기에서의 득점이 매우 중요하다

귀한 가치나 미덕을 값비싼 보석에 비유하는 개념은 기원전 10세기로 거슬러 올라간다. 가령 구약성경을 보면 현왕의 대명사로 통하는 솔로몬 왕이 '지혜가 황금이나 보석 등 그 어떤 것에도 견줄 수 없을 만큼 귀하다'고 언급하는 대목이 있다. "For wisdom is more profitable than silver and yields better returns than gold. She is more precious than rubies; nothing you desire can compare with her." 참으로 지혜를 얻는 것이 은을 얻는 것보다 낫고, 황금을 얻는 것보다 더 유익하다. 지혜는 진주보다 더 값지고, 네가 갖고 싶어 하는 그 어떤 것도 이것과 비교할 수 없다.(『잠언』 3:14~15) 1660년 영국의 예수회 사제 토머스 살루스버리는 이탈리아의 예수회 사제이자 저자인 다니엘로 바르톨리의 작품을 번역한 『옹호하고 바로잡는 학자』에서 예술에 대해 언급했다. "……by which the rust, which is a fault in the Iron, became a virtue to the Brasse, and I made it worth its weight in Gold." 쇠붙이의 결점인 녹이 놋쇠의 미덕이 되듯 나는 그것의 가치를 더할 수 없이 귀하게 만들었다. 그 후로 'worth weight in gold' 금처럼 귀한 가치가 있는라는 표현은 '예술이나 눈에 보이지 않는 무형의 가치'를 비유적으로 지칭하게 되었다.

pride goes(comes) before a fall
자만은 실패의 선봉, 과신은 금물

Remember, John, pride comes before a fall. Don't go round talking about your success in business all the time.
존, 자만하면 큰코다친다는 걸 잊지 마. 사업이 늘 성공할 것처럼 떠들고 다니지 마.

오늘날 'fall'은 '추락, 낙하'라는 뜻으로 많이 쓰이지만 성경적 의미로는 재앙의 뉘앙스가 강하다. 가령 'fall from grace'타락하다라고 하면 하와가 뱀의 유혹에 빠져 선악과를 따듯이 '죄나 어리석음에 빠지거나 유혹에 굴복하는 행위, 도덕적 쇠퇴, 파멸'을 의미했다. 'pride goes(comes) before a fall'도 '파멸 전에 교만이 먼저 찾아온다', 즉 '자만하면 결국 실패하게 된다'는 뜻으로 성경에서 유래를 찾을 수 있다. 구약성경 『잠언』 16장 18~19절을 보면 '교만을 경계하고 겸손해지라'는 교훈이 나온다. "Pride goes before disaster, and a haughty spirit before a fall. It is better to be humble with the meek than to share plunder with the proud."파멸에 앞서 교만이 있고 멸망에 앞서 오만한 정신이 있다. 가난한 이들과 겸허하게 지내는 것이 거만한 자들과 노획물을 나누는 것보다 낫다.

peeping Tom
훔쳐보기 좋아하는 사람, 관음증

Police are hunting a peeping Tom who stared at a teenage student as she undressed.
경찰은 10대 학생이 옷을 벗을 때 훔쳐본 사람을 뒤쫓고 있다.

이 표현은 웨스트 미들랜드의 도시 코번트리의 상징이며 고디바 초콜릿의 로고에도 등장하는 레이디 고다이바의 전설에서 유래했다. 그녀는 11세기 코번트리의 영주인 머시아 백작 레프릭의 아내였다. 가혹한 세금에 고통받는 농민들을 불쌍히 여긴 고다이바가 남편에게 세금을 감면해 달라고 거듭 간청하자, 귀찮아진 영주는 부인이 알몸으로 말을 타고 마을을 한 바퀴 돌면 들어주겠다는 조건을 내건다. 그 정도 조건이면 물러날 줄 알았지만 고다이바는 남편의 제안을 받아들여 발가벗은 몸을 머리카락으로만 간신히 가린 채 말을 타고 마을을 돌았다. 이에 감동한 농민들은 고다이바의 체면을 지켜 주기 위해 그날 집 안으로 들어가 창문을 틀어막고 아무도 밖을 내다보지 않았다. 여기까지가 본래의 전설이고 재단사 톰의 이야기는 후대에 추가되었는데, 이때 유일하게 톰만이 약속을 어기고 부인이 지나가는 것을 엿보다가 천벌을 받아 눈이 멀었다고 한다. 그때부터 'peeping Tom'훔쳐보는 톰 하면 '몰래 엿보기 좋아하는 사람', 특히 '관음증 남자'를 지칭하는 말이 되었다.

Midas touch
돈벌이 재주, 돈 버는 재능

Today's bull market has convinced dozens of kids barely out of college that they've got the Midas touch.
오늘의 강세장 덕분에 대학을 갓 졸업한 새내기들은 자신에게 돈벌이 재주가 있다고 확신하게 되었다.

'손대는 일마다 성공을 거두는 재능'을 의미하는 이 표현은 그리스 신화 속 인물인 미다스 왕의 일화에서 유래했다. 고르디우스의 아들인 미다스 왕은 매우 탐욕스러워 이미 많은 것을 가지고 있으면서도 더 많은 부를 원했다. 어느 날 반인반수 실레노스가 술에 만취해 온 마을을 헤집고 다니다 농부들에게 잡혀 미다스 왕 앞으로 끌려왔다. 그가 술의 신 디오니소스의 스승임을 단번에 알아본 미다스 왕은 잔치를 베풀어 그를 극진히 환대한 후 돌려보냈다. 그 일로 디오니소스가 보답으로 무엇이든 들어주겠다고 하자 미다스 왕은 '손에 닿는 것은 뭐든지 황금으로 변하게 해 달라'고 간청한다. 그때부터 나뭇가지, 흙, 돌, 사과 등 미다스 왕이 만지는 것마다 모조리 황금으로 변했다. 그러나 황홀한 시간은 얼마 가지 못했다. 만지는 것마다 황금으로 변하니 아무것도 먹을 수가 없었던 것이다. 미다스는 디오니소스를 찾아가 베풀어 준 은총을 거두어 달라고 간청했다. 그 직후 디오니소스가 알려 준 대로 팍톨로스강의 발원지로 가서 몸을 씻자 황금으로 변하게 하는 능력이 사라졌다. 이 이야기에서 유래하여 '미다스'는 '탐욕'을, '미다스의 손'은 '돈 버는 재주'를 의미하게 되었다.

ride the gravy train
돈벼락을 맞다, 일확천금하다, 호사스럽게 살다

Even dentists now want a ride on the gravy train like doctors.
치과의사들조차도 이제는 의사들처럼 수월한 돈벌이에 편승하고 싶어 한다.

글자의 의미만 언뜻 보아서는 쉽게 이해가 가지 않는 이 표현은
사실 'gravy'라는 단어의 의미와 관련이 있다. 이 말은 지금은 주
로 육즙이나 육즙으로 만든 소스를 의미하지만 20세기 초에는
힘들이지 않고 쉽게 번 돈, 뇌물, 포커 판에서 이겨서 딴 돈처럼
'횡재'라는 뜻의 속어로 많이 쓰였다. 예를 들면 1906년 10월 펜
실베이니아 모네센의 일간지『더 데일리 인디펜던트 오브 모네
센』에 실린 광고주에게 전하는 권고에는 'gravy'가 이런 뜻으로
쓰였다. "If you buy right and then tell an exacting public in a
clear, concise way, just as you would over your counter, you
are then getting in line for good gravy."제대로 구입한 다음 계산대 너머
로 하듯이 핵심 고객층에게 분명하고 간결하게 말한다면 돈 버는 대열에 합류하게 될 겁니다.
1920년대에는 철도 노동자들이 '일은 수월한데 운행 급료는 높
은 기차'를 'gravy train'이라고 불렀다. 그래서 이후로 'ride the
gravy train'벌이가 짭짤한 기차에 타다은 '별 노력을 기울이지 않고 큰돈
을 벌다', '호사스럽게 살다'라는 뜻으로 쓰이게 되었다.

cost an arm and a leg
매우 비싼, 큰돈이 드는

Luxury bags such as Chanel and Gucci that cost an arm and a leg are always in demand.
샤넬이나 구찌 같은 비싼 명품 가방은 항상 인기가 있다.

글자 그대로 해석하면 '한쪽 팔과 한쪽 다리의 값을 지불하다'라는 뜻의 이 표현은 미국 건국 초기에 생겨났다. 카메라가 등장하기 전 사람들은 저마다의 모습을 그림으로 그리거나 조각으로 남겼다. 포즈는 다양했는데 예컨대 조지 워싱턴의 초상화처럼 한 손은 등 뒤로 보낸 채 책상 앞에 서 있는 모습을 보여 주는 작품이 있는가 하면, 양팔과 양다리를 모두 드러낸 작품도 있다. 당시 화가에게 지불하는 보수는 그림에 등장하는 사람의 수가 아니라 팔다리의 수에 따라 정해졌다고 한다. 대개 팔과 다리는 그리기가 까다롭기 때문에 팔과 다리를 많이 그릴수록 의뢰인이 더 많은 돈을 지불해야 했던 것이다. 이런 상황에서 'cost an arm and a leg'라는 표현이 생겨나 '매우 비싼 대가를 지불하다'라는 뜻으로 쓰이게 되었다.

white elephant
애물단지, 무용지물

At first, Peter was excited to inherit the mansion, but it soon proved to be a white elephant he couldn't afford.
처음에 피터는 그 저택을 물려받아 몹시 기뻐했지만, 그것은 곧 감당할 수 없는 애물단지가 되어 버렸다.

이 표현은 '손에 넣거나 유지하는 데에는 비용이 많이 들지만 효용이나 가치는 거의 없는 것'을 뜻하는데, 알비노 코끼리를 신성하게 여기는 동남아시아의 전통에서 유래했다. 버마, 태국, 라오스, 캄보디아에서 흰 코끼리는 정의롭고 강력한 통치 아래 나라가 평화와 번영을 누리고 있다는 상징이었다. 이렇게 신성하게 여겨지는 코끼리에게 노역을 시키는 것은 법으로 금지되어 있었다. 그러니 왕에게 흰 코끼리를 하사받는 것은 축복인 동시에 재앙이었다. 군주로부터 총애를 받고 있다는 징표이지만 키우는 데 엄청난 비용만 들 뿐 부릴 수도 없었기 때문이다. 서구에서는 흰 코끼리가 '기대에 부응하지 못하는 값비싼 짐'이라는 의미로 1600년대에 처음 사용되었다. 레스 하딩의 『코끼리 이야기: 서커스단의 바넘과 점보』에 따르면 19세기 말 미국의 서커스 사업가이자 정치가이자 작가였던 피니어스 테일러 바넘이 자신의 경험담을 털어놓은 후에 그 의미가 널리 퍼졌다고 한다. 당시 바넘은 갖은 노력과 많은 돈을 들여 마침내 샴 왕으로부터 흰 코끼리를 얻는 데 성공했지만, 막상 얻고 보니 실제로는 분홍색 반점이 있는 칙칙한 회색 코끼리였다고 한다.

bee's knees
아주 멋진 것, 완벽한 것

Have you ever tried the pistachio gelato at this place? It's absolutely the bee's knees!
여기 피스타치오 아이스크림 먹어 봤어? 아주 끝내줘!

글자 그대로 해석하면 '벌의 무릎'이라는 뜻의 이 표현은 18세기 후반에 처음 등장했는데, 원래는 '매우 작고 하찮은 것'이라는 의미였다. 1920년대에 미국에서는 동물의 신체 부위에 빗대어 '멋진 것'을 나타내는 표현들이 유행했다. 그 여파로 다양한 아류 표현이 생겨났는데, 'elephant's adenoids'코끼리 임파선, 'ant's pants'개미 바지, 'tiger's spots'호랑이 반점, 'elephant's wrist'코끼리 손목, 'eel's ankles'장어 발목, 'bullfrog's beard'황소개구리 수염 등 현실에 있을 법하지 않은 것들이었다. 이에 영향을 받아 20세기에 들어서자 미국에서는 'bee's knees'가 멋진 것을 나타내는 표현으로 쓰이기 시작했다. 이런 의미로 처음 쓰인 기록은 1922년 2월 『버팔로 타임스』였는데, 런던에서 열린 메리 공주의 결혼을 조롱하는 기사에 실렸다. "I've seen a princess once and it only cost a dime. Her name was Princess Fatima and I'll say she was the bee's knees when it comes to dancing."나는 공주를 딱 한 번 본 적이 있다. 보는 데에 단돈 10센트밖에 안 들었다. 그녀의 이름은 프린세스 파티마였는데, 춤에 관한 한 끝내줬다고 할 만했다. 한때는 동물의 신체 부위에 빗댄 은유적 표현들이 봇물을 이루었지만 오늘날에는 'bee's knees'와 더불어 'cat's pajamas'고양이의 잠옷 정도만 살아남았다.

raining cats and dogs
비가 억수로 퍼붓다

They cancelled the baseball game because it was raining cats and dogs.
비가 억수로 퍼붓는 바람에 야구 경기가 취소되었다.

이 표현에는 여러 가지 기원설이 있는데 세 가지만 소개하면 다음과 같다. 첫째는 북유럽 신화와 관련 있다. 폭풍의 신 오딘은 종종 바람을 상징하는 개와 늑대와 함께 있는 모습으로 묘사된다. 그리고 비가 쏟아지는 동안 마법의 빗자루를 타고 다니는 마녀는 흔히 검은 고양이와 함께 그려졌는데, 이는 뱃사람들에게 폭우의 상징이었다. 그래서 'rain cats and dogs'가 '바람(개)과 폭우(고양이)를 동반한 폭풍우'를 지칭하게 되었다는 설이다.

또 다른 설은 17세기 유럽의 도시 배수 시설과 관련 있다. 1710년 조너선 스위프트의 시 「도시 소나기에 관한 소묘」에 언급된 바와 같이, 배수 시설이 열악한 건물에 살던 유럽인은 폭우가 쏟아지는 상황을 틈타 오물을 처리했는데 그중에는 동물의 사체도 있었다. 폭우가 내리면 개와 고양이의 사체가 쏟아져 나온 데서 이 표현이 유래했다는 주장이다.

마지막 기원설은 빅토리아 시대로 거슬러 올라간다. 당시는 집에서 기르던 개와 고양이가 밤이면 집 처마에서 잠을 잤다고 한다. 비가 많이 오면 잠을 자던 동물들이 처마에서 쓸려 나와 지붕에서 떨어져 내렸다. 집 안에서 보면 비와 함께 개와 고양이가 떨어지는 것처럼 보인 데서 이 표현이 유래했다고 한다.

Bob's your uncle
식은 죽 먹기, 그게 다야, 걱정할 필요 없다

All you have to do is to combine all of the ingredients in one pot, let it cook, and then Bob's your uncle, dinner is ready!
모든 재료를 냄비에 넣기만 하면 돼. 그게 다야, 저녁 다 됐어!

글자 그대로 해석하면 'Bob(로버트의 애칭)은 너의 삼촌'이라는 뜻의 이 관용어는 빅토리아 시대의 정치가 로버트 개스코인-세실의 족벌주의에서 유래한 표현이다. 여기서 Bob은 개스코인-세실을 지칭하는데, 그는 3대 솔즈베리 후작으로 영국의 총리를 세 차례나 역임하는 등 막강한 권력을 휘두르던 인물이었다. 그는 1880년대에 자신이 총애하던 조카 아서 밸푸어를 여러 요직에 등용하더니, 1902년 결국 밸푸어에게 총리와 보수당 당수 자리를 물려주고 퇴임했다. 애초에 공직에 그다지 관심이 없던 밸푸어가 젊은 나이에 요직에 임명되자 사람들은 부적절한 처사라고 생각했고, 정치적 영향력이 막강한 삼촌의 후원이 없었더라면 유명 정치인이 되지는 못했을 것이라는 평이 지배적이었다. 그래서 사람들은 수월한 인생으로 가는 무임승차에 빗댄 표현인 'Bob's your uncle'을 밸푸어의 삼촌인 로버트 개스코인-세실과 연관 짓게 되었다. 기원은 다르지만 공교롭게도 '족벌주의'를 뜻하는 'nepotism'은 라틴어로 '조카'를 의미하는 'nepos'에서 유래했다.

cloak and dagger
첩보 활동의, 은밀한, 음모의

He is well known today primarily for his cloak and dagger novels.
그는 오늘날 주로 첩보 소설로 잘 알려져 있다.

이 표현은 'cloak'망토와 'dagger'단도를 쓰는 유럽의 무술에서 유래했다. 망토는 단검을 감추고 움직임을 드러내지 않는 옷으로, 날아오는 검으로부터 내 몸을 미약하게나마 보호해 주며, 상대의 주의를 흐트러뜨리는 역할을 했다. 16세기 이탈리아의 검술 사범 아킬레 마로초는 이런 망토 사용법을 제자들에게 가르치면서 저서 『오페라 노바』에 기록으로 남겼다. 단도는 최선의 무기는 아니었지만 검이 없는 상황에서는 망토와 더불어 호신용 무기로 사용할 수 있었다. 19세기에 '외투와 검'을 의미하는 프랑스어 'de cape et d'épée'와 스페인어 'de capa y espada'라는 말이 영어에도 유입되어 'cloak and sword'라는 말이 쓰이기 시작했는데, 그때 이 표현은 '망토를 두르고 검을 들어 결투를 벌이며 사랑을 좇는 모험가를 주인공으로 하는 연극 장르'를 은유적으로 지칭하는 용어였다. 1840년에는 워즈워스 롱펠로가 이 장르를 언급했고, 1년 뒤 찰스 디킨스도 역사 소설 『바나비 러지』에서 이런 드라마를 비꼬는 투로 'cloak and dagger'라는 표현을 썼다.

망토는 정체를 숨기거나 사람들 눈을 피하는 데 사용하고 단검은 은닉하기 좋은 무기다. 이런 점에서 두 가지 물건은 이후로도 함께 쓰이며 '첩자'나 '은밀한 첩보 활동'을 비유하게 되었다.

bury one's head in the sand
현실에서 도피하다, 눈 가리고 아웅 하다

Do not bury your head in the sand, but seek advice and talk to your lenders.
현실을 외면하지 말고, 대출기관에 가서 상담하고 조언을 구해 봐.

이 표현은 로마의 작가 대大플리니우스가 기록한 이야기에서 유래했다. 그는 타조를 비롯한 새들이 포식자의 공격에 직면했을 때, 몸을 숨긴다고 생각하면서 수풀 속에 머리를 숨긴다고 주장했다. 하지만 이는 오해다. 타조는 다른 동물의 눈에 띄지 않기 위해 땅바닥에 눕기는 해도 덤불이나 모래 속에 숨지는 않는다. 몸집은 매우 커도 날지는 못하는 타조는 목초나 덤불을 뜯어먹고 모래 목욕을 즐기는데, 보통은 날개로 모래를 퍼 올리거나 목을 모래 바닥에 대고 비비는 행동을 한다. 이러한 타조의 행동이 덤불에 숨거나 모래에 머리를 묻는 것이라고 오해한 데서 생겨난 'bury(hide) one's head in the sand'머리를 모래에 파묻다라는 표현은 그 오해에 기인하여 이후 '현실을 직시하기보다 회피하고 외면하는 행위'를 의미하게 되었다.

carte blanche
백지위임, 자유 재량권

The president gave the new manager carte blanche in the project.
사장은 신임 과장에게 새 프로젝트를 전적으로 위임했다.

프랑스의 카드 게임 피케트 용어로 얼굴이 그려진 J(잭), Q(퀸), K(킹) 패를 한 장도 들지 않은 사람이 외치던 말에서 유래한 '카르트 블랑슈'carte blanche는 '아무것도 쓰여 있지 않은 백지'를 의미하는 프랑스어 표현이다. 이 말은 원래 정치적 용어로 우리나라의 암행어사 마패처럼 이것을 지닌 사람이 요구하는 것은 무엇이든 들어주도록 국왕이 발행한 '백지위임장'을 지칭했다. 언제 처음 시작되었는지는 분명치 않지만 필리프 4세가 성전기사단의 마지막 단장 자크 드 몰레를 무너뜨리기 위해 종교재판소 수장에게 발급한 바 있고, 영국의 찰스 2세도 공화파를 피해 도망칠 때 자신을 돕는 조력자에게 이를 제안했다고 한다. 이처럼 막강한 힘을 지닌 문서이지만 이것을 발행한 군주가 언제든 발행 사실을 부인할 수도 있었기에 양날의 검처럼 위험하기도 했다. 알렉상드르 뒤마의 『삼총사』에도 리슐리외 추기경이 밀라디에게 버킹엄 공작을 암살하라고 지시하며 '이것을 소지한 자는 어떤 행위를 해도 좋다'는 권한을 부여한 위임장을 써 준다. 나중에 이 표현은 고딕 소설에 차용되어 여자가 부유한 남자의 정부가 되어 백지수표를 받는다는 의미로 쓰이기도 했다.

out of the frying pan into the fire
엎친 데 덮친 격, 갈수록 태산

Those poor refugees escaped the famine but ended up in a war zone — out of the frying pan into the fire.
그 불쌍한 피난민들은 기근은 모면했지만, 갈수록 태산이라고 전쟁 지역으로 들어서고 말았다.

작은 화를 면하려다 더 큰 화를 초래하는 것을 경고하는 우화는 오래전부터 있었지만 'out of the frying pan into the fire'프라이팬에서 벗어나 불 속으로 뛰어들다라는 표현은 1490년대에 이탈리아 작가 라우렌티우스 압스테미우스가 『이솝 우화』와 당대의 관용어 등을 각색하여 쓴 『100편의 우화 모음집』에 실린 이야기에서 유래했다. 기름을 두른 프라이팬에 물고기 몇 마리가 산 채로 튀겨질 신세가 되었다. 그러자 한 마리가 살고 싶다면서 프라이팬 밖으로 뛰쳐나가자고 했다. 그 물고기의 충고에 따라 다른 물고기들도 프라이팬에서 뛰쳐나왔지만 그들이 떨어진 곳은 바로 불타는 석탄 위였다. 물고기들은 끔찍한 충고를 했던 친구를 욕하며 죽어갔다. "지금의 위험을 피하려다 더 위험한 상황에 처할 수도 있다"는 경고로 끝을 맺는 이 이야기는 라틴어로 된 『이솝 우화』에 포함되었고, 1692년 영국 작가 로저 레스트레인지가 영어로 엮어 펴내면서 영어에도 이 표현이 들어왔다.

add insult to injury

설상가상, 혹 떼려다 혹 붙인 격

My car barely started this morning, and to add insult to injury, I got a flat tire in the driveway.

오늘 아침 차에 간신히 시동이 걸렸는데, 설상가상으로 도로에 들어서자 타이어에 펑크가 나고 말았다.

글자 그대로 해석하면 '상처에 모욕을 더한다'는 의미인 이 관용구는 1세기 무렵 고대 로마의 우화 작가 파이드로스가 『이솝 우화』를 각색해 쓴 대머리 남자와 파리 이야기에 처음 등장했다. 파리가 계속 윙윙대며 머리에 내려앉아 귀찮게 굴자 대머리 사내는 파리를 잡으려고 손으로 머리를 내려쳤다. 순간 재빨리 도망친 파리는 결국 헛손질로 자기 머리만 친 남자를 비웃으며 말했다. "한낱 벌레가 물었다고 죽음으로 처벌하려 하다니. 상처에 모욕까지 더해 어쩐다?" 이 표현이 1748년 처음으로 영어로 기록된 이후에는 '가뜩이나 좋지 않은 상황이 더욱 악화된다'는 의미가 되었다.

이솝 원작에서는 대머리 사내가 파리의 도발에 응하느니 현명하게 참는 쪽을 택했지만 파이드로스는 내용을 바꾸었는데, 중세 이후에는 '사소한 도발에 죽음이라는 처벌을 내리는 것이 가혹하다'는 파리의 입장을 옹호하는 견해가 지배적이었다. 그러나 이후에는 '모르고 한 실수는 용납이 되지만 의도적으로 되풀이한 실수는 처벌받아야 마땅하다'는 의견이 대두되는 등 오랫동안 이 우화를 두고 많은 논쟁이 이어졌다.

pile Pelion on Ossa
산 넘어 산, 한술 더 떠

Just when I thought I was almost done sorting these files, my boss piled Pelion on Ossa and brought me another box of them.
파일 정리를 거의 끝냈다고 생각했는데, 상사가 한술 더 떠 또 다른 상자를 가져왔다.

글자 그대로 해석하면 '오사 위에 펠리온을 쌓다'라는 뜻으로 그리스 신화에서 유래한 말이다. 오사와 펠리온은 그리스 테살리아 지방에 있는 두 산이다. 오랫동안 우주를 지배하던 티탄 신족의 우두머리 크로노스의 막내아들인 제우스는 아버지를 왕좌에서 몰아내고 티탄족을 타르타로스에 유폐시킨다. 티탄족의 어머니 가이아는 이에 분노하여 거인족 기간테스를 낳고 그들을 부추겨 제우스와 올림포스의 신들에게 맞서게 한다. 코스모스의 통치권을 욕심낸 거인족은 올림포스 신들에게 도전하는데, 거인족 두 명이 올림포스산에 올라 신들을 무찌르기 위해 오사산 위에 펠리온산을 쌓았다고 한다. 하지만 미처 올림포스산에 닿기도 전에 아폴론에게 발각되어 죽임을 당한다. 그럼에도 거인족을 쉽사리 물리칠 수 없었던 올림포스의 신들은 인간의 도움을 받아야만 이길 수 있다는 신탁에 따라 헤라클레스를 동맹자로 끌어들인 후에야 기나긴 전쟁에 마침표를 찍을 수 있었다. 이 이야기에서 '고난에 고난이 겹친다'는 의미의 'pile Pelion on Ossa'가 유래했다.

rub salt in the wound
엎친 데 덮친 격, 상태를 악화시키다

After losing the championship match, it really rubbed salt in John's wound for his girlfriend to break up with him the next day.
존은 결승전에서 진 다음 날 엎친 데 덮친 격으로 여자 친구에게 차이기까지 했다.

글자 그대로 해석하면 '상처에 소금을 문지른다'는 뜻의 이 표현은 영국의 선상 문화에서 유래했다. 선원들은 명령 불복종 죄를 저지를 경우 'cat-of-nine-tails'라는 채찍으로 맞는 처벌을 받았다. 끝에 작은 뼛조각이 달린 아홉 가닥짜리 이 가죽 채찍으로 얻어맞으면 정신을 차릴 수 없을 정도로 고통스러웠다고 한다. (이 이야기에서 유래한 다른 표현이 궁금하다면 1월 14일로) 그런데 이렇게 채찍질을 당한 후에는 세균에 감염되는 것을 막기 위해 상처에 소금을 문질렀다. 물론 상처를 방치했다가 괴저를 일으켜 죽음에 이르게 되는 상황보다는 낫지만 그로 인해 더해지는 고통은 이루 말할 수 없었다. 그래서 'rub salt in the wound' 하면 '이미 악화된 상황에 고통을 더한다'는 의미가 되었다.

once in a blue moon
매우 드문, 좀처럼 일어나지 않는

Peter only comes out for a drink once in a blue moon now that he has kids.
피터는 이제 아이들이 있어서 어쩌다 한 번씩 술 마시러 나갈 뿐이다.

대규모 화산 폭발이 일어나면 대기 중의 먼지 입자가 푸른빛을 분산시켜 달을 석양처럼 붉게 보이게 하지만 더 큰 먼지 입자는 붉은빛을 분산시켜 파랗게 보이게 만든다. 글자 그대로 해석하면 '푸른 달에 한 번'이라는 뜻의 'once in a blue moon'은 사실 달의 색과는 별 상관이 없는 표현으로, 1528년 가톨릭 성직자들을 공격하는 소책자에 '허황된 이야기'라는 의미로 처음 등장했다. 19세기에서 20세기 초까지 나온 『메인 농사력』은 1년을 4계절로 구분하고, 계절마다 세 번의 보름달이 뜬다고 계산해 각 보름달에 고유한 이름을 붙였다. 그런데 달의 공전 주기에 따르는 음력과 달리 양력에서는 2월을 제외하고는 30일 또는 31일이 한 달이므로 월초에 보름달이 뜨면 그달에 보름달이 한 번 더 뜨는 경우가 생길 수 있다. 그래서 한 계절에 보름달이 네 번 뜨게 되면 마지막 보름달의 이름을 바꾸지 않기 위해 세 번째 보름달을 'blue moon'이라고 불렀다. 그런데 이 농사력을 읽은 아마추어 천문학자 제임스 프루엇은 약간 다르게 'blue moon'을 '한 달에 두 번째 뜨는 보름달'로 표현했다. 이후 'once in a blue moon'은 4년에 한 번씩 돌아오는 윤달처럼 '매우 드물게 일어나는' 일을 의미하게 되었다.

red letter day
축제일, 기념일

It's a red letter day when we have not only freed ourselves from the colonial hangover, but also rendered justice to history.
그날은 우리가 식민지의 잔재에서 해방되었을 뿐 아니라 역사에 정의를 세운 경축일이다.

현대의 달력을 보면 대개 일요일은 붉은색으로, 다른 날들은 검은색으로 표시되어 있다. 이러한 관습은 달력이 수도원이나 수녀원에서 수도사들의 수기로만 제작되던 시절에 비롯되었다. 그들은 대축일이나 성인의 축일을 산화철로 만든 붉은 잉크로 표시하여 강조했다. 후대에 달력이 일반적으로 쓰이며 인쇄되기 시작하자 그리스도교 국가에서는 일요일의 숫자를 붉은색으로 표시했다. 이러한 관습에서 'red letter day'붉은 글씨로 표시된 날짜는 누군가의 일생에서 생일, 결혼기념일, 대학 졸업일같이 '중요한 날'을 일컫는 말이 되었다. 이 용어가 구체적으로 언급된 최초의 기록은 미국 방언 협회에서 분기마다 발행하던 어문 용례집 『아메리칸 스피치』 1940년판이다. 이 표현과 반대로 '불길한 날, 재수 없는 날, 비극적인 날'은 'black letter day'검은 글씨로 표시된 날짜라 부른다.

burn the midnight oil
밤늦게까지 공부하다, 야근하다

You'd better not burn the midnight oil every day, it is harmful for your health.
매일 야근하지 않는 것이 좋아. 건강에 해로우니까.

글자 그대로 해석하면 '심야의 기름을 태우다'라는 뜻으로 '밤늦게까지 열심히 일하는 것'을 은유적으로 말하는 이 표현은 지금처럼 전기가 온 세상을 밝히기 전 램프와 양초가 집을 밝히는 유일한 수단이던 시기에 생겨났다. 이 표현은 1635년 영국 작가 프랜시스 퀄스의 『엠블럼스』에 처음 등장했다. "Wee spend our mid-day sweat, or mid-night oyle; Wee tyre the night in thought; the day in toyle." 우리는 한낮에는 땀을 흘리거나 한밤중에는 기름을 태운다. 밤에는 사색에 잠기느라, 낮에는 일하느라 노곤하다. 이제는 대부분 전기를 사용하므로 이 말은 시대에 맞지 않게 되었지만 'burn the mid-night oil'은 계속 살아남아 일상에서 쓰이고 있다. 1972년 포터 웨고너와 돌리 파튼의 콜라보 앨범 『더 라이트 콤비네이션』의 수록곡 「버닝 더 미드나잇 오일」의 제목으로도 쓰였다.

albatross around one's neck
부담, 마음의 짐, 골칫거리

The old building became an albatross around his neck as the costs of repair and renovation began to skyrocket.
수리비와 개조 비용이 급상승하기 시작하자 그 오래된 건물은 그에게 골칫거리가 되었다.

알바트로스는 새 중에서도 몸집이 굉장히 큰 바닷새다. 이 표현은 이렇게 큰 새를 목에 걸고 있다는 뜻이니 '굉장한 중압감을 주는 부담'을 의미한다. 이 관용어는 영국의 시인이자 철학자 새뮤얼 테일러 콜리지의 설화시 「노수부의 노래」에서 그 유래를 찾을 수 있다. 늙은 선원이 결혼 연회에 초청받아 가는 젊은이를 붙들고 이야기를 시작한다. 젊은 시절 선원이 타고 있던 배는 태풍을 만나 남극으로 떠밀려가 얼음에 갇혔으나 알바트로스가 나타나 인도해 준 덕분에 벗어난다. 그런데 선원은 길조로 여겨지던 그 알바트로스를 무슨 이유에서인지 석궁으로 쏴 죽인다. 그 일로 배는 저주를 받아 북쪽으로 흘러가 적도에 갇히고 새를 죽인 선원은 죽은 알바트로스를 목에 거는 벌을 받는다. 동료들은 갈증으로 모두 죽어 나가고 선원 홀로 살아남는다. 어느 날 배 주위를 돌고 있던 아름다운 바다뱀들을 보던 그는 자기도 모르게 바다뱀들을 축복한다. 그러자 놀랍게도 목에 있던 알바트로스가 떨어져 나가며 저주가 풀리고 배는 영국으로 돌아올 수 있었다. 그 후로 선원은 참회하는 마음으로 세상을 순례하며 자신의 경험담을 사람들에게 전하고 다닌다. 하느님이 창조한 것은 모두 소중하니 크든 작든 모든 만물에 경외심을 가지라고 말이다.

Eureka

알겠어, 바로 이거야!

At that very moment he remembered her remarks and cried out "Eureka!"
바로 그 순간 그는 그녀가 한 말이 기억나 무릎을 탁 쳤다.

'유레카'Eureka는 그리스어로 '알아냈다'는 뜻이다. 뜻밖의 발견으로 문제를 해결하거나 깨달음에 이르렀을 때 쓰는 감탄사로 고대 그리스의 철학자 아르키메데스의 일화에서 유래했다. 시라쿠사의 히에론 왕은 순금 덩어리를 세공 기술자에게 주어 금관을 만들게 했다. 그런데 완성된 금관을 보자 그것이 과연 순금으로 만들어졌는지, 아니면 다른 물질이 섞였는지 의심스러워져 아르키메데스에게 조사해 보라고 명령했다. 왕관을 녹여 분석해 보면 가장 확실히 알 수 있었지만, 그럴 수는 없는 노릇이었으므로 아르키메데스는 고민에 빠졌다. 어느 날 생각에 잠겨 목욕통에 들어간 아르키메데스는 물이 넘쳐흐르는 것을 보고는 벌거벗은 채 목욕통에서 뛰쳐나오며 이렇게 외쳤다. "유레카!" 그는 흘러넘치는 물을 보며 부력의 원리를 깨달았던 것이다. 곧 실험에 착수한 아르키메데스는 먼저 커다란 그릇에 물을 가득 채우고 왕관을 집어넣은 뒤, 흘러넘친 물의 양을 쟀다. 그리고 왕관을 만드는 데 쓰인 것과 같은 양의 금덩어리 역시 물에 넣은 뒤 흘러넘친 물의 양을 쟀다. 그런 다음 두 물의 양을 비교했더니 차이가 있었다. 이렇게 그는 왕관에 다른 불순물이 섞여 있음을 알아냈다.

Occam's razor
오컴의 면도날, 경제성의 원리, 단순성의 원리

I think our initial hypothesis is too complex. Occam's razor would suggest we consider the simplest possible explanation.
우리의 초기 가설이 너무 복잡하다고 생각한다. 경제성의 원리에 비춰 보면 가급적 가장 단순한 설명을 생각해 보는 것이 좋겠다.

이 용어는 14세기 영국의 철학자이자 프란치스코 수도회 수사로 지극히 청빈한 삶을 살았던 오컴의 윌리엄에게서 유래했다. 중세의 철학자와 신학자 들이 벌이는 복잡하고 광범위한 논쟁에 지친 오컴은 1324년 어느 날 무의미한 진술을 토론에서 배제해야겠다고 불현듯 결심했다. 그는 지나친 논리 비약이나 불필요한 전제를 진술에서 잘라 내자고 제안하면서, 라틴어로 된 원문에서 '많은 것을 불필요하게 가정하지 말 것' 그리고 '더 적은 수의 논리로 설명이 가능한 경우, 많은 수의 논리를 세우지 말 것'을 주장했다. 'Occam's razor'오컴의 면도날에서 'razor'는 '필요하지 않은 가설을 잘라 버린다'는 비유로, 같은 현상을 설명하는 두 개의 주장이 있다면 간단한 쪽을 선택하라는 뜻이다. 한마디로 '설명은 간단할수록 좋다'는 말이다.

필연성 없는 개념을 배제하려 한 '사고 절약의 원리'로도 불리는 이 명제는 현대에도 과학 이론을 구성하는 기본 지침으로 지지받고 있다.

take the bull by the horns
정면으로 승부하다, 주도권을 쥐다

She took the bull by the horns and confronted her manager about the blatant sexism in the office.
그녀는 사무실에서 일어나는 노골적인 성차별에 책임자에게 정면으로 맞섰다.

글자 그대로 해석하면 '황소의 뿔을 잡는다'는 뜻으로 '어려운 상황에서 정공법으로 나서 주도권을 잡는다'는 이 표현은 스페인의 투우나 미국 서부의 로데오 경기에서 유래한 것으로 본다. 투우 경기를 보면 알겠지만 투우사는 황소의 목에 짧은 작살을 꽂은 다음 붉은 망토로 유인하여 힘을 뺀 뒤 마지막에 뿔을 잡고 제압하여 쓰러뜨린다. 흥분해서 날뛰는 소를 상대하는 것은 위험한 일이지만 마지막에 제압하려면 뿔을 잡고 쓰러뜨려야 했으므로 이런 표현이 유래했다.

한편 그리스의 철학자이자 역사가인 스트라본의 17권짜리 필사본 작품 『지리지』를 보면 'take the bull by the horns'가 '굴복시키다'의 동의어로 쓰인 기록이 등장하기도 한다. 스트라본에 따르면 그리스의 웅변가 데메트리오스 팔레레우스가 '펠레폰네소스반도를 차지하려면 고대 도시 이토메와 아크로코린트를 정복해야 한다'고 마케도니아의 왕 필리포스를 설득하면서 다음과 같은 표현을 썼다고 한다. "Having caught hold of both horns, you will possess the ox itself." 소의 양 뿔을 쥐는 자가 그 소를 굴복시키리라.

wake up on the wrong side of the bed
아침부터 기분이 사납다, 기분 나쁘게 하루를 시작하다

I'm sorry I snapped at you earlier, I think I just woke up on the wrong side of the bed today.
아까 딱딱거려서 미안해. 아침부터 기분이 별로였나 봐.

글자 그대로 해석하면 '침대의 나쁜 쪽에서 잠이 깬다'는 말인데, 여기서 '나쁜 쪽'이란 '왼쪽'을 의미한다. 이 표현은 오래된 미신에서 그 유래를 찾아볼 수 있다. 고대 철학자들은 오른쪽을 긍정적인 측면에, 왼쪽을 나쁘거나 부정적인 측면에 결부시켜 생각했다. 이러한 미신은 고대 로마에서 시작된 것으로 보인다. 로마인들은 긍정적인 기운과 접촉하여 하루를 시작하기 위해 항상 침대의 오른쪽으로 일어나 나왔다고 한다. 반대로 침대 왼쪽에서 일어나면 부정적인 기운과 접촉하며 하루를 시작하게 된다고 여겼다. 카이사르는 왼쪽 신발을 먼저 신는 것조차 불길하게 여겼다고 한다. 그래서 그런 불운을 막기 위해 침대의 왼쪽을 아예 벽쪽으로 붙여 버려 오른쪽에서 일어날 수밖에 없게 만드는 묘수를 쓰는 이들도 있었다. 그러나 『옥스퍼드 영어 사전』에 따르면 이 오래된 미신이 처음 기록으로 등장한 것은 1801년에 런던의 출판사 미네르바 프레스에서 펴낸 『멋진 사랑 이야기』라는 작품의 다음 문장에서 였다. "You have got up on the wrong side, this morning, George." 조지, 오늘 아침에는 기분이 별로인가 보네요.

hang by a thread
위태위태하다, 일촉즉발의 위기, 풍전등화

Harry's company was hanging by a thread when he first got into the company.
해리가 처음 입사했을 당시 회사는 위기에 처해 있었다.

'한 올의 말총에 매달린 칼 아래 앉아 있는 것처럼 위태롭고 불안한 상황'을 상징하는 이 표현은 고대 그리스의 전설에 나오는 '다모클레스의 검'이라는 일화에서 유래했다. 시라쿠사의 왕 디오니시오스는 수많은 정적을 제거하고 권좌에 오른지라 늘 보복의 위험에 시달렸다. 그래서 옷 속에 갑옷을 껴입고 매일 밤 잠자리를 바꾸는 등 경계를 풀지 않았다. 왕의 측근 다모클레스는 군주가 누리는 부귀영화를 몹시 부러워했다. 그러자 왕은 어느 날 연회석에서 다모클레스에게 자신의 자리에 앉아 보라고 했다. 연회가 끝날 무렵, 왕은 다모클레스에게 머리 위를 보라고 한다. 다모클레스가 고개를 쳐들자 천장에 말총으로 매달아 놓은 칼이 달려 있었다. 겁에 질린 다모클레스에게 왕은 권좌라는 것이 그렇다며, 권력자란 부족할 것 없이 행복해 보이지만 언제 떨어질지 모르는 칼 밑에 있듯 늘 긴장과 불안에 시달린다고 말해 주었다. 이 일화는 로마의 정치가이자 철학자 키케로가 인용하여 유명해졌고, 이후 'hang by a thread'는 '일촉즉발의 위기 상황'을 일컫는 표현이 되었다. 1961년 9월 25일 케네디 대통령이 유엔 총회에서 '우발적으로 일어날 수 있는 핵전쟁의 위험'을 경고하려고 인용하면서 더욱 널리 알려졌다.

Cassandra complex
카산드라 콤플렉스, 부정적인 정보를 회피하고 싶은 심리

Based on clinical experience, she delineates three factors which constitute the Cassandra complex.
그녀는 임상 경험을 바탕으로 카산드라 콤플렉스를 구성하는 세 가지 요소를 설명한다.

1949년 프랑스 철학자 가스통 바슐라르가 만든 이 말은 '부정적인 것이 예견될 때 그것을 피하고 싶은 심리'를 뜻하며, 심리학·정치학·과학·철학은 물론 재계에 이르기까지 다양한 분야에서 쓰인다.

카산드라는 트로이의 마지막 왕 프리아모스의 딸이었다. 그녀의 뛰어난 미모에 반한 아폴론은 예언의 능력을 미끼로 그녀의 마음을 얻으려 했지만 카산드라는 예언 능력만 받고 아폴론의 사랑은 거부한다. 그러자 아폴론은 아무도 그녀의 예언을 믿지 못하도록 저주를 내린다. 카산드라의 입 대신 사람들의 귀를 막아 버리는 방식으로 말이다. 카산드라는 신탁 때문에 버려졌던 동생 파리스가 왕실로 돌아왔을 때 화근이 될 거라며 죽이라고 권고했다. 파리스를 스파르타로 보내면 트로이에 재앙이 닥칠 것이라고도 예언했다. 그리스군이 목마를 세워 놓고 퇴각한 척할 때도 불길함을 예견하고 목마를 들이지 말라고 했지만 번번이 무시당했다. 이후 '아무도 안 믿는 불길한 예언을 하는 사람'을 '카산드라'라고 부르게 되었으며 '설마 그런 일이 일어나겠냐고 무시하는 심리나 상황'을 '카산드라 콤플렉스'라 부르게 되었다.

Adonis syndrome
아도니스 증후군, 남성의 외모 집착증

The best insurance to keep a boy from moving toward the Adonis syndrome is to counteract media images.
소년이 외모 집착증에 빠지지 않게 하는 가장 좋은 방법은 미디어가 만들어 낸 허상에 맞서게 하는 것이다.

그리스 신화에 등장하는 키프로스의 왕 키니라스는 자신의 딸 미르라의 미모가 아프로디테 여신을 능가할 것이라고 자랑하다가 여신의 저주를 받는다. 화가 난 여신은 아들 에로스를 시켜 키니라스의 딸 미르라에게 화살을 쏘았고, 그날로 아버지를 사랑하게 된 공주는 아버지가 술 취한 틈을 타 동침하여 아기를 갖는다. 아기 아버지가 자신임을 알게 된 왕은 충격을 받고 딸을 죽여 자신의 죄를 씻으려 한다. 딸은 그런 아버지를 피해 궁 밖으로 탈출하고, 아프로디테 여신은 도망치던 공주를 나무로 변하게 한 후 나무 뭉치에서 아기를 꺼내어 페르세포네에게 길러 달라고 맡겼는데, 그 아기가 바로 아도니스다. 아프로디테에 견줄 만큼 빼어난 미모를 자랑하던 공주의 피를 이어받은 아도니스는 용모가 출중하여 아프로디테 여신과 페르세포네의 사랑을 한 몸에 받았다. 그러다 어느 날 사냥에 나섰던 아도니스는 멧돼지에게 받혀 죽고 만다. 아도니스가 죽으면서 흘린 피에서는 아네모네가 피어났고, 여신 아프로디테의 눈물에서는 장미꽃이 피어났다고 전해진다. 미소년의 대명사인 아도니스의 이름에서 유래한 'Adonis syndrome(complex)'은 이후 '외모에 과도하게 집착하는 남성에게 나타나는 강박관념이나 우울증'을 의미하게 되었다.

Oedipus complex
오이디푸스 콤플렉스

His essay explores the inevitability and social significance of Oedipus complex reflected in the play.

그의 에세이는 연극에 반영된 오이디푸스 콤플렉스의 필연성과 사회적 의의를 탐구한다.

프로이트가 만든 이 용어는 '어머니에게는 애정을, 아버지에게는 반감과 증오를 품는 아들의 복잡한 감정'을 지칭한다. 그리스 신화 속 인물 오이디푸스는 테베의 라이오스 왕과 이오카스테 왕비 사이에서 태어났지만 '아버지를 죽이고 어머니와 결혼한다'는 예언 때문에 산에 버려진다. 오이디푸스는 목자에게 구출되어 코린토스의 왕 폴리포스를 친아버지인 줄 알고 자라나지만, 아폴론에게도 똑같은 신탁을 듣자 방랑길에 나선다. 어느 날 길에서 우연히 만난 노인과 말다툼을 벌여 그를 죽였는데 그 노인이 바로 친아버지 라이오스 왕이었다. 한편 당시 테베는 수수께끼를 내고 풀지 못하는 사람을 잡아먹는 스핑크스 때문에 고통당하고 있었는데, 오이디푸스가 답을 맞혀 스핑크스를 무찌른다. 그렇게 공석이던 테베의 왕으로 추대된 오이디푸스는 이오카스테가 친어머니인 줄 모른 채 결혼하여 네 명의 자녀를 낳았다. 그 뒤 테베에 질병이 돌아 신탁을 물으니 '전 왕을 죽인 자가 처벌받지 않았기 때문'이라는 답이 나온다. 사건을 조사하다 전 왕의 살해범이 자신임을 알게 된 오이디푸스는 사물을 보면서도 진실은 보지 못한 자신의 눈을 뽑아 버리고, 두 딸 안티고네와 이스메네에게 이끌려 세상을 떠돈다.

Electra complex
엘렉트라 콤플렉스

She portrays their relationship as a manifestation of her Electra Complex, that she was attracted to Martin because he reminded her of her father.
그녀는 자신의 엘렉트라 콤플렉스가 두 사람의 관계에 표출된 것으로 묘사하고 있는데, 아버지를 연상시켰기 때문에 마틴에게 끌렸다고 한다.

오이디푸스 콤플렉스와 반대되는 이 개념은 '딸이 아버지에게는 애착을, 어머니에게는 반감과 증오를 품는 복잡한 감정'을 지칭한다. 역시 그리스 신화 속 인물인 엘렉트라에게서 유래한 용어다. 엘렉트라는 트로이 원정에 나선 그리스 연합군의 총사령관이던 미케네 왕 아가멤논과 왕비 클리타임네스트라의 딸이었다. 클리타임네스트라는 남편이 맏딸 이피게네이아를 트로이 출정의 희생 제물로 바치자 원한을 품고 있다가 아가멤논과 원수지간인 정부 아이기스토스와 공모하여 전쟁에서 돌아온 아가멤논을 살해한다. 아버지가 살해당한 뒤 가까스로 살아남은 엘렉트라는 동생 오레스테스를 구하여 스트로피오스 왕에게 맡겼다. 세월이 흘러 장성한 오레스테스는 스트로피오스의 아들이자 절친한 친구인 필라데스와 미케네로 돌아와 아버지의 무덤 앞에서 엘렉트라와 재회한다. 어머니와 아이기스토스에 대한 증오심에 불타던 엘렉트라는 동생에게 용기를 북돋워 주며 함께 복수를 준비한다. 세 사람은 오레스테스가 죽었다는 거짓 전갈로 궁에 잠입하는 데 성공하고, 결국 아이기스토스와 클리타임네스트라를 죽임으로써 아가멤논의 복수를 마친다.

Ariadne's thread
아리아드네의 실, 해결의 실마리

To be a psychotherapist is to enter the labyrinth of human behavior. Regardless of the conundrum, the way out is always the same: follow Ariadne's Thread!

심리치료사가 되는 것은 인간의 행동이라는 미궁으로 들어가는 것이다. 아무리 어렵더라도 출구는 항상 같다. 차근차근 해결해 나가는 것!

'복잡한 문제를 차근차근 해결해 나가는 단서'를 의미하는 이 표현은 그리스 신화에 나오는 미노스 왕의 딸 아리아드네의 이야기에서 유래했다. 크레타의 왕 미노스는 아들 안드로게오스의 죽음에 대한 책임을 물어 아테네를 굴복시키고, 미궁에 가두어 놓은 반인반수 미노타우로스의 먹잇감으로 9년에 한 번씩 아테네의 젊은이를 바치라고 요구했다. 아테네 사람들의 원성이 높아지자 아테네의 왕자 테세우스는 스스로 공물이 되겠다고 나선다. 크레타에 도착한 테세우스를 보고 첫눈에 반한 아리아드네는 자신을 데리고 아테네로 돌아가 결혼한다고 약속해 주면 테세우스를 도와주겠다고 제안한다. 그리고 미궁을 만든 장본인 다이달로스에게서 빠져나오는 비법을 알아낸 뒤 테세우스에게 붉은 실뭉치를 건네주며 실을 풀면서 들어갔다가 나중에 그 실을 따라서 나오면 된다고 알려 주었다. 아리아드네의 말대로 실뭉치의 실을 풀며 미궁으로 들어간 테세우스는 미노타우로스를 맨주먹으로 때려 죽인 다음 풀린 실을 따라 다시 미궁 밖으로 빠져나올 수 있었다.

get one's goat
짜증 나게 하다, 성가시게 하다

That guy just gets my goat every time he opens his mouth.
저 사람은 입만 열면 열받게 만든다.

글자 그대로 해석하면 '누군가의 염소를 가져가다'라는 뜻의 이 표현은 경마에서 유래했다. 말은 기분에 따라 컨디션이 좌우되는 예민한 동물이므로 말을 진정시키고 편안하게 해 주기 위해 마구간에 염소를 함께 두는 것이 일반적이었다. 염소가 옆에 있으면 말은 심리적으로 안정을 찾고, 계속 함께 지내다 보면 염소에게 애착을 느끼게 된다. 이러한 점을 악용하여 경쟁 상대인 말 소유주들이 결승전 전날 밤 마구간 일꾼들을 매수하여 염소를 훔쳐가는 일이 발생했다고 한다. 염소가 사라지면 말은 불안하고 짜증스러워하다가 제 기량을 발휘하지 못하여 경기에서 지게 되었다.

beware of Ides of March
불길하니 조심하라

As soon as the teacher announced the examination day, Charlie whispered, "Beware the Ides of March."
선생님이 시험 날짜를 발표하자마자 찰리가 속삭였다. "조심해, 예감이 안 좋아."

로마 시대에는 날짜를 나타내는 방법이 특이했다. 기준으로 삼는 고정된 세 개의 날짜가 있고 나머지 날들은 이 기준일을 기초로 계산했다. 'Kalends'는 매월 1일, 'Nones'는 3, 5, 7, 10월에는 7일이고 나머지 달에는 5일, 'Ides'는 3, 5, 7, 10월에는 15일이고 나머지 달에는 13일을 나타냈다. 그래서 'beware of Ides of March'는 글자 그대로 해석하면 '3월 15일을 조심하라'는 뜻으로 불길한 징조를 나타내는 표현인데, 기원전 44년 3월 15일은 카이사르가 로마 원로원 무리에게 암살당한 날이다. 고대 로마의 시인이자 희극작가 테렌티우스 아페르의 기록에 따르면, 암살당하기 한 달 전에 스푸리나라는 점쟁이를 찾아갔던 카이사르는 '향후 한 달 동안 목숨이 위험할 테니 조심하라'는 경고를 들었다고 한다. 'beware of Ides of March'라는 표현은 이튼칼리지에서 라틴어를 가르치던 극작가이자 성직자 니컬러스 유돌이 1533년에 테렌티우스의 작품 선집을 번역하여 교재로 펴낸 『라틴어 수사법』에서 처음으로 썼다. 유돌의 이 표현을 1601년 셰익스피어가 『줄리어스 시저』 1막 2장에서 거의 그대로 가져다 쓰면서 널리 알려지기 시작했다.

give a sop to Cerberus
까다로운 사람을 매수하다

It is forgiven to give a sop to Cerberus to get a license.
허가를 얻으려고 까다로운 사람을 매수하는 것은 금지되어 있다.

글자 그대로 해석하면 '케르베로스에게 작은 선물을 주다'라는 뜻의 이 표현은 그리스 신화에 등장하는 개 케르베로스에서 유래했다. 죽은 자들이 저승과 이승을 가르는 스틱스강에서 뱃사공 카론에게 동전 한 닢을 주고 강을 건너가면 케르베로스가 저승의 입구를 지키고 있었다. 머리 세 개에 뱀처럼 생긴 꼬리, 검고 날카로운 이빨을 지닌 케르베로스는 죽은 영혼이 저승에 오는 것은 환영했지만 혹시라도 산 자가 들어왔다가 빠져나가지는 않는지 단단히 지켰다. 이렇듯 산 사람이 케르베로스가 지키는 하데스로 들어가기란 쉽지 않았는데, 성공한 사람도 간혹 있었다. 헥토르에 버금가는 용사로 트로이가 멸망한 후 탈출하여 훗날 로마를 세운 아이네아스는 새로이 건국할 나라의 운명을 듣기 위해 죽은 아버지를 만나러 여자 예언자와 함께 저승으로 찾아간다. 두 사람이 저승 입구에 다다랐을 때 케르베로스가 당장이라도 달려들 기세로 으르렁거리자 아이네아스는 잠 오는 약이 든 과자를 던져주었다. 떨어진 과자를 걸신들린 듯 먹어치운 케르베로스는 그대로 잠들어 버렸다. 저승의 문지기 개를 작은 과자로 구슬린 이야기에서 'give a sop to Cerberus'라는 표현이 생겨나 '까다로운 사람을 뇌물로 매수하다'라는 의미로 쓰이게 되었다.

tantalize
감질나게 하다, 애태우다

The pitch was too tantalizing to pass up.
정말 끌리는 광고 문구라 그냥 지나치기가 어려웠다.

이 단어는 그리스 신화에 나오는 인물 탄탈로스Tantalus가 갈증의 형벌을 받은 데서 유래한 말이다. 제우스와 님프 플루토 사이에서 태어난 탄탈로스는 리디아의 시필로스산을 다스리는 부유한 왕이었다. 신들의 식탁에 초대되어 함께 식사할 정도로 각별한 총애를 받던 그는 점점 오만해져 갖은 악행을 저질렀다. 신들의 음식과 음료인 넥타르와 암브로시아를 친구에게 훔쳐다 주고, 신들에게 들은 비밀을 누설하기도 했다. 심지어 신들을 자신의 집으로 초대하여 식사를 대접하면서 전능함을 시험해 보려고 막내아들 펠롭스를 죽여서 그 고기로 국을 끓여 내놓기까지 했다. 그런 탄탈로스의 끔찍한 짓을, 당시 딸 페르세포네를 잃어 슬픔에 정신이 팔린 데메테르 여신만 빼고 다른 신들은 모두 금방 알아차렸다. 그의 악행을 더 이상 두고 볼 수 없었던 신들은 탄탈로스를 무한지옥 타르타로스로 추방하고 그곳에서 영원한 고통에 시달리게 했다. 물이 턱 밑까지 닿는 못 안에 서 있었지만 목이 말라 물을 마시려고 허리를 구부리면 물이 빠져 검은 땅바닥이 드러났고, 머리 위에는 온갖 과일 나무가 있었지만 따 먹으려고 손을 내밀면 바람에 흔들려 높이 올라갔기 때문에 끝없는 갈증과 허기에 시달려야 했다.

Pyrrhic victory
실속 없는 승리, 상처뿐인 영광

Winning the lawsuit was a Pyrrhic victory, since it cost us everything we had.
소송에서 이겨 봤자 실속 없는 승리였어. 소송 비용으로 우리가 가진 전 재산을 날렸으니까.

'패전이나 다를 바 없는 무의미한 승리'를 의미하는 이 표현은 피로스 전쟁(기원전 280~275년)에서 유래했다. 그리스 북부 에피루스의 왕 피로스Pyrrhos는 카르타고의 한니발이 알렉산더와 더불어 최고의 명장으로 꼽을 정도로 뛰어난 장수였다. 로마와 갈등을 빚던 타렌툼이 원조를 청하자 이를 받아들인 에피루스가 참전함으로써 여러 도시가 복잡하게 얽힌 피로스 전쟁이 시작되었다. 피로스는 첫 전투에서 로마군의 허를 찔러 승리를 거두었다. 로마는 엄청난 병력을 잃고 패주했지만 인구와 경제력이 뒷받침되었으므로 이내 전력을 수습할 수 있었다. 이듬해에 다시 맞붙은 양측은 일진일퇴의 접전을 벌였다. 끝내는 에피루스가 승리를 거두었지만 주요 지휘관이 대부분 전사함으로써 엄청난 타격을 입었다. 그래서 전투의 승전보를 들은 피로스는 한 번만 더 그렇게 승리했다가는 에피루스가 망할 것이라고 했는데 결국 그 말이 맞았다. 계속 병력을 충원하는 로마와 달리 에피루스에는 징병관조차 거의 남아 있지 않았다. 결국 이탈리아의 점령지를 포기한 채 그리스로 돌아간 피로스는 스파르타 침공에 나섰다가 전사하고, 에피루스를 비롯한 그리스 지역은 로마의 지배를 받게 되었다.

Sisyphean labor
헛된 수고, 끝없는 헛고생

Jessica was stuck with Sisyphean labor of cleaning the house all the time because her kids quickly messed it up.
제시카는 늘 집안을 청소했지만 아이들이 금세 어질렀으므로 헛고생이었다.

'시시포스의 노역'이라는 이 표현은 그리스 신화에 나오는 교활하고 꾀 많은 인물 시시포스가 받은 형벌에서 유래한 말이다. 코린토스를 창건하고 왕이 된 시시포스는 어느 날 제우스가 아이기나를 유괴하는 장면을 목격하고 그 사실을 아이기나의 아버지 아소포스에게 알려 준다. 그의 고자질에 분노한 제우스가 죽음의 신 타나토스를 보냈지만 꾀 많은 시시포스는 오히려 타나토스를 속여 토굴에 감금해 버린다. 전쟁의 신 아레스에 의해 풀려난 타나토스는 다시 시시포스를 찾아가 기어코 저승으로 데려간다. 하지만 이를 예상했던 시시포스는 저승으로 끌려가기 직전 아내에게 절대로 자신의 장례를 치르지 말라고 당부한다. 한편 장례식이 치러지지 않는 것을 이상히 여긴 저승의 신 하데스가 이유를 묻자 시시포스는 아내 탓을 하며 지상으로 보내 주면 일을 바로잡고 돌아오겠다고 한다. 이 말에 속아 넘어간 하데스가 지상으로 돌려보내자 시시포스는 저승으로 돌아가지 않고 오래도록 장수했다. 하지만 생전의 속임수와 약은 행실로 죽은 뒤 커다란 형벌을 받아야 했으니, 무거운 바위를 산꼭대기로 밀어 올리는 것이었다. 힘겹게 밀어 올려도 바위는 다시 굴러 떨어졌기 때문에 시시포스는 영원히 그 일을 반복해야 했다.

a Herculean task

몹시 힘든 일

Getting a proper explanation from a person who committed corruption has been almost a Herculean task.
비리를 저지른 사람으로부터 적절한 해명을 듣는 것은 거의 불가능한 일이 되었다.

이 표현은 그리스 신화에 나오는 '헤라클레스의 과업'에서 유래했다. 영웅 헤라클레스는 페르세우스의 후손인 알크메네에게 반한 제우스가 그녀의 남편인 암피트리온으로 변신하여 낳은 아들이다. 질투에 사로잡힌 헤라가 독사 두 마리를 보내 아기를 죽이려 했지만 헤라클레스는 맨손으로 해치웠다. 그러나 헤라의 간교에 빠져 아내와 세 아들을 죽이게 된 헤라클레스는 죄를 씻기 위해 에우리스테우스의 노예가 되어 불가능한 열두 가지 과업을 완수해야 했다. 불사의 몸인 네메아의 사자와 머리가 아홉인 괴수 히드라를 죽이고, 에리만토스의 거대한 멧돼지와 크레타의 황소를 잡아 오고, 아우게이아스 왕의 축사를 청소하고, 아마조네스의 여왕 히폴리테의 허리띠를 가져오는 등 과업을 모두 완수했지만, 그중 두 가지는 성과를 인정받지 못했다. 결국 추가로 헤스페리데스의 정원에서 황금 사과를 훔쳐 오고, 하데스를 지키는 머리 셋 달린 개 케르베로스까지 잡아 옴으로써 모든 것을 완수한 헤라클레스는 용맹과 지혜를 겸비한 위대한 영웅이 되어 죽은 뒤 신의 반열에 오른다. 여기서 '대단히 힘든 일'을 뜻하는 'Herculean task(labor)'헤라클레스의 과업라는 표현이 유래했고, 'make a Herculean effort'는 '분골쇄신하다'라는 의미가 되었다.

golden apple
욕망의 대상, 갈등의 원인, 경쟁의 이유

Her warm words were nothing more than a golden apple.
그녀의 따뜻한 말은 분란만 일으켰다.

'황금 사과'라는 뜻의 이 표현은 트로이 전쟁의 발단이 된 파리스의 심판과 관련이 있다. 펠레우스 왕과 바다의 여신 테티스의 결혼식에 자기만 초대받지 못하자 앙심을 품은 불화의 여신 에리스는 혼인 잔치에 나타나 황금 사과 하나를 던지고 떠난다. 사과에는 '가장 아름다운 여신에게'라고 적혀 있었다. 그러자 헤라와 아프로디테와 아테나가 서로 자기 것이라고 주장하며 제우스에게 심판을 요청했다. 골치 아픈 상황에 휘말리고 싶지 않았던 제우스는 '언젠가 나라를 망하게 하리라'는 예언 때문에 쫓겨나 산에서 양을 치던 트로이의 왕자 파리스에게 결정을 떠넘겼다. 파리스를 구워삶으려고 헤라는 권력과 부를, 아테나는 명예와 명성을, 아프로디테는 가장 아름다운 여인을 아내로 주겠다고 약속했다. 아름다운 여인에게 끌린 파리스는 아프로디테에게 사과를 주었고, 보답으로 아프로디테의 도움을 받아 메넬라오스의 왕비인 헬레네를 꾀어내어 트로이로 도망쳤다. 헬레네를 되찾아 오기 위해 결성된 그리스 연합군은 트로이와 전쟁을 벌인다. 여기서 유래한 'golden apple'은 '서로 탐내는 욕망의 대상', '불화의 씨앗'을 의미하게 되었다.

Promethean fire
희생정신이 담긴 용기와 고결한 행위

If you want to amount to something, you must seize time by the forelock,
lay siege to optimal choice and let promethean fire emit light and heat.
무엇인가를 성취하고 싶다면 기회를 놓치지 말고 최적의 선택에 집중하여 모든 노력과 희생을 기울여야
한다.

이 표현은 그리스 신화에 나오는 프로메테우스에게서 유래했다.
티탄 족의 후예인 프로메테우스는 제우스의 명을 받아 신을 공경
할 인간과 짐승을 창조하고, 동생 에피메테우스는 피조물이 살아
가는 데 필요한 용기, 힘, 속도, 지혜 같은 능력을 배분하게 되었
다. 에피메테우스는 '나중에 생각하는 자'라는 이름에 걸맞게 각
동물에게 날개나 발톱 또는 등껍질 등을 마구 퍼주었는데, 그러
다 보니 인간에게는 줄 것이 남아 있지 않았다. 난처한 상황에 처
한 그는 형을 찾아가 도움을 청했다. 프로메테우스는 궁리 끝에
인간에게는 금지된 불을 훔쳐다 주기로 결심하고, 제우스의 번개
에서 속이 빈 회향나무에 불씨를 숨겨 와 인간에게 건네주었다.
그 덕분에 불을 피워 추위에 견디고 다른 동물과 싸울 무기와 곡
식을 일굴 연장을 만든 인간은 다른 동물이 넘보지 못할 존재가
되었다. 이 일로 진노한 제우스는 프로메테우스를 잡아들여 킵카
스산 절벽에 묶어 놓고 독수리가 간을 쪼아 먹게 했다. 하루 종일
쪼아 먹힌 간은 밤새 회복되어 이튿날 또다시 먹혔으므로 고통은
매일 반복되었다. 자신을 희생하면서까지 인간을 위해 위험을 무
릅쓴 프로메테우스의 행위에서 'Promethean fire'프로메테우스의 불라
는 표현이 생겨났다.

open Pandora's box
긁어 부스럼을 만들다, 사태를 더욱 악화시키다

Trying to fix the bug, I opened Pandora's box of other issues with the computer.
버그를 고치려다가 공연히 컴퓨터에 다른 문제까지 일으키고 말았다.

'판도라의 상자를 연다'는 이 말은 '쓸데없이 문제를 일으키는 것'을 은유하는 표현이다. 프로메테우스가 인간에게 불을 훔쳐다 주자, 진노한 제우스는 프로메테우스에게 날마다 독수리에게 간이 쪼아 먹히는 형벌을 내린 뒤 대장장이 신 헤파이토스를 시켜 진흙으로 여자를 빚게 한다. 아테나에게서는 생명과 옷을, 아프로디테에게서는 아름다움을, 헤르메스에게서는 재치와 말솜씨를 받은 그 여인은 판도라라고 불렸는데 '모든 선물을 받은 여인'이라는 뜻이었다. 제우스는 판도라에게 커다란 상자를 하나 주면서 절대 열어 보지 말라고 경고하고는 프로메테우스의 동생 에피메테우스에게 보냈다. 판도라의 미모에 반한 에피메테우스는 제우스의 선물을 받지 말라던 형의 당부를 저버리고 판도라를 아내로 맞이한다. 남편이 없는 사이에 판도라는 호기심을 이기지 못하고 제우스가 준 상자를 열어 보았다. 그 순간 슬픔, 질병, 가난, 전쟁, 증오, 시기 등 온갖 악과 불행의 원인이 쏟아져 나왔고, 놀란 판도라는 황급히 뚜껑을 닫았다. 상자 속에 유일하게 남은 것은 꾸물거리다 뒤처져 있던 희망이었다. 이로써 인류는 온갖 고통을 겪으며 살아야 하지만 희망만은 간직하게 되었다.

flight of Icarus
무모한 도전, 대담한 도전 정신

He noticed that their bold attempts, comparable to flight of Icarus, changed history.
그는 이카루스의 비행에 비유될 만큼 과감한 그들의 시도가 역사를 바꾸었다고 주장했다.

'이카루스의 비행'이라는 뜻으로 대담한 시도를 일컫는 이 표현은 그리스 신화의 다이달로스에서 유래했다. 미노타우로스에게 바쳐질 인신공양을 자처하여 크레타에 온 테세우스에게 반한 미노스 왕의 딸 아리아드네는 미궁을 만든 다이달로스로부터 탈출 방법을 알아내어 테세우스에게 알려 준다. 아리아드네가 준 실뭉치 덕분에 테세우스 일행이 무사히 탈출하자 진노한 미노스 왕은 비밀을 발설한 벌로 다이달로스를 아들 이카루스와 함께 미궁에 가두어 버린다. 크레타섬을 빠져나가려면 하늘로 날아가는 방법밖에 없다고 생각한 다이달로스는 뛰어난 솜씨를 발휘하여 깃털과 밀랍으로 날개를 만들어 붙였다. 그리고 이카로스에게 태양에 가까이 가면 열 때문에 밀랍이 녹아 깃털이 떨어져 나갈 테니 조심하라고 주의를 주고는 날개를 힘차게 저어 하늘로 날아올랐다. 북동쪽으로 항로를 잡은 그들은 파로스섬, 델로스섬, 사모스섬 위를 날아갔다. 하지만 스포라데스제도와 이오니아해안 사이를 지날 때쯤 비행에 도취한 이카로스는 아버지의 경고를 무시하고 하늘 높이 한껏 올라갔다. 그러자 태양의 뜨거운 열기에 밀랍이 녹기 시작했고, 결국 날개를 잃은 이카로스는 그대로 바다로 떨어졌다.

Procrustean bed
획일적인 제도, 횡포, 아집, 독단

This new law creates a Procrustean bed designed to get those people deemed undesirable by the local government to move out of the city center.
이 새로운 법으로 지방 정부가 바람직하지 않다고 여기는 사람들을 도심에서 밀어내려고 하는 획일적 제도가 생겨났다.

'횡포나 아집, 독단'을 일컫는 이 말은 그리스 신화 속 인물 프로크루스테스에서 유래한 표현이다. '잡아 늘이는 자'라는 뜻의 프로크루스테스는 포세이돈의 아들로 힘이 엄청나게 센 거인이었는데, 아테네 인근 케피소스 강가에 살면서 지나가는 나그네를 상대로 강도질을 일삼았다. 그는 여인숙을 차려 놓고 손님이 오면 쇠 침대에 눕혔다. 쇠 침대는 큰 것과 작은 것 두 가지가 있었는데, 키 큰 사람에게는 작은 침대를 내주고 작은 사람에게는 큰 침대를 내주었다. 그래서 키가 침대보다 커서 몸이 밖으로 나온 사람은 침대의 크기에 맞춰 머리나 다리를 톱으로 잘라 내고, 작은 사람은 사지를 억지로 잡아 늘여서 죽였다. 그런데 결국 프로크루스테스 자신도 테세우스에 의해 똑같은 방식으로, 즉 침대 밖으로 튀어 나온 머리를 잘려 죽임을 당했다. 이 신화에서 생겨난 표현 'Procrustean bed'프로크루스테스의 침대는 융통성이 없거나 자기가 세운 일방적인 기준에 다른 사람들의 생각을 억지로 맞추려는 아집과 편견을 비유하는 말로 쓰이게 되었는데, 특히 마르크스가 헤겔의 관념론적 사유 방식이 이와 같다고 비꼬면서부터 널리 인용되기 시작했다.

narcissism
나르시시즘, 자아도취

The report shows how narcissism and egoism has poisoned our culture.
그 보고서는 자기애와 이기주의가 어떻게 우리 문화를 중독시켰는지 보여 준다.

'가벼운 공주병이나 왕자병'에서 심하면 '자기애성 성격장애'로 분류되는 '나르시시즘'은 그리스 신화 속 인물인 나르키소스에서 유래했다(나르시스는 나르키소스의 프랑스어 이름이다). 강의 신과 물의 요정 사이에서 태어난 미소년 나르키소스는 눈부신 용모로 많은 이에게 사랑을 받지만 자존심이 강하여 누구에게도 마음을 주지 않았다. 어느 날 나르키소스를 흠모하던 숲의 요정 에코가 숲속에서 뛰쳐나와 그를 끌어안았지만 나르키소스는 야멸차게 뿌리치고 만다. 모욕과 수치심을 견디지 못하고 숲속으로 달아난 에코는 하루가 다르게 야윈 끝에 육신은 사라지고 목소리만 남게 되었다. 그러자 요정들은 나르키소스 또한 사랑의 아픔을 겪게 해 달라고 기도하고, 이에 응답하여 복수의 여신 네메시스는 나르키소스에게 자신을 사랑하는 기이한 형벌을 내린다. 사냥에 지쳐 더위를 식히러 샘을 찾은 나르키소스는 샘물에 비친 자기 모습을 보고 사랑에 빠져 버린다. 수면에 비친 자신에게 입을 맞추고 안으려 두 손을 담갔지만 그럴 때마다 물속의 형상은 사라졌다. 결국 나르키소스는 받아들여지지 않는 사랑에 기력을 잃고 비통에 빠져 쓸쓸히 죽어 갔다. 그가 죽은 물가에 피어난 노란 꽃을 사람들은 '나르키소스'라고 불렀는데 그 꽃이 바로 수선화다.

sow dragon's teeth
분쟁의 씨를 뿌리다, 화근거리를 만들다

I guess I sowed dragon's teeth when I complained about my neighbors being too loud because now they won't talk to me.
이웃들이 너무 시끄럽다고 불평한 것이 화근이었나 봐. 이제 나한테 말도 안 거네.

'용의 이빨을 뿌리다'라는 뜻으로 불화를 일으키거나 조장하는 것을 비유하는 이 말은 그리스 신화 속 테베의 건설자 카드모스의 일화에서 유래한 표현이다. 카드모스는 페니키아의 왕 아게노르의 아들인데 어느 날 누이동생 에우로페가 황소로 변한 제우스에게 납치되어 행방이 묘연해진다. 동생을 찾아오라는 아버지의 명령에 형제들은 수년 동안 찾아 헤맸지만 결국 실패하자 뿔뿔이 헤어져서 찾아보기로 한다. 카드모스가 아폴론 신전을 찾아가 신탁을 구하자 아폴론은 암소 한 마리를 만나면 그 뒤를 따라가 암소가 걸음을 멈춘 곳에 도시를 세우고 이름을 테베로 하라고 알려 준다. 카드모스는 신탁에 따라 암소가 머무른 곳에서 제우스에게 제사를 올리려고 제주로 쓸 물을 떠 오게 하지만 부하들이 샘을 지키던 용에게 몰살당하자 화가 나 용을 죽여 버린다. 그때 아테나 여신의 음성이 들려오며 용의 이빨을 수습하여 대지에 뿌리라고 명령한다. 이빨을 뿌리자마자 무장한 병사들이 돋아나더니 칼로 찌르거나 화살을 쏘며 서로 싸우다 모조리 쓰러지고 결국에는 가장 용맹한 다섯 사람만 남았다. 이들은 카드모스를 도와 테베를 건설했고, 카드모스는 그곳의 왕이 되었다.

touch wood
행운을 빌다, 부정 타지 않도록 빌다

I've been driving for 36 years and have never been in an accident. Touch wood!
36년을 운전하면서 사고 한 번 없었다. 계속 행운이 깃들길!

이 표현은 민간전승에 전해지는 나무를 두드리던 풍습에서 유래했는데, 켈트족과 게르만족은 요정과 정령을 비롯한 신비로운 존재들이 나무 속에 산다고 생각했다. 사람들은 행운을 청하거나 악령의 주의를 흩뜨려 놓으려고 나무를 두드리거나 만졌다. 대체로 두 번 두드리는데, 처음에는 호의나 행운을 바라며 소망을 정중히 말한 다음 나무껍질을 어루만지듯 두드리고, 그런 다음에는 감사를 표현하기 위해 다시 두드렸다. 이렇게 나무를 두드리는 행위는 악령들이 소망을 못 듣게 만들어 훼방 놓지 못하게 하려는 목적도 있었다. 한편 나무를 두드림으로써 그 속에 있던 자비로운 나무 요정들을 깨워서 풀어 주는 것이라고 여기는 전설도 있다. 오늘날의 관습이 생긴 좀 더 직접적인 이유는 유대인이 당한 일과 관련이 있다. 스페인에서 종교재판이 성행하는 동안, 유대인들은 나무로 지어진 회당에서 숨어 지냈다. 회당에 출입하는데 암호처럼 사용된 노크 방법 덕분에 많은 사람이 생명을 구했기 때문에, 'touch(knock on) wood'나무를 만지다(두드리다)는 '행운을 빈다'라는 표현이 되었다.

armed to the teeth
완전 무장한, 빈틈없이 대비한

They thought the criminal only had a knife, but he was actually armed to the teeth.
그들은 범인이 칼만 가지고 있다고 생각했지만, 사실은 완전 무장을 하고 있었다.

글자 그대로 해석하자면 '이빨까지 무장한'이라는 뜻의 이 관용어는 1600년대 자메이카의 포트 로열에서 활약하던 해적들로부터 유래한 말이다. 당시 카리브해에는 남미에서 유럽으로 보물을 싣고 가는 선박을 노린 해적이 들끓었는데, 그들이 지닌 총기는 화약을 사용하는 원시적 형태라 성능이 좋지 못했다. 한 번에 한 발밖에 쏠 수 없고 재장전하려면 시간이 많이 걸렸으므로 해적들은 양손에 총을 하나씩 들고 양쪽 주머니에도 하나씩 챙겼다. 그러고도 모자라 전력을 보충하기 위해 입에는 칼까지 물었다. 그래서 'armed to the teeth' 하면 가능한 모든 무장을 갖추는 것, 즉 '완전 무장한 상태'를 의미했다. 무기나 군대 장비에 적용되어 쓰이던 이 표현은 19세기 중반부터 여러 분야에서 두루 사용되기 시작했다. 오늘날에는 무기 외에 다른 분야에서 '철저하게 대비한다'는 은유적 의미로 더 많이 쓰인다.

the proof is in the pudding
백문이 불여일견, 길고 짧은 것은 재 봐야 안다

Our analysts think that the marketing campaign will reinvigorate our sales, but the proof is in the pudding, so let's see how our figures look at the end of the year.
애널리스트들은 이번 마케팅 광고로 매출이 살아날 것으로 예상하지만, 길고 짧은 것은 재 봐야 알 테니 연말 실적을 지켜봅시다.

원래의 표현은 영국에서 쓰이던 관용어 'the proof of pudding is in the eating'푸딩은 먹어 봐야 안다이다. 이 말이 'the proof of pudding'으로 줄어들었다가 미국으로 넘어가서는 아예 'the proof is in the pudding'으로 바뀌었다. 이 관용어가 생겨난 16세기 무렵 'proof'라는 말은 'test'와 동의어였다. 그리고 당시에는 푸딩이 지금처럼 달콤한 디저트가 아니라 일종의 소시지처럼 고기와 곡물과 향신료를 잘게 다져 동물의 내장에 넣어 삶거나 쪄 낸 요리였다. 보기에 그다지 먹음직스럽지 않은 데다 고기 요리라 쉽게 상해 잘못 먹으면 식중독에 걸리거나 심지어 사망할 수도 있었다. 하지만 예전에는 지금처럼 냉장 기술이 발달되어 있지 않았고 식품 위생을 단속하는 기관도 없었으므로 음식이 멀쩡한지 알아보려면 직접 먹는 수밖에 없었다. 그래서 이 말의 원뜻은 '음식의 맛은 장식이나 외관으로 알 수 있는 것이 아니라 직접 먹어 봐야 안다'였다. 현대에 와서는 '어떤 일이나 물건의 효능은 원래 의도한 목적에 부합되는지 여부에 달려 있다'거나 '어떤 것의 가치를 결정하는 최고의 방법은 직접 경험하는 것'이라는 의미로 광범위하게 쓰이게 되었다.

a rule of thumb
경험에 의한 방법, 어림짐작, 주먹구구식

As a rule of thumb, you need a litre of paint for one side of wall.
한 쪽 벽면을 칠하려면 어림잡아 페인트 1리터가 필요하다.

이 표현은 18세기 영국의 법관 프랜시스 불러가 내린 판결에서 유래했다는 주장이 오랫동안 인기를 얻었다. 판결의 내용인즉 '회초리 두께가 엄지손가락보다 얇기만 하다면 남편이 아내를 혼내려고 때려도 된다'는 것이었다. 이는 1783년 영국의 풍자가이 자 판화가 제임스 길레이가 가혹하고 오만하기로 유명한 불러를 '엄지 재판관'이라고 조롱하며 공격하는 풍자만화를 발표한 데서 생겨난 설이다. 만화를 보면 한 남자가 회초리를 든 채 여자를 뒤쫓고 있고, 불러는 회초리 두 다발을 들고 있다. 그러나 불러가 실제로 이러한 판결을 내렸다는 기록이 발견되지 않았기 때문에 또 다른 설도 있다. 지금처럼 정확한 측정 도구가 없었던 옛날에는 신체 부위를 활용하여 사물을 측정했다. 성인 남성의 엄지손가락을 1인치쯤으로 보아 대략적으로 길이를 쟀고, 헨리 1세는 자신의 발 크기를 1피트로 정해 버리기도 했다. 이렇게 엄지를 써서 길이를 측정하거나 맥주잔 온도를 재고, 빻은 곡식을 문질러 질감을 알 수 있었으므로 'a rule법, 규칙 of thumb엄지'가 '이론보다는 경험에 의한 법칙'을 의미하게 되었다는 주장이다.

cock and bull story
터무니없는 이야기, 엉터리, 거짓말

She told me some cock-and-bull stories about her car breaking down.
그녀는 자기 차가 고장 난 것에 대해 말도 안 되는 이야기를 늘어놓았다.

글자 그대로 해석하면 '수탉과 황소 이야기'라는 뜻의 이 표현은 '터무니없는 이야기'를 의미하는데, 버킹엄셔의 밀턴킨스에 있는 옛 소읍 스토니 스트랫퍼드에서 유래했다는 설이 있다. 옛 로마 가도에 위치하여 18세기와 19세기 초에 런던과 잉글랜드 북부 사이를 운행하는 마차의 중요한 기착지였던 이곳에는 'The Cock'수탉과 'The Bull'황소이라는 유명한 여관 두 곳이 있었다. 양쪽 여관에 머물던 손님들은 술집에 한잔하러 들르곤 했는데, 워낙 많은 사람이 찾았으므로 다양한 이야기가 오갔지만 믿을 만한 것은 하나도 없었다. 그래서 이 두 여관 이름을 따서 'cock and bull story'라는 표현이 생겼다고 한다. 또 다른 기원설도 있다. 1611년 랜들 코트그레이브가 편찬한 『불영 사전』을 보면 프랑스어 'coq-a-l'âne'수탉에서 당나귀까지라는 말이 이렇게 정의되어 있다. "An incoherent story, passing from one subject to another."두서없이 지껄이는 앞뒤가 맞지 않는 이야기. 옛이야기에 수탉과 당나귀가 많이 등장했던 데서 유래한 것으로 보이는데, 나중에 이 말이 영어로 들어오면서 당나귀가 황소로 바뀌었다는 설이다.

three score and ten
70세, 고희, 수명

Some of our forefathers were lucky to reach three score and ten—many of them died much younger than that.
우리 선조들 중에는 운 좋게 70세까지 장수한 분들도 있다. 다수는 그보다 훨씬 젊은 나이에 죽었다.

영어에는 12를 뜻하는 'dozen'이나 20을 뜻하는 'score'처럼 단어로 숫자를 나타내는 말이 있다. 60을 나타내는 'threescore'는 지금은 잘 쓰이지 않지만 'three score and ten'이라는 관용어 표현에 남아 있다. 3×20+10이니 70을 나타내는 이 표현은 최초의 영어 성경인 존 위클리프 버전에 처음 수록되었다. 구약성경에는 이 말이 여러 곳에 등장하는데, 특히 『시편』에 사람의 수명을 70에 빗대어 표현한 말이 나온다. "The days of our years are threescore years and ten; and if by reason of strength they be fourscore years, yet is their strength labour and sorrow; for it is soon cut off, and we fly away."저희의 햇수는 70년, 근력이 좋으면 80년, 그 가운데 자랑거리라 해도 고생과 고통이며, 어느새 지나쳐 버리니, 저희는 나는 듯 사라집니다.(『시편』 90:10) 셰익스피어는 이 구절을 『맥베스』에서 변형하여 표현했다. "Threescore and ten I can remember well:/ Within the volume of which time I have seen/ Hours dreadful and things strange;"70년을 잘 기억할 수 있다네. 그 세월 동안 나는 끔찍한 순간과 이상한 것들을 보았네.

make one's hair stand on end
머리카락이 곤두서다, 모골이 송연하다

When we go camping, every little noise outside my tent makes my hair stand on end.
캠핑을 가면 텐트 밖에서 나는 작은 소리에도 머리털이 곤두서곤 한다.

이 말은 셰익스피어가 작품 속에서 처음 만들어 쓴 표현으로, 1602년에 발표한 『햄릿』에 다음과 같은 구절이 나온다. "To tell the secrets of my prison house, I could a tale unfold, whose lightest word would harrow up thy soul, freeze thy young blood, make thy two eyes, like stars, start from their spheres, thy knotted and combined locks to part and each particular hair to stand an end, like quills upon the fretful porcupine." 내가 갇힌 곳의 비밀을 알려 주마. 그 가운데 한 가지만 아주 살짝 들어도 네 영혼은 괴롭고, 팔팔한 혈기는 얼어붙고, 두 눈은 별처럼 튀어나오고 가랑머리는 풀어져 화난 고슴도치의 가시처럼 곤두설 것이다. 셰익스피어는 이 대사에서 많은 이미지를 사용했지만, 그중에서도 화난 고슴도치의 가시가 곤두선 것 같은 이미지로 두려움을 표현한 것은 압권이다. '머리카락이 곤두서다'라는 표현은 실제 감각과 관련이 있다. 특히 뒷목에 있는 머리카락은 추위나 두려움 때문에 피부가 수축하면 똑바로 선다고 한다.

yeoman's service
요긴한 도움, 큰 공헌, 다급할 때의 원조

This rickety wooden ladder has done me yeoman's service over the years, but now it's time to upgrade.

지난 몇 년간 이 울퉁불퉁한 나무 사다리가 참으로 요긴했지만 이제는 바꿀 때가 되었다.

1300년경에 'yeoman'이라는 말은 원래 '왕실의 고위 관리'를 지칭하는 명칭이었다. 그 후에는 지주보다는 낮고 노동자보다는 높은 '소작농'을 일컫는 말이었다. 고위 관리와 소작농은 모두 정직하고 성실하게 업무에 임하는 태도로 명성을 얻었다. 오늘날에는 'yeoman' 하면 '미 해군의 부사관'을 가리킨다. 이 표현은 1602년 셰익스피어가 발표한 『햄릿』 5막 2장에서 햄릿이 자신을 죽이라는 지령이 적힌 편지를 다른 내용으로 바꿔치기했다고 언급하는 대사에 나오면서 매우 유명해졌다. "I once did hold it, as our statists(statesmen) do,/ A baseness to write fair, and labored much/ How to forget that learning, but, sir, now/ It did me yeoman's service." 저도 한때는 우리 정치인들의 생각처럼 글씨를 깔끔하게 쓰는 일은 공복들에게나 어울리는 짓이라고 생각할 때가 있었지만, 그 편견을 극복하기 위해 열심히 노력했습니다. 하지만 이제는 그렇게 글씨를 쓸 수 있게 된 것이 큰 도움이 되었습니다.

touch pitch

떳떳치 못한 일에 연루되다, 안 좋은 사람들과 어울리다

John, who touched pitch since he was young, committed a crime.
존은 어려서부터 나쁜 친구들과 어울리더니 결국 범죄를 저지르고 말았다.

글자 그대로 해석하면 '역청을 만지다'라는 뜻의 이 표현은 구약
성경에서 유래했다. 『집회서』 13장 1절에 다음과 같은 구절이 나
온다. "He who touches pitch blackens his hand; he who asso-
ciates with an impious man learns his ways." 역청을 만지는 자는 손
을 더럽히고 거만한 자와 어울리는 자는 그를 닮는다. 여기서 말하는 'pitch'는 사
해 근처의 구덩이에서 나는 끈적거리는 검은 역청으로 목재 선박
의 외부를 방수 처리하거나 벽돌 건물을 쌓는 데 회반죽 대신 사
용하는 등 다양한 용도로 쓰였다. 검은 역청을 만지면 손이 검게
변하듯 좋지 않은 사람들과 어울리기 시작하면 그들과 비슷해진
다는 이 말은 셰익스피어의 『헛소동』 3막 3장 대사에도 등장한
다. "Truly, by your office you may, but I think they that touch
pitch will be defiled." 네 입장에서는 그럴 수 있지만 그렇게 하면 네 손이 더럽혀질
것 같아. 오늘날에는 '좋지 않은 일에 관여한다' 또는 '나쁜 친구들
과 어울린다'는 은유적 의미로 쓰인다.

pound of flesh
터무니없는 요구, 약속의 엄격한 이행

If you take out loans that you can't repay right away, you will have collectors coming after you for a pound of flesh.
당장 갚을 수 없는 대출을 받는다면 마지막 한 푼까지 받아내려는 채권자들에게 시달리게 될 것이다.

'살 1파운드'를 뜻하는 이 표현은 셰익스피어의 『베니스의 상인』에 나오는 대사에서 유래했다. 친구 바사니오를 위해 돈이 필요했던 베니스의 상인 안토니오는 모든 현금이 선박과 상품에 묶여 있었기 때문에 그것을 담보로 유대인 고리대금업자 샤일록에게 돈을 빌려달라고 청한다. 샤일록은 다음과 같은 조건을 달아 돈을 빌려준다. "The pound of flesh which I demand of him Is deerely bought, 'tis mine, and I will haue it." 나는 그의 살 1파운드를 비싸게 살 것을 요구하고, 그것은 내 것이니 내가 가지겠소. 즉 안토니오가 제 날짜에 돈을 갚지 못하면 그의 살을 떼어 가겠다는 조건이었다. 그런데 안토니오의 배가 모조리 행방불명이 되는 바람에 기일이 되어도 돈을 갚지 못하자 샤일록은 약속대로 살 1파운드를 내놓으라고 요구한다. 그 소식을 듣고 남편의 친구를 구하기 위해 재판관으로 변장한 포르티아는 '계약서의 조건대로 살 1파운드는 가져가도 좋지만, 피까지 주겠다는 내용은 없었으므로 만일 피를 한 방울이라도 흘릴 경우 샤일록의 전 재산을 몰수하겠다'는 판결을 내린다. 『베니스의 상인』은 16세기 말에 발표되었지만 작품 속 내용처럼 '이행하기 힘든 터무니없는 요구'를 뜻하는 'pound of flesh'는 18세기 후반부터 관용적 표현으로 쓰이기 시작했다.

a Daniel come to judgement

명판결을 내리다, 문제 해결사 역할을 하다

The newly elected prime minister has been a Daniel come to judgement, finally brokering a peace between the two warring countries.
새로 선출된 수상은 문제 해결사 역할을 하여 마침내 두 전쟁국 사이에 평화를 중재했다.

글자 그대로 해석하면 '다니엘 같은 사람이 판결을 내리러 온다'는 뜻으로 '풀기 어려운 문제를 지혜롭게 판단하는 사람'을 의미하는 이 표현은 셰익스피어가 만들어 1596년작 『베니스의 상인』 4막 1장에 처음 썼다. 빌린 돈의 몇 갑절을 더 내겠다는 바사니오의 청에도 샤일록이 막무가내로 계약서에 쓰인 대로 안토니오의 살 1파운드를 받겠다고 우기자 바사니오는 법을 좀 바꾸어 달라고 호소한다. 재판관으로 변장한 포르티아가 한번 정한 법은 함부로 바꿀 수 없다고 하자 자기편을 들어 준다고 생각한 샤일록이 재판관을 칭찬하는 대사에 이 표현이 나온다. "A Daniel come to judgment! yea, a Daniel! O wise young judge, how I do honour thee!"다니엘 같은 명판관이 납셨군요! 그래요, 다니엘처럼 현명한 젊은 재판관님, 정말 존경합니다! 여기서 언급한 다니엘은 바빌로니아 왕 네부카드네자르의 꿈을 해몽하고 그의 아들 벨사차르 왕이 연회를 벌이던 중 벽에 쓰인 글씨의 의미를 해독하는 등 아무도 풀지 못했던 난제를 풀어 낸 예언자였다. 구약성경 『다니엘서』 5장 14절에 "신들의 영을 지녔을뿐더러, 형안과 통찰력과 빼어난 지혜"를 갖춘 인물로 묘사되어 있다.

green eyed monster
질투심, 시기

My daughter often succumbs to the green-eyed monster when she sees the toys that her friends have.
내 딸은 친구들 장난감을 보면 시기심에 자주 시달린다.

예전부터 색은 특정 이미지나 관념을 연상시켰다. 녹색은 주로 병과 관련이 있었는데 사람들이 심하게 아프면 피부가 누렇게 되거나 퍼렇게 뜨기 때문이었다. 또한 복통을 자주 유발하는 풋과일의 색이기도 하다. 글자 그대로 해석하면 '초록 눈의 괴물'이라는 이 표현은 질투를 의미하는데 셰익스피어가 처음 만들어 사용한 것으로 추정된다. 셰익스피어는 1596년 『베니스의 상인』에서 'green eyed jealousy'초록 눈의 질투라는 표현을 처음 썼다. 그리고 1604년 『오델로』에서는 이아고의 대사 중 아예 'jealousy' 대신 'monster'괴물를 써서 질투라는 말을 나타냈다. "O, beware, my lord, of jealousy/ It is the green-eyed monster which doth mock/ The meat it feeds on; that cuckold lives in bliss/ Who, certain of his fate, loves not his wronger."주인님, 질투를 조심하세요./ 그것이 바로 조롱하는 초록 눈의 괴물이랍니다./ 그놈은 부정한 아내의 행복하게 사는 남편을 먹잇감으로 한답니다./ 운명을 확신하는 그는 잘못을 용납 않으니까요.

wear one's heart on one's sleeve
감정을 드러내다, 속내를 드러내다

My father was always very closed off regarding his feelings, so I decided to wear my heart on my sleeve with my kids.
아버지는 늘 감정을 드러내지 않았으므로, 나는 아이들에게 마음을 터놓기로 결심했다.

글자 그대로 해석하면 '소매에 마음을 걸치다'라는 뜻으로 중세 유럽 기사들이 벌이던 마상 창 시합에서 유래한 표현이다. 마상 창 시합은 끝을 뭉뚝하게 감싼 긴 창을 든 두 기사가 서로 맞은편에서 달려와 상대를 공격하여 말에서 떨어뜨리는 경기였다. 숙녀들은 자신이 응원하는 기사에게 리본이나 천을 내주었고, 기사들은 시합에 나설 때 그것을 팔에 묶는 관습이 있었다. 그러나 이 표현이 중세부터 쓰인 것은 아니고, 1604년에 발표된 셰익스피어의 비극 『오델로』에 기록으로 처음 등장한다. 이아고가 충직해 보이기 위해 솔직하고 연약한 척 계략을 꾸밀 때 언급된다. "In following him, (……) But seeming so, for my peculiar end: For when my outward action doth demonstrate The native act and figure of my heart In compliment extern, 'tis not long after But I will wear my heart upon my sleeve For daws to peck at: I am not what I am." 사실은 원하는 것을 얻으려고 그를 섬기는 척할 뿐이다. 만약 내 본심이 겉으로 드러난다면, 새들에게 던져 줄 것이다. 아니, 차라리 숨기는 게 좋겠지. 나는 겉모습과는 다른 사람이니.

crocodile tears
거짓 눈물, 위선

He thought he could get his way if he shed crocodile tears.
그는 우는 시늉을 하면 자기 생각대로 된다고 생각했다.

이 표현은 악어가 먹이를 잡아먹는 동안 슬픔의 눈물을 흘린다는 오래전 일화에서 유래했다. 플루타르크가 쓴 것으로 추정되는 한 속담집을 보면 속으로는 누군가의 죽음을 원하거나 획책했으면서도 남들 앞에서는 애도하는 척하는 사람을 '악어의 눈물'에 비유했다. 이 이야기는 1400년경 『존 맨더빌 경의 여행기』라는 책을 계기로 영어권에서 널리 퍼졌다. 이 모험담에는 많은 허구가 들어 있는데, 그 가운데 악어에 대한 설명도 있었다. "인도의 여러 지역에는 악어가 많이 있다. 혀가 없는 기다란 뱀의 일종인 이 것들은 사람을 죽이고 먹어 치우면서 눈물을 흘린다." 또 다른 버전을 보면 악어는 사람 몸을 먹어 치운 후 살이 거의 없는 머리만 남겨 놓고 운다고 하는데, 그 눈물은 회개의 눈물이 아니라 채워지지 않은 식욕 때문이라고 한다. 1563년에 요크와 캔터베리의 대주교 에드먼드 그린달은 처음으로 이 표현을 '거짓 눈물'이라는 은유적 의미로 썼다. "I begin to fear, lest his humility …… be a counterfeit humility, and his tears crocodile tears.그의 겸손이 …… 거짓된 겸손이며 그의 눈물도 거짓 눈물이 아닐까 우려됩니다. 이후 에드먼드 스펜서가 서사시 『선녀 여왕』에서, 셰익스피어가 『오델로』에서 사용하면서 유명해졌다.

whistle down one's wind
~을 놔주다, 포기하다, 마음대로 하게 두다

After listening to Henry's hateful speech about me, I decided to whistle down his wind. Now the whole staff hates him.

헨리가 나에 대해 안 좋은 말을 하는 것을 들은 후 마음대로 하도록 놔두기로 했다. 이제는 전 직원이 그를 싫어한다.

이 말은 'whistle away'라는 예전 형태에서 유래된 표현인데, 1555년 무렵 니컬러스 하프스필드가 헨리 8세의 이혼에 대해 쓴 『헨리 8세와 아라곤의 캐서린의 가식적 이혼에 대한 논고』에 이미 등장한다. "Fiftly, he belyeth our noble learned country-man John Bacon, saying that he was clapped and whistled out at Rome for maintaining this marriage." 다섯째, 그는 이 결혼을 유지하는 문제에 대해 마음대로 해도 좋다고 로마로부터 격려를 받았다며 우리의 고귀한 학자 존 베이컨을 속였다. 'whistle down one's wind' 중 'down …… wind' 바람 부는 쪽으로는 매사냥과 관련이 있다. 사냥을 위해 매를 풀어 줄 때에는 바람을 거슬러 놓아 주고, 놀이를 위해 풀어 줄 때에는 바람 부는 쪽으로 보내 주었다. 그래서 'whistle down one's wind' 하면 '누군가를 놔주다', '마음대로 가게 하다'라는 뜻이 된다. 셰익스피어 역시 1604년 작품 『오델로』에서 비슷한 표현을 썼다. 그 뒤로 이 표현은 작가, 시인, 가수 들이 조금씩 변주하며 다양하게 사용했다.

broken heart
상심, 실연, 낙담, 절망

He tried to drown the anguish of a broken heart with alcohol.
그는 실연의 아픔을 술로 달래려고 했다.

이 표현은 '다친 마음'을 나타내는데, 이러한 감정은 일찍이 수메르인의 속담집에 표현되어 있다. "May Inana pour oil on my heart that aches."이난나 여신이여, 제 아픈 마음을 치유해 주소서. 구약성경에도 이런 표현이 일찍이 나타난다. "Scorn has broken my heart and has left me helpless; I looked for sympathy, but there was none, for comforters, but I found none."수치심에 갈기갈기 찢어진 내 마음은 아물 줄을 모릅니다. 동정받기를 원했으나 아무도 없었고, 위로받기를 원했으나 아무도 찾지 못했습니다.(『시편』 69:20) 페르시아 제일의 천재 시인으로 추앙받는 루다키는 실연의 상처를 이미지로 형상화했다. "Look at the cloud, how it cries like a grieving man/ Thunder moans like a lover with a broken heart."구름은 슬퍼하는 이처럼 흐느끼고/ 천둥은 실연당한 연인처럼 울부짖는다. 셰익스피어는 『안토니와 클레오파트라』와 『로미오와 줄리엣』에서 마음의 상처로 죽는 인물들을 생생히 표현했으며, 멕시코의 화가 프리다 칼로는 「추억」에 여동생과 남편 디에고의 불륜으로 받은 마음의 상처를 더할 나위 없이 강렬하게 묘사한 바 있다.

it's Greek to me
도통 알 수 없는, 알아들을 수 없는

This contract is written in such complicated language that it's all Greek to me.
이 계약서는 너무 복잡한 말로 쓰여 있어서 무슨 말인지 도통 알 수가 없다.

이 말은 '그리스어라서 읽을 수 없다'라는 의미의 라틴어 구절 'Graecum est; non legitur'을 영어로 옮긴 것으로, 중세에 수도사 필경사들이 자주 쓰던 말이다. 수도원 도서관에서 고서를 필사하는 수도사 가운데 그리스 알파벳과 그리스어를 아는 이가 점점 줄어드는 상황에서 나온 표현이다. 그런데 이 말을 '도통 이해할 수 없다'는 은유적 의미로 사용한 사람은 셰익스피어였다. 1599년에 『줄리어스 시저』 1막 2장에서 시저가 황제 자리를 제의받은 연회가 끝난 뒤 세르빌리우스 카스카가 세네카의 말을 카시우스에게 전하는 대사 중에 등장한다. "Nay, an I tell you that, I'll ne'er look you i' the face again: but those that understood him smiled at one another and shook their heads; but, for mine own part, it was Greek to me." 내가 무슨 말인지 알아들었다고 한다면 거짓말이겠지. 그러나 그의 말을 이해한 사람들은 서로 웃으며 고개를 저었다네. 하지만 나로서는 도통 무슨 말인지 알 수가 없었다네. 'it's (all) Greek to me'는 지금은 외국어라서 이해할 수 없다는 의미보다는 '은어, 방언, 상징, 사장된 은유, 복잡한 전문 용어 등을 과도하게 써서 그 의미를 파악하기 어렵다'는 뜻으로 쓰인다.

in stitches
배꼽을 쥐고 웃는, 포복절도하는

Charlie had us in stitches with all his jokes about his friends.
찰리는 친구들에 대한 농담으로 우리들을 배꼽이 빠지게 웃겼다.

이 말은 '배가 아플 정도로 심하게 웃는다'는 뜻인데, 'stitch'바늘 땀에서 알 수 있듯이 그 고통이 마치 바늘로 찌르는 것처럼 날카롭다는 암시가 깔려 있다. 이 표현은 1602년 셰익스피어가 『십이야』에서 처음으로 사용했다. "If you will laugh yourself into stitches, follow me. Yond gull Malvolio is turned heathen, a very renegado; for there is no Christian, that means to be saved by believing rightly, can ever believe such impossible passages of grossness. He's in yellow stockings."배꼽이 빠질 정도로 웃고 싶으면, 날 따라와. 저 멍청이 말볼리오가 이교도가 된 게 틀림없어. 그리스도인이라면 그런 어처구니없는 짓은 안 하니까. 노란 스타킹을 신고 있잖아. 그러나 이 표현은 영어 속에 정착되지는 않아서 이후로는 쓰인 기록이 나타나지 않다가, 1914년 7월 매사추세츠 지역신문 『더 로웰 선』에 다시 등장하며 널리 알려졌다. "There's a new face among the members in Ben Loring, a natural-born comedian, who seems to have no difficulty whatever in keeping his audience in stitches of laughter and glee."벤 로링에 새 얼굴이 등장했는데, 그는 쉽사리 청중을 포복절도하게 만드는 타고난 코미디언이다. 오늘날에는 'laugh'나 'laughter' 없이 'in stitches'만으로도 '포복절도하다'라는 뜻으로 쓰인다.

the third degree
고문, 질문 공세

I got the third degree from the police regarding my whereabouts during the crime.
나는 범행이 벌어지는 동안 어디 있었는지 경찰에게 집중 심문을 받았다.

중세 시대에는 온도와 습도 등의 '등급'degree으로 사물의 속성을 분류하는 것이 일반적이었다. 셰익스피어는 1602년에 발표한 『십이야』에서 음주에 등급의 개념을 적용하기도 했다. 오늘날 'the third degree'3등급는 '혹독할 정도로 강도 높은 심문'이라는 뜻으로 쓰이는데, 이 의미의 기원은 16세기 말에서 17세기 초에 결성된 석공 길드인 프리메이슨으로 보는 견해가 많다. 프리메이슨의 지부에 해당하는 단위 로지lodge에 소속된 회원들은 세 등급으로 나뉜다. 신입 도제Entered Apprentice는 1등급, 장인Fellowcraft은 2등급, 숙련된 석공Master Mason은 3등급에 해당했다. 상위 등급으로 올라가려면 각기 심사 과정을 거치는데 특히 3등급이 되려면 엄격한 심문까지 받아야 해서 1, 2등급 승급보다 훨씬 힘들었다. 미국 경찰의 심문 기법의 명칭이 여기에서 유래했는데, 『에브리바디스 매거진』 1900년판에 이런 의미로 쓴 표현이 실려 있다. "From time to time a prisoner (……) claims to have had the Third Degree administered to him."간혹 죄수가 (……) 혹독한 심문을 받았다고 주장합니다.

one's salad days
풋내기 시절, 젊고 활기 찬 시기, 전성기

The Grand Hotel did not seem to have changed since her salad days.
그랜드 호텔은 전성기 이후로 그다지 변하지 않은 것 같다.

오늘날 이 표현은 '태평스레 순수하고 기쁜 청춘 시절'을 일컫는 말로 쓰인다. 또한 경제적으로 풍요로운 시대인 '황금 시대'를 의미하기도 한다. 이 관용어는 셰익스피어가 『안토니와 클레오파트라』에서 '청춘 시절'을 의미하는 표현으로 처음 만들어 썼다. "My salad days,/ When I was green in judgment: cold in blood."나의 풋내기 시절/ 그때는 판단력이 미숙했지. 냉정했고. 셰익스피어는 다른 작품에서는 초록색으로 질투나 사랑을 나타냈지만 이 작품에서는 '미성숙하다'는 의미로 사용했는데, 그 단서는 색깔에 있다. 대개 금세 시들어 버리는 샐러드 잎의 푸른색은 젊음을 암시한다. 초록색은 'green corn'설익은 낟알, 'green timber'덜 마른 목재, 'greenhorn'풋내기처럼 '아직 사용할 준비가 안 되었다'는 의미로도 쓰인다. 젊고 팔팔한 시절을 뜻하는 'salad days'는 셰익스피어 이후로 200년 동안은 별로 쓰이지 않다가 19세기에 들어서서 널리 쓰이기 시작했다.

go against the grain
천성을 거스르다, 성미에 맞지 않다, 시답잖다

Voting for the Liberal Party goes against the grain with him. He's voted for the Conservative Party all his life.

자유당에 투표하는 것은 그의 성미에 맞지 않는다. 그는 평생 동안 보수당만 찍어 왔다.

이 표현은 1607년 셰익스피어의 작품 『코리올라누스』 2막 3장에 처음 등장하여 유명해졌다. "Say, you chose him/ More after our commandment than as guided/ By your own true affections, and that your minds,/ Preoccupied with what you rather must do/ Than what you should, made you against the grain/ To voice him consul: lay the fault on us." 그를 선택한 것은 그대 자신의 진실한 감정보다 우리의 지시를 따른 것이고, 그대의 성미에 거슬렸지만 우리가 시키는 일에 골몰했기 때문에 그를 집정관으로 뽑는 쪽에 투표한 것이라고 말하게. 우리 탓을 하게나. 이 표현은 실제로는 예전부터 이미 쓰이고 있었는데, 목공업계에서 쓰던 말에서 유래했다는 설이 있다. 나무토막의 결을 'grain'이라고 하는데 목재를 부드럽게 할 때 최상의 결과를 얻으려면 나뭇결 방향에 따라 연장을 써야 한다. 여기에서 'go against the grain' 나뭇결의 반대 방향으로 문지르다 이라는 표현이 생겨났고, 원뜻에서 점차 확대되어 '천성을 거스르다', '기질에 맞지 않다'라는 은유적 의미로 쓰이게 되었다.

a sea change
일신, 두드러진 변화, 상전벽해

The transition from using desktop computers to mobile devices represents a sea change in data management within the field of information technology.
데스크톱 컴퓨터에서 모바일 기기로의 전환은 정보 기술 분야의 데이터 관리에서의 큰 변화를 상징한다.

우리말로 '상전벽해'에 해당하는 이 표현은 특히 '집단이나 사회에 상당한 영향을 미치는 시각의 변화'를 나타낸다. '패러다임의 전환'과 의미나 쓰임이 비슷하며, '특정 이슈와 관련하여 사회나 공동체의 시대정신이 바뀌는 것'을 말한다. 이 표현은 셰익스피어의 『템페스트』에서 나폴리의 왕자 페르디난드의 아버지가 익사하자 바다의 요정 아리엘이 페르디난드에게 불러 주는 노래에 등장한다. "Full fathom five thy father lies,/ Of his bones are coral made,/ Those are pearls that were his eyes,/ Nothing of him that doth fade,/ But doth suffer a sea-change,/ into something rich and strange,/ Sea-nymphs hourly ring his knell,/ Ding-dong./ Hark! now I hear them, ding-dong, bell." 그대의 선친은 저 바다 깊숙이 누워 있다네,/ 그의 뼈는 산호가 되었고,/ 저것들은 그의 눈이었던 진주라네,/ 그는 아무것도 사라지지 않았네,/ 그러나 값지고 기묘한 무엇인가로/ 완전히 변화되었지/ 바다의 요정들이 매 시간 그의 무릎을 친다네/ 딩동/ 들어 봐! 딩동 울리는 종소리가 들려온다네. 오늘날에는 문학에서 등장인물이 다양한 시련이나 비극을 겪고 성격이 바뀌는 것을 지칭하거나, 기업이나 기관의 전문 비즈니스 용어로 쓰이고 있다.

in a pickle
곤경에 빠진, 난처한 지경인

My uncle was in a pickle after failing to repay a loan on time.
삼촌은 대출금을 제때 갚지 못해 곤경에 빠졌다.

원래 초기의 '피클'pickle은 고기 요리에 곁들여 먹도록 만든 매운 소스였다. 그러다 16세기에 보존제로 활용된 향신료와 소금을 넣은 식초 혼합물에 '피클'이라는 이름이 붙었다. 이 단어는 네덜란드어 또는 저지대 독일어로 '약간 톡 쏘는'이라는 뜻을 지닌 'pekel'에서 유래했다. 17세기에 이르자 오이 같은 채소들을 초절임한 것도 '피클'로 불리게 되었다. 영어에서는 1400년 무렵 4,346행으로 이루어진 작자 미상의 두운시 『아서왕의 죽음』에 음식 재료 가운데 하나로 피클이 처음 등장한다. 그러다 16세기부터는 'in a pickle'피클에 절인이 '곤경에 처한' 또는 '마음 졸이는'이라는 뜻으로 은유적으로 쓰이기 시작했다. 셰익스피어도 1610년 『템페스트』에서 이런 의미로 언급한 바 있다. "And Trinculo is reeling ripe: where should they/ Find this grand liquor that hath gilded 'em?/ How camest thou in this pickle?"트린쿨로는 인사불성이야. 그렇게 대단한 술은 어디서 찾았지? 어쩌다 이 지경이 된 거야?

every Tom, Dick and Harry
보통 사람, 장삼이사

That golf club is very exclusive. It won't let every Tom, Dick, and Harry join.
그 골프 클럽은 아주 배타적이다. 아무나 들어갈 수 있는 곳이 아니다.

이 말은 'guys'처럼 '모든 이'를 의미하는데, 'Tom', 'Dick', 'Harry'는 영어권에서 가장 흔한 이름이기 때문이다. 이 표현의 기원은 엘리자베스 여왕 시대로 거슬러 올라간다. 당시에는 'Jack and Tom', 'Dick and Tom'처럼 흔한 남자 이름을 쌍으로 묶어 부르는 표현이 자주 쓰였다. 그러다 세 개의 단어나 구 또는 문장을 병렬하여 쓰는 수사학적 기법인 삼중병렬의 영향을 받아 세 단어를 연속하여 쓰는 형태로 발전했다. 예를 들면 1597년 셰익스피어의 『헨리 4세』 1부에도 'Tom, Dicke, and Francis'라는 비슷한 표현이 나온다. 'every Tom, Dick and Harry'라는 표현이 기록으로 처음 등장한 것은 17세기로, 영국의 신학자 존 오언이 1657년 옥스퍼드대학교의 한 이사에게 한 말 가운데 언급되어 있었다. "Our critical situation and our common interests were discussed out of journals and newspapers by every Tom, Dick and Harry." 언론과 신문에서는 온갖 어중이떠중이가 우리의 심각한 상황과 공통 관심사에 대해 떠들고 있습니다. 이후 이 표현은 문화계 전반에 퍼졌고, 1835년 찰스 다윈의 저서 『비글호 항해기』에도 등장하는 등 널리 쓰였다.

by and large
대체로, 전반적으로

I found that, by and large, people tend to do what they are told to do.
사람들은 대체로 시키는 대로 하는 경향이 있다는 것을 알게 되었다.

이 표현은 항해술에서 유래했는데, 우선 'by'와 'large'의 의미를 알아봐야 한다. 'large'는 배의 후미 쪽에서 바람이 불어와 '바람을 등에 업고 가는 순풍'을 의미하고, 'by' 또는 'full and by'는 반대로 '바람을 앞에서 안고 가는 역풍'을 의미한다. 이는 뱃사람들이 수백 년 동안 써 온 용어였다. 바람이 순조롭게 부는 순풍일 때는 가장 큰 사각 돛을 펼치고 바람 부는 방향으로 나아갈 수 있었다. 따라서 항해자들에게 'by and large'는 순풍과 역풍에 따라 돛을 활짝 펼치거나 접으면서 '풍향에 맞추어 항해하는 것'을 의미한다. 1669년 런던에서 간행된 『매리너스 매거진』에 실린 항해술 작가 새뮤얼 스터미의 글에 이 표현이 최초로 언급되었다. "Thus you see the ship handled in fair weather and foul, by and learge." 그렇게 배가 풍향에 맞춰 가며 이리저리 나아가는 것을 알 수 있습니다. 오늘날 'by and large'는 '모든 사항을 고려하여', '대체로'라는 의미로 쓰인다.

even a worm will turn
지렁이도 밟으면 꿈틀한다

Your sweet little daughter is going to be angry at you if you keep bullying her — even a worm will turn sometimes.
계속 괴롭히면 너의 귀여운 딸이 화를 낼 거야. 지렁이도 밟으면 꿈틀하는 법이니까.

'지렁이처럼 나약하고 온순한 사람이라도 과도하게 궁지에 몰리면 반항하거나 복수한다'는 의미의 이 표현은 1546년 존 헤이우드의 『속담집』에 다음과 같은 형태로 처음으로 기록되었다. "Treade a worme on the tayle, and it must turne agayne." 벌레도 꼬리를 밟으면 다시 뒤집힌다. 그리고 멋진 표현은 잊지 않고 차용하던 셰익스피어가 1592년 『헨리 6세』 3부 클리퍼드 경의 대사에 이 표현을 썼다. "Who 'scapes the lurking serpent's mortal sting? Not he that sets his foot upon her back. The smallest worm will turn being trodden on, And doves will peck in safeguard of their brood." 숨어 있는 뱀의 등을 밟고는 뱀의 치명적 독침을 피할 자가 있을까? 아무리 작은 뱀이라도 밟으면 꿈틀하고 비둘기라도 새끼를 보호하기 위해서 쪼아대는 법이다. 셰익스피어가 이 구절에서 뱀을 'serpent'와 'worm'으로 지칭한 것이 흥미로운데, 중세 잉글랜드에서는 뱀을 'worm'이라고도 불렀다. 셰익스피어의 다른 작품인 『안토니와 클레오파트라』에서도 나일강의 치명적인 독사를 "the pretty worme of Nylus"라고 표현한 바 있다.

fight fire with fire
이열치열, 같은 방법으로 대응하다

It is a risky strategy to fight fire with fire during hostile provocation of enemy.
적의 도발에 맞불 작전으로 맞서는 것은 위험한 전략이다.

'불에는 불로 맞서 싸운다'는 이 표현은 셰익스피어의 1595년 작품 『존 왕』에 나오는 구절 "Be stirring as the time; be fire with fire; Threaten the threatener and outface the brow Of bragging horror"그때처럼 힘을 내라. 불에는 불로 맞서고, 위협을 가하는 이는 똑같이 위협하고, 큰소리치는 공포에는 대담히 맞서라에 그 뿌리를 두고 있다. 이 표현은 말 그대로 불과 싸우는 소방관들이 불을 끄는 방식에서 유래했다고 볼 수 있다. 맹렬한 불길을 잡으려면 물만이 아니라 때로는 다른 기술이 필요하다. 거대한 산불을 진압할 때는 '맞불 전략'을 쓰는데, 불길이 지나갈 것으로 예상되는 인근 지역에 불을 질러 탈 것을 미리 태워 버리는 것이다. 이렇게 하면 불길이 도달할 무렵에는 탈 것이 아무것도 남아 있지 않아 결국에는 저절로 불이 꺼진다. 이 표현이 기록에 처음으로 등장한 것은 1826년 미국 버지니아에서 발간된 일간지 『리치먼드 인콰이어러』였다. "The canal owners must fight fire with fire, by introducing the use of steam boats on their canals;——or rail-roads will supersede in a considerable degree the use of water-carriage."운하 소유주는 운하에 증기선을 도입하는 맞불 작전을 써야 한다. 그렇지 않으면 철도가 해상 운송을 대체하게 될 것이다.

the world is one's oyster
세상에 못할 것이 없다, 만사는 마음먹기에 달렸다

You have so much talent at such a young age — the world is your oyster!
너는 그토록 젊은 나이에 재능도 많구나. 세상에 못할 것이 없겠어!

언뜻 봐서는 이해하기 쉽지 않은 이 말은 사실 셰익스피어가 만들어 낸 표현으로 『윈저의 즐거운 아낙네들』 2막 2장에 처음 쓰였다. 사기꾼 팔스타프 경은 윈저의 부인들을 속여 돈을 빼앗을 궁리를 한다. 그는 평판이 좋지 않은 인물들과 어울렸는데 그중 한 명인 피스톨과 주고받는 대사에 다음과 같은 말이 등장한다. "Falstaff: I will not lend thee a penny./ Pistol: Why then the world's mine oyster, Which I with sword will open./ Falstaff: Not a penny." 팔스타프: 그대에게는 한 푼도 빌려주지 않겠네./ 피스톨: 만사는 마음먹기에 달렸지. 칼을 써서라도 지갑을 열고야 말겠네./ 팔스타프: 어림없는 소리, 한 푼도 안 줄 거야. 여기에서 'oyster'굴는 폭력적인 의미를 담고 있는데, 피스톨은 '무기(칼)를 사용해서라도 돈을 억지로 갈취하겠다'는 뜻으로 쓰고 있다. 껍질이 단단한 굴은 칼처럼 날카로운 도구로 까야 하기 때문이다. 신선하고 좋은 굴은 까기는 힘들어도 속에는 맛있는 속살이 들어 있다. 심지어 운이 좋으면 진주까지 얻을지도 모른다. 아마도 셰익스피어는 이런 복합적인 의미에서 이 흥미로운 표현을 쓴 것이 아닌가 싶다. 오늘날에는 폭력적인 뉘앙스는 사라지고 '만사에 자신감이 있다'는 뜻으로 쓰인다.

night owl
저녁형 인간, 올빼미족

I'm not much of a morning person. I'm more of a night owl.
나는 아침형 인간은 아니다. 오히려 야행성이다.

'밤 부엉이'라는 의미의 이 표현은 '늦은 밤이나 새벽까지 깨어 있는 경향이 있는 사람'을 지칭한다. 아침형 인간을 뜻하는 'early bird'일찍 일어나는 새의 반대말이라 보면 된다. 'early bird'와 'night owl' 모두 동물의 두 가지 행동 습성인 주행성과 야행성에서 유래했다. 특히 스칸디나비아를 비롯한 몇몇 나라에서는 아침형 인간을 A형 인간, 저녁형 인간을 B형 인간이라고 부른다. 1581년 제임스 벨과 존 폭스가 복음주의 교리와 진리를 옹호하기 위해 영어로 옮긴 『실바네의 주교 제롬 오소리우스에 대한 반론』에 수록되어 있듯 올빼미는 주로 야행성이므로 'night owl'은 원래 'owl'의 동의어로 오랫동안 사용되어 왔다. 그러나 셰익스피어는 이말을 문자적 의미뿐 아니라 은유적 의미로 사람을 지칭하는 용어로 사용하기 시작했다. 1594년 설화시 『루크리스의 능욕』에서 이렇게 표현한 것을 확인할 수 있다. "······his guilty hand pluck'd up the latch,/ And with his knee the door he opens wide./ The dove sleeps fast that this night-owl will catch:/ Thus treason works ere traitors be espied."······탐욕스러운 그의 손이 빗장을 잡아당기고,/ 무릎으로는 문을 활짝 열어젖힌다./ 비둘기처럼 순진하게 깊이 잠든 그녀를 부엉이 같은 야행성 인간이 납치할 것이다./ 그렇게 배신을 저지르려는 배신자가 나타났다.

deus ex machina
복잡한 상황이 뜻밖의 일로 아주 쉽게 해결되어 버리는 상황, 획기적 방안

There has been no deus ex machina to break down tyranny committed by the military regime.
군사 정권에 의해 자행되는 폭정을 막을 획기적인 방안이 없었다.

문학 작품에서 '서둘러 결말을 짓거나 갈등을 풀기 위해 뜬금없는 사건을 일으키는 플롯 장치'를 뜻하는 용어 '데우스 엑스 마키나'deus ex machina는 고대 그리스 연극에서 유래했다. 글자 그대로 풀이하면 '기계 장치로 (연극 무대에) 내려온 신'이라는 뜻인데, 아이스킬로스가 도입한 이 장치는 에우리피데스의 비극에서는 크레인처럼 도르래에 밧줄을 단 바구니에 배우를 태워 오르내리게 하는 고정 장치가 되었다. 이 용어를 '비극을 해결하는 플롯 장치'로 처음 언급한 사람은 아리스토텔레스로, 이후 그리스 비극에서 갈등을 해결하고 극을 마무리하는 데 자주 사용되었다. 근대에 와서는 셰익스피어도 『뜻대로 하세요』, 『티레의 왕자, 페리클레스』, 『심벨린』 등의 작품에서 이 기법을 사용했다. 로마 공화정 말기의 시인 호라티우스는 『시학』에서 시인은 이야기를 풀어 가기 위해 신을 등장시켜선 안 된다고 이 기법을 비판했고, 신고전주의 문학 비평에서는 갑작스러운 기적으로 풀리는 플롯 장치를 나쁜 연극의 특징으로 보았다.

bag and baggage
짐을 몽땅 챙겨

You need to be out of your dorm room, bag and baggage, by Monday morning.
월요일 아침까지 짐을 모두 챙겨 기숙사 방에서 나가야 합니다.

이 표현은 원래 군대 용어로 '병사들의 물품이 들어 있는 군대의 모든 자산'을 의미했다. 그래서 'to march off bag and baggage' 라고 하면 '(적군이 사용하지 못하도록) 모든 물품과 자원을 챙겨 철수한다'는 의미였고 'to retire bag and baggage'는 '아무것도 넘기지 않고 명예롭게 퇴각한다'는 뜻이었다. 18세기 영국의 시인이자 역사가 토머스 라이머가 영국 왕들이 맺은 동맹과 조약 들을 집대성한 『조약 모음집』에는 "Cum armaturis bonis bogeis, baggagiis"용감한 군대와 모든 물품과 자원을 챙겨라는 라틴어 표현이 1422년에 등장한 것으로 나온다. 영어 표현은 100년이 지난 1525년 영국의 군인이자 정치가 존 부셔가 번역한 100년 전쟁 역사서 『장 프루아사르의 역사서』 제1권에 나온다. "We haue with vs all our bagges and baggages that we haue wonne by armes." 우리는 전리품으로 손에 넣은 모든 물품과 자원을 챙겼다. 그러다 1600년에 셰익스피어가 『뜻대로 하세요』에서 인용한 뒤로 널리 쓰이게 되었다. "Let vs make an honorable retreit, though not with bagge and baggage, yet with scrip and scrippage."가방과 짐은 없지만 지폐와 지갑이 있으니 명예롭게 물러납시다. 지금은 '가지고 있는 모든 짐을 남김없이 챙긴다'는 의미로 쓰인다.

wild goose chase
헛된 노력, 헛수고, 부질없는 시도

Those jerks sent me on a wild goose chase to find a copy of a book that hasn't been released yet!
그 멍청이들 때문에 아직 출판되지도 않은 책을 찾으러 다니느라 헛수고만 했지 뭐야!

이 표현의 글자 그대로의 뜻처럼 '야생 기러기를 뒤쫓으려는' 시도는 실패할 것이 뻔하다. 그러나 이 표현은 사냥이 아니라 경마에서 유래했다. 1593년 영국의 시인이자 작가 저바세 마컴이 『승마론』에 설명해 놓은 바에 따르면, 'wild goose chase'는 선두 기수가 탁 트인 시골길을 불규칙한 패턴으로 질주하면 뒤이어 다른 기수들이 간격을 두고 선두가 달려간 길을 쫓아 질주하는 경기였다. 이 경주의 정확한 규칙은 확실히 알려져 있지 않지만 아마도 선두를 추월하는 것이 목적이었던 듯하다. 그런데 이렇게 경주하는 모습이 마치 기러기들이 대오를 지어 선두 기러기를 따라 날아가는 모습과 흡사하게 보여 'wild goose chase'라는 명칭이 붙었다. 1597년에 출간된 셰익스피어의 『로미오와 줄리엣』에서 로미오와 친구 머큐시오가 나눈 대화에 이 표현이 처음 등장한다. 그러나 19세기에 이르자 원래의 의미가 사라지고 유물 연구가이자 사전 편찬자인 프랜시스 그로스의 『1811년판 영어 속어 사전』에 정의해 놓았듯이 '헛수고'를 나타내는 은유적 의미로 쓰이기 시작했다.

leave no stone unturned
온갖 노력을 다하다, 백방으로 손을 쓰다

We left no stone unturned looking for your stolen car, but we still couldn't find it.
당신의 도난 맞은 차를 찾으려고 백방으로 알아봤지만, 찾을 수 없었다.

글자 그대로 해석하면 '모든 돌을 다 뒤집어 보다'라는 의미의 이 표현은 그리스의 한 전설에서 유래했다. 극작가 에우리피데스가 전하는 이야기에 따르면, 기원전 479년 크세르크세스 1세의 페르시아 군대가 그리스를 재침공했을 때의 일이라고 한다. 페르시아 총사령관 마르도니우스는 플라타이아이 전투에서 패배하며 전사했는데, 그가 죽기 전 자신의 진지 아래 또는 근방에 보물을 숨겨 두었다는 소문이 떠돌았다. 그 소문을 사실로 믿은 폴리크라테스라는 사람이 전쟁이 끝나자 그 터를 사들여 보물을 찾으려고 땅을 파기 시작했다. 그러나 아무것도 찾지 못하자 그는 델포이 신전으로 찾아가 신탁을 구했는데, 그때 받은 대답이 바로 'Pánta líthon kínei', 즉 '모든 돌을 남김없이 들추어 보라'는 것이었다. 이 이야기를 에라스무스가 라틴어로 번역하고, 1500년대에 에라스무스의 작품이 다시 영어로 번역되면서 'leave no stone unturned'라는 표현이 영어에 유입되었다. 에우리피데스는 탐욕을 경계하라는 의도에서 썼다고 하지만 후대에는 '할 수 있는 모든 노력을 다한다'는 의미로 쓰이게 되었다.

a fool's paradise
덧없는 행복, 헛된 희망, 환상의 세계

We were living in a fool's paradise thinking that the financial successes of the early 2000s would last forever.
우리는 2000년대 초반의 재정적 성공이 영원히 지속될 것이라고 생각하는 헛된 희망 속에서 살고 있었다.

이 표현은 1462년 영국 변호사이자 민사법원 재판관인 윌리엄 패스턴 가문의 편지 모음집에 지금과 같은 의미는 아니지만 "I wold not be in a folis paradyce"나는 바보들의 낙원에 있지는 않겠다라고 처음 쓰인 것으로 기록되어 있다. 하지만 1592년 셰익스피어가 『로미오와 줄리엣』 2막 4장에 인용하면서 인기를 끌어 널리 알려졌다. 줄리엣은 로미오와의 혼사를 의논하려고 유모를 로미오에게 보낸다. 로미오 같은 젊은 신사가 순진한 젊은 처녀를 유혹하기 위해 영원한 사랑을 약속한다는 것을 잘 알고 있던 줄리엣의 유모는 줄리엣을 '바보들의 낙원'으로 이끌지 말라고 충고한다. "But first let me tell ye, if ye should lead her in a fool's paradise, as they say, it were a very gross kind of behaviour, as they say;"제가 먼저 한 말씀 드리자면, 아씨를 이른바 바보들의 낙원으로 이끌려 한다면 아주 저열한 짓을 저지르는 겁니다. 무지한 사람을 일컫는 'fool'과 더할 나위 없이 만족스러운 낙원 'paradise'가 결합된 이 표현은 이후로 '부정적인 측면을 보지 못함으로써 느끼는 덧없는 행복', '헛된 희망' 등을 의미하게 되었다.

get the sack
해고당하다, 내쫓기다, 빈털터리가 되다

I know you want your money and I'd like to give it back. The trouble is, if I did that I'd probably get the sack.
네가 돈을 돌려받고 싶어 한다는 걸 알아. 나 역시 갚고 싶지만, 문제는 그러고 나면 난 빈털터리가 된다는 거지.

남녀노소를 가리지 않고 생계를 위해 도시의 공장으로 몰려들던 산업 혁명 이전 유럽에서는 장인이나 노동자가 어느 한 곳에 소속되어 일하기보다는 연장이 든 '자루'sack를 짊어진 채 일거리를 찾아 이리저리 옮겨 다니는 것이 일반적이었다. 당시는 가내 수공업이 중심이었던 시기라 그들이 하는 일은 주로 다리를 수리하거나 성벽을 보수하는 등의 단기성 일감이 대부분이었다. 일거리가 생기면 그들은 고용주가 있는 일터에 연장들을 보관해 두고 일을 했다. 그러다 해야 할 작업이 모두 끝나거나 더 이상 일손이 필요 없어지면 고용주는 장인들에게 연장 자루를 돌려주었다. 여기에서 생겨난 표현이 바로 'get the sack'으로 '더 이상 일할 필요가 없어졌으니 자루를 챙겨 나가라'는 의미였다. 우리나라에서도 '보따리 싸다, 짐 싸다'라는 말이 '쫓겨나다'라는 뜻으로 쓰이는 것과 비슷한 이치라고 하겠다.

feeding the multitude
오병이어의 기적

Like feeding the multitude, we could offer lunch to all the children who attended the event with the help of many sponsors.
오병이어의 기적처럼 우리는 많은 후원자의 도움으로 행사에 참석한 모든 아이에게 점심을 제공할 수 있었다.

글자 그대로 해석하면 '군중을 먹인다'는 의미의 이 표현은 예수가 행한 많은 기적 가운데 '오병이어의 기적'을 의미한다. 『마태오 복음서』에 따르면, 세례자 요한이 헤로데 왕에게 죽임을 당했다는 소식을 듣고 심란해진 예수는 배를 타고 외딴곳으로 물러갔다. 그러나 많은 군중이 따라오자 예수는 가엾은 마음이 들어 병자들을 고쳐 주었다. 저녁때가 되자 제자들이 군중을 마을로 돌려보내 끼니를 해결하게 하자고 하지만, 예수는 제자들에게 그들을 보내지 말고 먹을 것을 주라고 한다. 제자들이 있는 것을 다 합쳐도 기껏 빵 다섯 개와 물고기 두 마리(오병이어)밖에 없다고 하자 예수는 그것들을 가져오라고 한 뒤 군중을 풀밭에 자리 잡게 한다. 그리고 빵 다섯 개와 물고기 두 마리를 손에 들고 하늘을 우러러 찬미를 드린 다음 빵을 떼어 제자들에게 주니 제자들이 그것을 군중에게 나누어 주었다. 사람들은 모두 배불리 먹었고 남은 조각을 모으니 열두 광주리에 가득 찼다. 음식을 먹은 사람들은 여자와 아이들 외에 남자만 오천 명 가량이었다. 어쩌면 예수가 일으킨 기적은 작은 것이나마 지금 가진 것에 감사하며 그것을 서로 나누도록 먼저 내어놓음으로써 군중의 마음을 움직여 나눔에 동참하도록 한 것이 아니었을까.

spill the beans
무심코 비밀을 누설하다, 입을 잘못 놀리다

We had everything organized for Bruce's surprise party, but Kate accidentally spilled the beans to him at work.

우리는 브루스의 깜짝 파티를 위해 모든 것을 준비했지만, 케이트가 근무 중에 실수로 그에게 발설하고 말았다.

글자 그대로 해석하면 '콩을 쏟다'라는 의미인 이 표현의 유래는 고대 그리스로 거슬러 올라간다. 고대 그리스 사회에서는 어떤 사안을 논의하거나 새로운 구성원을 뽑을 때 투표로 결정했는데 그때 콩을 이용했다고 한다. 찬성할 경우는 하얀 콩, 반대할 경우는 검은 콩을 자루에 넣어 자신의 의사를 표현하는 방식이었다. 모든 의사 결정은 만장일치로 이루어져야 했고, 콩을 집계하는 일도 비밀리에 진행되었다. 그런데 간혹 콩이 든 자루를 들고 가던 사람이 실수로 콩을 쏟기라도 하는 날에는 본의 아니게 투표 결과가 성급히 밝혀지는 결과를 초래하게 된다. 이 관습에서 유래하여 'spill the beans'가 '비밀을 누설하다'라는 의미가 되었다.

honeymoon
①신혼여행 ②밀월 관계

The honeymoon period for the government is now over.
정부와의 우호적 관계 기간은 이제 끝났다.

현재의 달콤한 이미지와 달리 '허니문'honeymoon은 여성을 강제로 납치하여 결혼하던 시절에서 유래한 말이다. 신랑은 일단 신부를 납치한 뒤 은밀한 곳에 숨겨 놓고는 신부의 가족이 제풀에 지쳐 찾기를 포기하거나 신부가 임신을 하여 결혼이 기정사실화될 때까지 억류해 두었다. 강제 납치에 의한 결혼 관행이 사라진 뒤로는 납치가 의례적 형태로 행해졌다. 신랑은 신부 가족의 동의 아래 신부를 데려갔고, 그 대가로 양가에서 신부 값을 주고받았다. 나중에는 신랑 측에서 신부 값을 미리 지불하고 신부를 데려가기 전에 공개 의식을 치렀는데 이것이 결혼식이었다. '허니문'이라는 용어 자체는 달이 찼다가 기우는 주기에 맞춰 결혼 후 한 달 동안 임신 가능성을 높이기 위해 꿀을 발효하여 만든 벌꿀주를 마시는 스칸디나비아의 관습에서 유래했다. 1500년대에는 신혼부부에게 사랑이 식는 것을 경고하기 위한 표현으로도 쓰였다. "As the moon wanes, so shall your love."달이 이울듯 그대들의 사랑도 식으리라. 신혼여행은 원래 19세기 초 영국 상류층에서 (때로는 친구나 가족을 대동한 채) 결혼식에 불참한 친척들을 방문하러 가는 여행이었는데, 여행이 보편화되면서 일반에 널리 퍼졌다.

apple of one's eye
소중한 사람, 애지중지하는 것, 총애하는 사람

Mary has three children, but her youngest son is the apple of her eye.
매리는 자식이 셋 있지만 막내아들을 가장 애지중지한다.

이 표현은 원래 동공 또는 눈동자를 가리키는 말로 '눈에 넣어도 아프지 않다'는 우리말 표현처럼 '소중한 사람이나 존재'를 비유한다. 이 관용어는 성경 여러 구절에 등장하는데 대표적인 것을 꼽자면 다음 두 구절이다. "He found him in a desert land, and in the waste howling wilderness; he led him about, he instructed him, he kept him as the apple of his eye."주님께서는 광야의 땅에서 울부짖는 소리만 들리는 삭막한 황무지에서 그를 감싸 주시고 돌보아 주셨으며 당신 눈동자처럼 지켜 주셨다.(『신명기』 32:10) "Keep me as the apple of your eye; hide me in the shadow of your wings."당신 눈동자처럼 저를 보호하소서. 당신 날개 그늘에 저를 숨겨 주소서.(『시편』 17:8)

셰익스피어 역시 『한여름 밤의 꿈』에서 이 표현을 썼지만, 대중적으로 널리 알려진 것은 1816년 월터 스콧이 『묘지기 노인』에 쓰면서부터였다. "Poor Richard was to me as an eldest son, the apple of my eye."가엾은 리처드는 내게는 맏아들처럼 소중했다.

mind one's p's and q's
행동거지를 조심하다, 예의 바르게 행동하다

We'd better mind our p's and q's for this new teacher; I hear he's very strict.
이 새로운 선생님에게는 언행을 삼가는 것이 좋겠다. 매우 엄격한 분이라고 들었어.

이 표현에는 여러 가지 기원설이 있는데 유력한 두 가지를 추려 보면 다음과 같다. 먼저 유럽에 활판 인쇄술이 보급된 이후 인쇄소에서 유래했다는 설이 있는데, 알파벳 소문자 p와 q는 방향만 다를 뿐 생긴 모양이 같다. 그래서 활판을 짤 때 식자공은 특히 견습생에게 소문자 p와 q를 헷갈려서 잘못 놓지 않도록 단단히 주의를 주었다. 이후로 'mind your p's and q's'p자와 q자를 주의하라는 '어떤 사실들을 혼동하지 않게 똑바로 보고 제대로 행동하라'는 말과 동의어가 되었다.

또 다른 설은 17세기 영국의 술집과 주점에서 유래했다고 보는데, 매의 눈으로 손님을 지켜보던 바텐더가 손님에게 술을 어느 정도 마셨는지 상기시켜 주는 의미로 이 말을 썼다고 한다. 이때 p와 q는 부피를 재는 단위 파인트pint와 쿼터quart의 머리글자다. 파인트는 생맥주 500cc, 쿼터는 1000cc 정도이니 '큰 잔과 작은 잔을 헷갈리지 말고 마시라'는 의미였다. 또 바텐더 스스로가 외상 장부에 적을 때 두 단위를 헷갈리지 않으려는 의도도 있었다.

one's way or the highway
막무가내인, 오만한, 독선적인

Tom's the boss. He's not exactly a tyrant but it's pretty much his way or the highway.
톰이 사장이야. 그는 폭군이라고 할 수는 없지만 꽤나 독선적이다.

글자 그대로 해석하면 '나의 길을 따르든가 아니면 큰길로 혼자 알아서 가라'는 뜻이다. 이 표현은 17세기 초 영국의 법관 토머스 에저턴이 한 말에서 기원을 찾을 수 있다. 그는 엘리자베스 여왕 치세에 법조계에서 성공 가도를 달린 법관으로 옥새관의 지위까지 오른 인물이었다. 그러나 엘리자베스 여왕이 죽자 새로운 군주 제임스 1세의 눈 밖에 날까 전전긍긍하다가 새 왕의 환심을 얻기 위해 자신의 충성심을 확실히 드러내는 편지를 썼다. 그 가운데 이런 표현이 들어 있었다. "I have learned no way but the King's highway."저는 왕의 길 외에 다른 길은 알지 못합니다. 이 때문이었는지는 몰라도 에저턴은 바뀐 왕의 치하에서도 관직을 유지할 수 있었고 얼마 후에는 대법관으로 승진하기까지 했다. 에저턴이 왕에게 썼던 문구에서 독선적이고 독단적이라는 의미가 담긴 'one's way or the highway'로 발전한 것으로 보인다.

chip off the old block
부모를 꼭 닮은 아이, 부전자전

In one respect, at least, Obama is not a chip off the old block.
적어도 한 가지 면에서 오바마는 그의 부모를 닮진 않았다.

'block'은 나무토막이고 거기서 떨어져 나온 조각을 'chip'이라고 하니, 'a chip off the old block'오래된 나무토막의 조각은 '쏙 빼닮은 꼴'을 의미한다. 우리말로 붕어빵이라고 하면 금세 이해가 될 이 말의 유래는 고대 그리스의 전원시인 테오크리토스가 쓴 "a chip-of-the-old-flint"부싯돌의 조각라는 표현으로 거슬러 올라간다. 1621년 런던의 주교 로버트 샌더슨은 한 설교에서 자신 역시 흙으로 창조된 아담의 후손이라며 "Am not I a child of the same Adam (……) a chip of the same block, with him?"나는 바로 그 아담의 후손 (……) 그와 판박이가 아닙니까? 하고 말했다. 1642년에 존 밀턴은 영국 국교회 조직을 비판한 소책자 「스멕팀누스를 위한 변명」에서 "How well dost thou now appear to be a Chip of the old block"지금 그대는 어쩌면 그렇게 부모의 판박이처럼 보이는지라고 언급하며 'same block'같은 나무토막 대신 'old block'오래된 나무토막이라는 표현을 썼다. 19세기부터는 'chip off the old block'이라는 형태로 굳어졌는데 이때부터 'old block'은 부모(특히 아버지)를 의미하게 되었고, 지금도 어감이 좋아 자주 쓰이고 있다.

take …… with a grain of salt
걸러 듣다, 곧이곧대로 듣지 않다, 액면 그대로 믿지 않다

Reporters need to be wary of crowds, to take the enthusiastic response of a candidate's most fervent supporters with a grain of salt.
기자들은 군중을 조심하고, 후보자의 가장 열성적 지지자들의 열렬한 반응을 액면 그대로 받아들이면 안 된다.

글자 그대로 해석하면 '소금 한 알과 함께 섭취하다'라는 의미의 이 표현은 플리니우스의 『박물지』에서 유래했다. 플리니우스는 독극물의 해독제라고 주장하는 고대의 텍스트를 번역하여 실었는데 내용은 이러하다. "강력한 군주 미트리다테스를 무찌른 뒤 폼페이우스는 군주의 개인 금고에서 다음과 같이 적힌 해독제 비법을 발견했다. 호두 두 알, 무화과 두 개, 루타 잎 스무 장을 한데 넣고 빻은 뒤 소금 한 알과 함께 삼킨다. 다른 것은 금식하고 이 약물을 먹으면 그 날은 모든 독에 견딜 수 있게 된다." 영어권에서는 17세기부터 'take …… with a grain of salt'라는 표현이 쓰였는데 처음 등장한 기록은 1647년 영국의 종교 평론가 존 트랩의 『신약과 구약에 대한 주석』이었다. 20세기 초 미국의 문예지 『에서니엄』에 "Our reasons for not accepting the author's pictures of early Ireland without many grains of salt"저자의 초기 아일랜드 사진을 곧이곧대로 받아들이지 않는 이유라고 언급되면서 '어떤 말을 들을 때 그 진위를 가려 가며 받아들인다'는 현재의 은유적 의미로 쓰이기 시작했다. 영국에서는 'grain'톨 대신 'pinch'꼬집를 쓰기도 한다.

burning ears
귀가 간지러운, 누군가가 내 얘기를 하고 있는

Jenny's ears must have been burning last night: we talked about her for hours.
제니는 어젯밤 귀가 간지러웠을 것이다. 우리가 몇 시간이나 자기 얘기를 했으니까.

글자 그대로 해석하면 '화끈거리는 귀'라는 뜻의 이 표현에 들어 있는 보편적인 미신은 아주 오래전으로 거슬러 올라간다. 고대 로마 시대부터 사람들은 귀가 따갑거나 간지러운 느낌이 들면 남들이 자기 이야기를 하고 있다고 생각했다. 고대 로마의 장군이자 정치가 대 플리니우스는 『박물지』에서 다음과 같이 언급했다. "어떤 자리에 있지 않은 사람은 귀가 울리는 것으로 보아 누군가가 자기에 대해 이야기한다는 예감을 느끼는 것으로 생각된다." 당시에도 오른쪽은 선과 긍정적인 것을 상징하는 반면 왼쪽은 어둠과 악을 상징한다는 믿음이 팽배했기 때문에, 플리니우스와 플라우투스는 오른쪽 귀가 간질거린다면 칭찬을 하고 있는 것이지만 왼쪽 귀가 간질거리면 누군가가 험담을 하고 있는 거라고 생각했다. 이후 영국에서 작가 제프리 초서나 찰스 디킨스 등이 작품에서 이 표현을 즐겨 쓴 덕분에 전 세계적으로 널리 알려졌다.

the blind leading the blind
장님이 장님 길 안내하는 격, 선무당이 사람 잡는 격

Bending to accusations of the blind leading the blind, an eye doctor who performed surgery despite his own poor eyesight has decided to call it quit.
시력이 좋지 않은데도 수술을 한 안과의사는 선무당이 사람 잡는다는 비난에 굴복하여 그 일을 그만두기로 결정했다.

우리말 표현으로 '선무당이 사람 잡는다'에 해당하는 관용어로, 기원전 800~기원전 200년에 쓰였다고 하는 고대 인도의 경전 『카타 우파니샤드』에 이미 다음과 같은 구절이 나온다. "Abiding in the midst of ignorance, thinking themselves wise and learned, fools go aimlessly hither and thither, like blind led by the blind."바보들은 무지에 사로잡혀 스스로 지혜롭고 박식하다고 생각하여 장님에 이끌리는 장님처럼 우왕좌왕한다. 1세기 무렵 로마의 아우구스투스 황제 시대에 활동한 시인 호라티우스도 'Caecus caeco dux'눈먼 자들의 눈먼 인도자라고 언급한 것으로 보아 서양에서도 오래된 표현임을 알 수 있다. "They are blind guides of the blind. If a blind person leads a blind person, both will fall into a pit"그들은 눈먼 이들의 눈먼 인도자다. 눈먼 이가 눈먼 이를 인도하면 둘 다 구덩이에 빠질 것이다.(마태오 복음서 15:14)라는 구절처럼 성경의 여러 복음서에 쓰인 뒤로는 대중화되어 일상어로도 널리 쓰이기 시작했다. 이 표현은 예술에도 많은 영감을 주어 네덜란드 화가 피터르 브뤼헐의 「장님을 이끄는 장님」의 소재가 되었고, 노래의 제목이나 가사에도 많이 쓰였다.

set in stone
빼도 박도 못하는, 확정된, 불변의

Keep in mind that these blueprints are not set in stone — they're just to give you a feel for the design.
이 청사진은 확정된 것이 아니라는 점을 명심하라. 단지 디자인에 대한 감을 잡을 수 있게 하기 위한 것이다.

글자 그대로 해석하면 '돌에 박힌'이라는 뜻으로 'written in stone'돌에 쓰인, 'carved in stone'돌에 새겨진 등 다른 형태로도 쓰이는 이 표현의 유래는 수천 년 전으로 거슬러 올라간다. 파피루스조차 없던 시절에는 돌에 글자를 새겨 넣어 역사를 기록했다. 기원전 1780년에 함무라비 법전은 돌에 새겨진 법은 아무도 바꿀 수 없으며 이후의 법 또한 '돌에 쓰여야 한다'고 천명했다. 수백 년 뒤에 모세가 시나이산에서 받은 십계명을 떠올리면 훨씬 연상하기 쉬울 것이다. 무언가가 돌에 새겨지면 당연히 영구적이었으므로 성경에서는 십계명이 적힌 이 성스러운 석판이 '하느님의 손가락'에 의해 새겨졌다고 언급하고 있다. 그런데 오늘날에는 이 표현이 긍정적인 뉘앙스보다는 부정적인 뉘앙스를 풍긴다. 무언가가 'not set in stone'돌에 박혀 있지 않은 것이라면, 그것은 빼도 박도 못하는 것이 아니라 다행스럽게도 '바뀔 수 있다'는 의미다.

butter someone up
아부하다, 아첨하다

My friend, hoping to get a promotion, is always buttering up his boss.
내 친구는 승진하고 싶어서 늘 상사에게 아부한다.

인도에는 '기'ghee라는 정제 버터가 있는데, 수천 년 동안 인도의 요리법과 힌두 신화에 등장해 왔으며 『바가바드기타』, 『다르마 수트라』, 『리그베다』 등 여러 종교 경전에도 언급되었다. 힌두 신화에 따르면 만물의 창조주인 프라자파티가 손을 휘저어 최초의 기를 만들고, 그것을 불 속에 부어 자손을 만들었다고 한다. 그 결과, 기는 오늘날까지도 힌두교 종교 의식에서 성스러운 불에 붓거나 신상 등을 닦는 데 사용된다. 고대 인도에서는 신의 은총과 용서를 구하기 위해 신들의 조각상에 기로 만든 버터볼을 던지며 평화와 풍작을 기원하는 관습이 있었다. 정확한 기원은 알 수 없지만 기원전 1600년대에 타밀나두주 마두라이에 지어진 메낙시 암만 사원의 편람에 이 풍습이 언급되어 있다. 7~8세기 당나라에서 유래한 티베트의 새해 전통에서도 비슷한 사례를 찾아볼 수 있다. 티베트인들은 한 해 동안 평온과 행복을 기원하며 신에게 바치는 봉헌물로 형형색색의 버터로 조각품을 만들어 사원에 전시했다. 이렇게 신들에게 잘 보이기 위해 버터를 봉헌한 풍습에서 'butter someone up'누군가에게 버터칠을 하다이 '아부하다'라는 의미가 되었다.

cross the Rubicon
돌이킬 수 없는 길을 가다, 결단을 내리다

My sister crossed the Rubicon when she got that huge tattoo on her back!
내 여동생은 등에 커다란 문신을 했을 때 되돌릴 수 없게 됐어!

글자 그대로 해석하면 '루비콘강을 건너다'라는 뜻의 이 표현은 로마 공화정을 무너뜨린 카이사르의 행위에서 유래한 말이다. 루비콘강은 이탈리아 북동부를 끼고 아드리아해로 흘러가는 강이다. 기원전 4세기경 중북부에 있는 에트루리아를 복속시킨 이후로 군대를 지휘하던 집정관은 원정을 마치고 돌아올 때 충성을 서약하는 의미에서 군단을 루비콘강에서 해산하고 로마로 들어와야 했다. 만약 원로원의 허가 없이 군대를 이끌고 루비콘강을 건넌다면 그것은 곧 반역을 의미했다. 공화정 말기에는 이 루비콘강이 이탈리아 본토와 속주 갈리아의 경계였다. 갈리아 지방 총독으로 전쟁에서 승승장구한 카이사르는 로마 시민들 사이에서 인기와 명성이 치솟았다. 그러자 정적인 폼페이우스와 원로원은 그를 제거하기 위해 무장을 해제한 후 들어오라는 통첩을 보냈다. 반역할 의도는 없지만 그 말을 따른다면 곧바로 죽게 될 것임을 알고 있던 카이사르는 '주사위는 던져졌다'는 말을 남기고 갈리아 원정에 나섰던 군단을 이끌고 로마로 진격하여 권력을 장악했다. 이 일화에서 유래한 'cross(pass) the Rubicon'은 '돌아올 수 없는 길을 가다', '중대 결심을 하다'라는 의미로 쓰이게 되었다.

go the extra mile
특별히 애쓰다, 한층 더 노력하다

The president expressed his determination to go the extra mile for peace in the region.
대통령은 그 지역의 평화를 위해 한층 더 노력하겠다는 결의를 표명했다.

글자 그대로 해석하면 '추가로 더 가다'라는 뜻인 이 표현은 신약 성경 구절에서 유래했다. 제자들과 군중에게 산상 설교를 하던 예수는 폭력을 포기하라고 가르치며 이렇게 이른다. "You have heard that it was said, 'Eye for eye, and tooth for tooth.' But I tell you, Do not resist an evil person. If someone strikes you on the right cheek, turn to him the other also. (……) If someone forces you to go one mile, go with him two miles." '눈은 눈으로, 이는 이로 갚아라' 하고 말한 것을 너희는 들었다. 그러나 나는 너희에게 말한다. 악한 사람에게 맞서지 말아라. 누가 네 오른쪽 뺨을 치거든 왼쪽 뺨마저 돌려 대어라. (……) 누가 너더러 억지로 5리를 가자고 하거든 10리를 같이 가 주어라.(『마태오 복음서』 5:38~41) 과거의 율법은 타인이 불의를 가하면 똑같이 갚아 주라고 했지만 예수는 오히려 그 이상을 베풀어 폭력의 악순환을 끊으라고 가르친다. 성경 속에서 '5리를 더 가다'라는 뜻이었던 'go the extra mile'은 오늘날에는 '기대했던 것보다 더 많은 노력을 기울인다'는 은유적 표현으로 쓰인다.

rest on laurels
성공에 안주하다, 현재의 영예에 만족하다

I know your first novel was a smash success, but if you just rest on your laurels, you're going to fade into obscurity.
당신의 첫 소설이 대단한 성공을 거두었다는 건 알지만, 계속 영예에 취한다면 점차 잊히게 될 겁니다.

이 표현의 기원은 '월계관'laurel이 승리와 높은 지위의 상징이었던 고대 그리스로 거슬러 올라간다. 기원전 2세기의 동전에 월계관을 쓴 태양신 아폴론의 모습이 새겨진 데서 알 수 있듯이 그리스인들은 아폴론을 월계수와 관련지어 생각했다. 아폴론의 구애를 거절하고 달아나던 요정 다프네가 결국 월계수가 되고 말자, 아폴론은 나무를 끌어안고 화관으로 쓸 가지를 잘라 낸 후 그 나무를 신성한 것으로 선언했다. 이 신화에 의거하여 그리스인들은 기원전 6세기부터 4년마다 아폴론을 기리기 위해 델피에서 열린 피티아 제전에서 우승자들에게 월계관을 수여했다. 그리고 그 관습을 받아들인 로마인들은 중요한 전투에서 승리한 장군에게 월계수 가지와 잎으로 만든 관을 선물했다. 로마제국이 쇠퇴한 뒤 중세에는 이 관습이 잊혔다가 1385년경 제프리 초서가 『기사 이야기』에서 "With laurer corouned as a conquerour / And there he lyueth in ioye and in honour"정복자로 월계관을 쓴 채 그는 기쁘고 영예롭게 살았다라고 언급한 후 되살아났다. 나중에 'rest on laurel'은 승리의 영예에 도취되어 있다는 부정적 의미를 띠게 되었고, 1800년대 이후로는 '과거의 승리에 안주하다'라는 의미로 쓰이고 있다.

throw cold water on
찬물을 끼얹다, 중지시키다, 딴지를 걸다

Most mainstream energy economists throw cold water on what they see as these overheated predictions.
대부분의 주류 에너지 경제학자들은 이러한 과열된 예측에 찬물을 끼얹는다.

글자 그대로 '찬물을 끼얹다'는 뜻으로 다른 사람의 열의에 딴지를 걸거나 진행되는 일에 지장을 줄 때 널리 쓰이는 표현이다. 기원전 200년경 로마의 희극 작가 플라우투스는 '모욕하다'라는 의미로 비슷한 표현을 사용했다. "Aquam frigidam suffundunt." 그들은 우리에게 찬물을 끼얹는다. 영어권에서는 대략 19세기부터 지금의 의미로 쓰이기 시작했는데, 1861년 조지 엘리엇의 소설 『사일러스 마너』 8장에 처음 등장한 것으로 본다. "It was to be hoped that Mr. Godfrey would not go to Tarley and throw cold water on what Mr. Snell said there, and so prevent the justice from drawing up a warrant. He was suspected of intending this, when, after mid-day, he was seen setting off on horseback in the direction of Tarley." 판사가 영장을 발부하는 것을 막으려고 고드프리 씨가 탈리에 가서 스넬 씨의 증언을 중지시키는 짓은 하지 않을 것으로 기대하고 있었다. 그런데 정오가 지나 탈리 방향으로 말을 타고 출발하는 그를 보니, 그렇게 하기로 작정한 듯싶었다.

better half
반려, 배우자

I'd love to come out with you guys after work, but I'd better ask my better half if we don't have any plans for this evening.
퇴근 후 너희들과 함께 어울리고 싶지만 저녁에 별다른 계획이 없는지 아내에게 물어봐야 할 것 같아.

글자 그대로 해석하면 '더 나은 반쪽'이라는 뜻으로 '배우자'를 의미하는 이 표현은 라틴어의 시적 어구 'animae dimidium meae' 내 영혼의 반쪽에서 유래했다. 이는 로마 시대에 절친한 친구를 일컫은 말로 공화정 말기의 시인 호라티우스가 베르길리우스에게 썼고, 시인 스타티우스도 썼던 표현이다. 이렇게 오랫동안 친구의 의미로 쓰이다가, 1580년 영국의 정치가이자 시인 필립 시드니가 누이동생 펨브로크 백작부인을 위로하려고 쓴 목가적 산문 『아르카디아』에서 처음으로 배우자를 의미하는 표현으로 썼다. "My deare, my better halfe [sayd hee] I find I must now leave thee. My better half is mad at me again." 내 사랑, 나의 반려여, 지금은 당신 곁을 떠나야겠네요. 당신이 내게 또 화가 나 있으니까요. 지금은 좀 더 가벼운 의미로 익살스럽게 쓰이는 편인데, 칭찬이나 존경을 나타내기도 하며 남편보다는 아내를 지칭한다.

yellow-bellied
겁 많은, 소심한

If you're afraid to ask someone on a date, you're yellow-bellied.
누군가에게 데이트 신청을 하는 것이 두렵다면, 당신은 소심한 사람이다.

수백 년 동안 노란색은 비겁함 또는 배반과 연관되어 왔다. 고대 프랑스에서는 반역자의 집 문을 노란색으로 칠했다. 중세 시대 '다윗의 노란 별'은 예수를 배반한 유대인을 나타내기 위한 표식이었는데, 나치에서 이를 악용하기도 했다. 중세의 회화에는 그리스도교인들에게 배신의 아이콘인 유다 이스가리옷이 노란색 옷을 입은 모습으로 그려졌다. 스페인에서는 종교재판의 희생자들에게 이단과 반역죄를 범했다는 것을 암시하기 위해 노란 옷을 입혔다. 19세기 초, 미국 서부에서는 쓸모없다고 여기는 자를 'yellow dog'똥개, 비열한 인간이라고 불렀다. '비겁함, 배반'을 상징하는 노란색yellow과 '배짱, 용기, 근성'을 나타내는 배gut가 결합된 yellow belly(노란 배)라는 표현은 일종의 모순 어법으로 '용기 없는 사람'을 의미한다. 영국에서는 18세기 말 링컨셔에서 태어난 사람들이 낮은 습지대 환경에 살다 보니 누렇게 떠 보이는 혈색 때문에 멸시조로 'yellowbelly'누렁이라는 별칭으로 불렸다. 1925년 무렵부터 미국에서는 'yellow-belly'가 '겁쟁이'를 지칭하는 의미로 쓰이기 시작했고, 오늘날 'yellow-bellied'는 '소심한', '겁 많은'이라는 뜻으로 쓰인다.

get the wrong end of the stick
완전히 오해하다, 착각하다, 불리한 입장에 서다

You've got the wrong end of the stick. He doesn't owe me money, I owe him!
네가 완전히 오해한 거야. 내가 그에게 돈을 빌려준 게 아니라 빌린 거야!

글자 그대로 해석하면 '막대기의 잘못된 끝을 잡는다'는 뜻의 이 표현에는 두 가지 기원설이 있는데, 하나는 고대 그리스의 화장실 문화로 거슬러 올라간다. 지금처럼 간편하게 쓸 수 있는 화장지가 없던 옛 그리스 사람들은 막대기 끝에 천 조각이나 스펀지를 매달아 뒤를 닦는 데 사용했다. 게다가 이 뒤처리용 막대기는 공용이기 때문에 용변을 보는 구덩이 옆 바닥에 놓인 소금물 그릇에 보관되어 있었다. 그래서 볼일을 볼 때는 막대기의 잘못된 끝을 잡지 않도록 상당히 주의를 기울여야 했다. 비슷한 이야기로 지팡이에서 유래되었다는 설도 있다. 지팡이의 바닥 쪽 끝은 흔히 진흙이나 다른 오물이 묻어 있으므로 지팡이를 잘못 잡았다가는 낭패를 보기 십상이었다.

What God has joined together
let no man put asunder
하느님께서 맺어 주신 것을 사람이 갈라놓아서는 안 된다

We did not forget our vows of marriage, 'What God has joined together let no man put asunder' and did our best to persevered in the face of difficulties.
우리는 '하느님께서 맺어 주신 것을 사람이 갈라놓아서는 안 된다'는 혼인 맹세를 잊지 않고 어려운 일이 닥쳐도 인내했다.

그리스도교 결혼 예식에서 많이 쓰이는 이 구절은 신약성경에 나오는 말이다. 율법과 관습을 엄격하게 준수하던 바리새인들은 전통적 율법 준수 문제를 두고 예수와 대립했는데, 예수를 시험하기 위해 '남편이 아내를 버려도 되느냐'고 묻는다. 예수가 '모세는 어떻게 하라고 명령하였느냐'고 되묻자 바리새인들은 '이혼장을 써 주고 아내를 버리는 것을 허락했다'고 답한다. 예수는 '모세가 그런 계명을 남긴 이유는 그들의 마음이 완고하기 때문'이라며 혼인 관계의 신성함을 말한다. "But from the beginning of the creation God made them male and female. For this reason a man shall leave his father and mother and be joined to his wife, and the two shall become one flesh. So they are no longer two but one flesh. What therefore God has joined together, let no man put asunder." 창조 때부터 하느님께서는 사람들을 남자와 여자로 만드셨다. 그러므로 남자는 아버지와 어머니를 떠나 아내와 결합하여, 둘이 한 몸이 될 것이다. 따라서 그들은 이제 둘이 아니라 한 몸이다. 하느님께서 맺어 주신 것을 사람이 갈라놓아서는 안 된다.(『마르코 복음서』10:6~9)

When in Rome, do as the romans do

로마에 가면 로마법을 따르라

Everyone else seemed to be wearing these hats so I thought, when in Rome, do as the romans do and bought one for myself.
다들 이 모자를 쓰고 있는 것 같기에, 로마에 가면 로마법을 따르랬다고 생각하여 나도 하나 샀다.

이 표현을 성경에서 기원한 것으로 여기는 경우가 많지만, 사실은 성 아우구스티누스의 일화에서 유래했다. 387년 밀라노를 방문한 아우구스티누스 성인은 그곳의 교회는 로마의 교회와 달리 토요일에 단식하지 않는다는 사실을 알고 밀라노의 주교 암브로시우스 성인에게 이의를 제기했다. 그러자 암브로시우스는 이렇게 대답했다. "내가 로마에 가면 토요일에 단식합니다. 그러나 밀라노에 있을 때에는 하지 않습니다. 그러니 현재 머무는 곳의 교회 관습에 따르십시오." 이 표현은 1621년 영국의 성직자 로버트 버턴의 백과사전 『우울증의 해부』에서 "When they are at Rome, they do there as they see done"로마에 있을 때는 그곳에서 남들이 하는 것을 보는 대로 한다로 바뀌었다가, 결국 지금과 같은 'When in Rome, do as the romans do'로마에서는 로마 사람들이 하는 대로 하라의 형태로 정착되었다.

go to Canossa
굴종하다, 사죄하다

After the company completely bungled the contract, the CEO himself went to Canossa in an attempt to pacify the clients.
회사가 계약을 완전히 파기하자 고객을 달래기 위해 CEO가 직접 나서서 사죄했다.

이 표현은 교황의 권력이 황제의 권력보다 우위에 서게 된 '카노사의 굴욕'에서 유래했다. 개혁 교황 그레고리오 7세는 재임 초기부터 강력한 교회 개혁과 쇄신 운동을 펼치며 당시 세속 군주에게 넘어가 있던 성직자 임명권을 교회로 되찾아 오려고 했다. 신성로마제국 황제 하인리히 4세가 이에 반발하자 교황은 황제를 파문하고 그에 협력하는 귀족이나 사제도 파문하겠다고 으름장을 놓았다. 이미 많은 귀족이 등을 돌렸고 새로운 황제를 추대할 움직임마저 보이자 하인리히 4세는 어쩔 수 없이 교황에게 용서를 구할 수밖에 없었다. 쥐라산맥을 넘은 뒤 황제가 아니라 고해자의 모습을 하고 '카노사로 향한'go to Canossa 하인리히 4세는 수도사들이 입는 거친 옷과 맨발 차림으로 1077년 1월 25일 교황이 머물던 카노사 성문 앞에 도착했다. 입성이 거부되자 황제는 계속 성문 앞에서 금식을 하며 교황의 허가를 기다렸다. 결국 사흘 뒤인 1월 28일 교황은 황제를 성안으로 들어오게 허락하고 미사에 참석시킴으로써 파문은 종결되었다. 이 사건으로 인해 역사적으로 '카노사'라는 말은 세속 권력이 교황권에 굴복했음을 상징적으로 의미하게 되었다.

red tape
형식에 얽매인 관료주의, 불필요한 절차

Despite vows by politicians to cut red tape, the burden just keeps growing.
형식적인 절차를 줄이겠다는 정치인들의 공약에도 불구하고, 부담은 계속 커지고 있다.

이 표현은 16세기까지 거슬러 올라가는데, 두 가지 기원설이 있다. 잉글랜드 왕 헨리 8세는 형수였던 아라곤 왕국의 캐서린과 결혼했지만 후사를 보지 못하자 앤 불린과 결혼하기 위해 캐서린과의 혼인 무효를 요구하는 탄원서 80통을 교황 클레멘스 7세에게 보냈다. 그때 눈에 잘 띄도록 탄원서를 'red tape'붉은 끈로 묶었다고 한다. 또 다른 설은 16세기 초 스페인의 왕이자 신성로마제국 황제인 카를 5세의 스페인 행정부에서 유래되었다고 본다. 당시 카를 5세는 방대한 제국을 효율적으로 통치하려는 목적에서 붉은 끈을 사용하기 시작했는데, 통상적인 절차에 따라 처리되는 일반 사안들과 구별하기 위해 추밀원에서 즉각적으로 논의해야 할 시급한 행정 서류들은 붉은 끈으로 묶었다. 신성로마제국처럼 광대한 영토를 통치하지는 않았지만 유럽의 다른 근대 군주들도 중요한 사안들을 구분하기 위해 이러한 관행을 재빨리 모방하면서 널리 퍼졌다. 이 표현은 남북 전쟁 이후 미국에서 대중화되었는데, 그 당시 퇴역 군인들의 기록이 붉은 끈으로 묶여 있어 접근하기가 너무 어려웠다고 한다. 그래서 현대에 와서는 '불필요한 절차에 얽매인 관료주의'를 의미하게 되었다.

run the gauntlet
시달리다, 호되게 당하다, 고난을 당하다

After the play, the director found himself running the gauntlet of questions and doubts about his ability.
연극이 끝난 후 감독은 자신의 능력에 대해 의구심과 회의에 시달리고 있음을 깨달았다.

이 표현은 스웨덴어 'gata'길에 'lopp'달리기, 경주가 합해진 단어 'gatlopp'태형에서 유래한 말로, 17세기 30년 전쟁 동안 프로테스 탄트 군대에서 함께 싸운 영국군과 스웨덴군을 통해 영어에 유입 된 것으로 보인다. 원래 영어 표기는 'gantelope' 또는 'gantlope' 이며 기록으로는 샤프트버리의 초대 백작이 1646년에 남긴 일기 에 처음 등장했다. "Three were condemned to die, two to run the gantelope."세 사람은 사형 선고를 받았고, 두 사람은 태형에 처해졌다. 이 형 벌은 로마 시대에 시작되었는데, 영국 군대에도 매우 비슷한 처 벌이 있었다. 죄를 지은 병사는 상의가 벗겨진 채 양쪽에 병사들 이 도열한 사이를 지나며 다른 병사들이 휘두르는 곤봉이나 채찍 을 맞아야 했다. 죄수가 죽을 때까지 체벌이 이어졌다는 설도 있 고 걸을 수 없게 되면 중단시켰다는 설도 있으나, 어쨌든 이 태형 은 단순히 채찍질을 당하거나 칼을 쓴 채 조롱을 당하며 맞는 것 보다는 덜 수치스럽게 여겨졌다. 시간이 흐르면서 'gantelope'는 아무 관련이 없는 'gauntlet'갑옷과 함께 끼는 장갑의 발음에 영향을 받 게 되었고, 그 결과 '태형을 당하다'라는 뜻의 'run the gantelope' 은 'run the gauntlet'으로 철자가 바뀌었다. 현대에 와서는 '호되 게 당하다,' '시달리다'라는 의미로 쓰인다.

goody two-shoes
도덕군자인 척하는 사람

I'm done with being a goody two-shoes just to please people.
나는 단지 사람들 비위를 맞추려고 도덕군자인 척하는 것에 이젠 질렸다.

글자 그대로 해석하면 '신발 두 짝 부인'이라는 뜻의 이 기묘한 표현은 1670년 영국 시인 찰스 코튼의 시 「풍자시 아일랜드 여행」에 처음 등장했지만 널리 쓰이게 된 것은 1765년 영국의 아동문학 출판인 존 뉴베리가 펴내어 18~19세기에 많은 인기를 누린 작자 미상의 동화책 『신발 두 짝 부인 이야기』 덕분이었다. 신데렐라의 변형본인 이 이야기에서 'goody two-shoes'는 주인공 마저리의 별명이다. 부모님을 여읜 마저리와 토미 남매는 너무 가난해서 누더기를 걸치고 신발 한 짝으로 살아가고 있었다. 이를 딱하게 여긴 부유한 친척에게서 온전한 신발 한 켤레를 받은 마저리는 너무 기뻐서 자기도 이제 '신발 두 짝'이 생겼다며 외치고 다닌다. 그 후 열심히 공부해서 학교 선생님이 된 마저리는 돈 많은 지주의 호감을 사고 결국 그와 결혼한다. 남편이 죽자 전 재산을 물려받은 마저리는 옛날에 자신이 도움을 받았던 것처럼 가난한 사람들을 열심히 돕는다. 오늘날에는 원래 뉘앙스보다는 '도덕군자인 척하는 사람'이라는 부정적인 의미로 쓰인다.

look a gift horse in the mouth
남의 호의나 선물에 트집을 잡다, 공짜 물건을 거절하다

Dad's old car is full of dents, but we shouldn't look a gift horse in the mouth.
아버지의 오래된 차는 여기저기 우그러졌지만, 그것만도 감지덕지해야 한다.

글자 그대로 해석하면 '선물로 받은 말의 이빨을 들여다본다'는 이 표현은 1546년 존 헤이우드가 엮은 『속담집』에 "No man ought to looke a geuen hors in the mouth"선물 받은 말의 입속을 들여다보아서는 안 된다라고 처음 기록으로 등장하지만, 실제로는 그보다 훨씬 전에 생겨난 것으로 본다. 아마도 말을 선물하는 것이 흔한 관습이었을 당시에 생겨났을 것이다. 말은 자랄수록 이빨이 더 많이 나올 뿐 아니라 모양이 바뀌고 앞으로 더 튀어나오기 때문에 말의 나이를 확인하려면 이빨을 보면 된다. 기왕 말을 선물로 받는 사람이라면 늙은 말보다는 어린 말을 선호할 것이다. 그렇지만 선물로 받은 것을 이리저리 살펴보거나 불평을 한다면 선물을 준 사람에 대한 예의가 아니다. 그래서 이 관용어는 'Don't look a gift horse in the mouth'선물로 받은 말 이빨을 들여다보지 말라라는 부정의 형태로 많이 쓰인다. 말을 선물로 주는 행위는 역사적으로는 사라졌지만, 그 관행은 이 격언 속에 살아남아 있다. 오늘날 이 표현은 '다른 사람으로부터 받은 선물이나 호의에 대해 트집을 잡는다'는 의미로 쓰인다.

all the rage
크게 유행하는, 큰 붐을 일으키고 있는

Currently Korean beauty items are all the rage around the world due to the Korean Wave.
한국의 미용 제품들은 지금 한류 열풍 덕에 전 세계적인 인기를 끌고 있다.

'rage'는 중세 영어에서 만들어진 단어로 '광기'를 뜻하는 라틴어 'rabia'에서 유래했다. 호메로스의 『일리아스』에 나오는 이 표현은 문자 그대로 '광기'라는 의미로 쓰였는데, 1715~1720년에 걸쳐 알렉산더 포프가 번역한 영문판 22권에 "While cast to all the rage of hostile power"미칠 듯한 적개심에 사로잡혀라는 구절이 있다. 그러나 1795년 런던의 코벤트가든 왕립극장에서 상연된 프레더릭 레이놀즈의 희극 『유행』 서막에서는 '유행'이라는 은유적 의미로 쓰이기 시작했다. "E'er the last pulse of ebbing life be o'er,/ When the eye turns towards his native shore,/ This thought be ev'n the parting pang assuage/ That, there—Humanity is still the Rage."생명의 마지막 맥박이 끊어져/ 고향의 해안으로 시선이 향할 때면/ 이러한 생각으로 죽음의 고통을 달랠 수도 있다/ 인류는 아직 건재해. 그 후로는 지금과 같이 '일시적일 수 있지만 현재 널리 유행하는 것'이나 '최신 스타일'을 의미하게 되었다. 이때 'rage'는 광기나 분노보다는 '열정, 열풍'을 뜻한다.

dire straits
극도의 곤경, 위험한 상황

The team is in such dire straits they've even considered selling their three best players.
그 팀은 사정이 너무 좋지 않아 최고 선수 세 명을 내보내는 방안까지 고려했다.

이 말은 지리학 용어에서 그 기원을 찾을 수 있다. 'strait'해협는 '단단히 결합하다'라는 라틴어 'strictus'에서 유래한 중세 영어에서 온 말인데, '육지 사이에 끼어 있으면서 양쪽이 넓은 바다로 통하는 좁고 긴 바다'를 가리킨다. 어떤 해협은 통과하기 힘들 만큼 몹시 좁아서 자칫 잘못 움직였다가는 난파하기 십상이었다. 또 이러한 해협의 물살이 매우 거세기 때문에 '두려운' 또는 '끔찍한'이라는 뜻의 라틴어 'dirus'에서 유래한 'dire'가 붙었다. 이곳을 통과하는 뱃사람들은 문자 그대로 극도의 곤경에 처하고 만다. 이 표현은 호메로스의 『일리아스』 같은 문학 작품에서 일찍이 언급되었고, 18세기 말에 영국의 시인 프랜시스 포크스가 아폴로니오스 로디오스의 서사시 『아르고호 항해기』를 영어로 번역하면서 쓰기도 했다. "When now the heroes through the vast profound/ Reach the dire straits with rocks encompass'd round."이제 영웅들이 드넓은 심연을 지나/ 바위로 둘러싸인 무시무시한 해협에 다다랐을 때. 현대에 와서는 '매우 어려운 상황', 특히 '경제적으로 힘든 상황'이라는 의미로 많이 쓴다. 1977년에 결성되어 1980년대에 큰 인기를 누린 영국의 록밴드 다이어 스트레이츠Dire Straits의 밴드명이자 데뷔 앨범 제목이기도 하다.

the face that launched a thousand ships
절세미인

Questions still remain as to whether the face that launched a thousand ships did so as an unwilling abductee or a treacherous elopement.
절세가인인 그녀가 억지로 납치된 것인지 아니면 바람나서 달아난 것인지는 여전히 의문으로 남아 있다.

글자 그대로 해석하면 '1천 척의 배를 진수시킨 얼굴'로 그만큼 미모가 출중한 '절세가인'을 의미하는 이 표현은 트로이 전쟁의 원인이 된 여인 헬레네에서 유래했다. 백조로 변신한 제우스가 스파르타 틴다레우스 왕의 아내 레다를 유혹하여 태어난 헬레네는 빼어난 미모 때문에 그리스의 수많은 왕과 제후로부터 구혼을 받았다. 그러나 누구 한 사람을 선택했다가 행여나 다른 구혼자들의 원성을 사 전쟁이 일어날까 봐 걱정이 된 양아버지 틴다레우스 왕은 헬레네가 누구를 선택하든지 나머지 사람들은 이를 순순히 받아들이고 선택받은 자의 명예를 목숨 걸고 지키겠다는 맹세를 하도록 했다. 결국 헬레네는 미케네의 왕자 메넬라오스를 택했고 나머지 구혼자들은 그 맹세를 지킬 수밖에 없었다. 몇 년 뒤, 스파르타의 왕이 된 메넬라오스를 찾아온 트로이의 왕자 파리스는 메넬라오스가 궁을 비운 틈을 타 헬레네를 유혹하여 트로이로 데려간다. 부랴부랴 돌아온 메넬라오스는 헬레네의 옛 구혼자들에게 예전의 맹세를 상기시키며 실추된 그리스인의 명예를 되찾기 위해 트로이에 보복할 것을 촉구했다. 그렇게 결성된 그리스 연합군은 미케네 왕 아가멤논의 지휘 아래 선박 1천여 척을 이끌고 트로이 원정에 나섰다.

Greeks bearing gifts
적이 베푸는 친절, 방심할 수 없는 선물

"Beware of Greeks bearing gifts," was Putin's frosty reaction when Berezovsky endorsed him for president.
푸틴은 베레조프스키가 자신을 대통령으로 지지하자 "적이 베푸는 친절은 조심해야지"라며 냉담한 반응을 보였다.

이 표현은 그리스 신화 속 트로이 목마를 지칭하는 말이다. 그리스군은 트로이 성을 포위한 지 10년이 넘도록 함락시키지 못하자 다른 방법을 쓰기로 한다. 결국 지략가 오디세우스가 솜씨 좋은 목수들을 동원해 속이 텅 빈 거대한 목마를 만든 다음 정예병을 이끌고 목마 안에 숨었다. 목마에는 '그리스군이 철수하며 아테나 여신에게 바치는 선물'이라고 새겨 해안에 세워 놓고 철수한 것처럼 위장했다. 트로이 사람들은 그리스군의 첩자 시논의 말에 속아 목마를 성안으로 끌고 가려고 했다. 제사장 라오콘이 반대하자 갑자기 바다에서 커다란 뱀 두 마리가 나타나 라오콘과 두 아들을 공격하여 죽여 버렸고, 사람들은 라오콘이 천벌을 받았다고 생각하여 당장 목마를 성안으로 끌고 들어갔다. 그날 밤 전쟁이 끝난 것을 자축하며 축하연을 벌인 트로이인들이 곯아떨어진 사이 목마 안에 숨어 있던 그리스 병사들이 나와 성문을 열었다. 성안으로 물밀듯이 들이닥친 그리스군에게 트로이는 결국 함락되고 말았다. 이 이야기로 인해 'Greeks bearing gifts'그리스인들이 가져온 선물에 '호의를 가장한 적의 흉계', '독이 되는 선물'이라는 뜻이 담기게 되었다.

in the lap of the gods
결과가 어찌 될지 모르는, 인력으로 어쩔 수 없는

The doctors have done everything possible for him, so his recovery now is in the lap of the gods.
의사들은 그를 위해 가능한 모든 것을 다했으므로 이제 그의 회복은 신의 손에 달렸다.

글자 그대로 해석하면 '신들의 무릎에 있는'이라는 뜻으로 인간의 통제를 벗어나 결과를 예상할 수 없을 때에 쓰는 말이다. 이 표현은 호메로스의 『일리아스』에 등장하는 아우토메돈이 한 말에서 유래했다. 아킬레우스가 스키로스 선단을 지휘할 때, 그를 도와 열 척의 배를 이끌고 트로이군에 맞서 싸웠던 아우토메돈은 말을 능수능란하게 다루어 아킬레우스의 전차와 말들을 돌보는 일을 맡기도 했다. 아가멤논과의 불화로 아킬레우스가 전투에 참가하지 않아 그리스군의 사기가 떨어지자 그의 친구 파트로클로스가 대신 출전한다. 아킬레우스의 갑옷을 입고 그의 전차를 몰고 있는 파트로클로스를 보고 그를 아킬레우스로 여긴 트로이 병사들은 두려워하며 급히 퇴각한다. 그러나 파트로클로스는 아킬레우스의 당부를 잊고 무리한 추격을 벌이다 헥토르의 손에 죽는다. 트로이군은 시체에서 옷을 벗긴 뒤 머리를 베어 그것을 들고 도시를 돌아 전투에서 우위를 점하려고 했다. 전투가 치열하여 결과를 예측할 수 없자 아우토메돈은 "These things lie on the knees of the gods"신들의 소관이므로 알 수 없다라고 했다. '초창기에는 'on the knees'를 썼으나 현대에 올수록 'in the lap'을 많이 쓰게 되었다.

Achilles heel
아킬레스건, 취약점, 급소

His speaking without thinking is his Achilles heel.
생각 없이 말하는 것이 그의 치명적 약점이다.

장딴지 근육과 발꿈치를 연결하는 강한 힘줄인 아킬레스건은 은유적으로 '치명적 약점'이나 '유일한 약점'을 의미한다. 이 표현은 그리스 신화 속 영웅 아킬레우스의 이야기에서 유래했다. 인간인 펠레우스 왕과 결혼하여 아킬레우스를 낳은 바다의 여신 테티스는 아들을 신과 같은 불사의 몸으로 만들려고 저승으로 가는 스틱스강에 목욕을 시켰다. 그 강물에 몸을 담그면 화살이나 창을 맞아도 끄떡없었기 때문이다. 그러나 아기를 물속에 담글 때 발뒤꿈치를 붙잡고 있었기 때문에 물이 닿지 않았던 발뒤꿈치는 아킬레우스의 유일한 약점이 되었다. 트로이 전쟁에 참전한 아킬레우스가 총사령관 아가멤논 왕과 불화가 생겨 전투에서 빠지자 그리스군은 계속되는 패배의 늪에서 헤어 나오지 못한다. 궁여지책으로 친구인 파트로클로스가 아킬레우스의 갑옷을 입고 대신 전투에 나섰다가 전사하고, 친구의 원수를 갚기 위해 아킬레우스가 다시 싸움에 나서자 전세는 역전된다. 하지만 트로이 전쟁의 원인 제공자였던 파리스가 아킬레우스에게 화살을 날리고 그의 약점을 알고 있던 아폴론 신이 개입하여 그 화살을 뒤꿈치에 명중시킴으로써 불굴의 전사였던 아킬레우스는 죽음을 맞이한다.

under the aegis of
~의 보호 아래, ~의 후원으로

This course will be offered under the aegis of the English Department.
이 강좌는 영어학과의 지원을 받아 개설될 것이다.

이 표현은 그리스 신화에 나오는 제우스의 방패 아이기스aegis에서 유래한 말이다. 아이기스는 제우스를 길렀다고 전해지는 암염소 아말테이아의 가죽으로 대장장이 신 헤파이스토스가 만든 방패다. 처음에는 제우스가 가슴을 가리는 흉갑으로 썼는데, 딸 아테나에게 선물한 뒤로는 아테나 여신의 권능을 상징하는 물건이 되었다. 아이기스는 제우스의 벼락을 너끈히 막아 낼 수 있을 뿐만 아니라 손에 들고 흔들면 폭풍과 천둥과 벼락을 일으킬 수도 있었다. 또 중앙에는 페르세우스가 메두사를 죽인 후 아테나 여신에게 바친 메두사의 머리가 달려 있어 상대를 꼼짝 못 하게 마비시키거나 돌로 만들어 버릴 수도 있어 그야말로 공수 양면에서 천하무적의 병기였다. 『일리아스』를 보면 아폴론이 그리스군 진영에 폭풍을 일으키는 데 사용하여 트로이군을 도왔고, 아킬레우스가 헥토르의 시신을 훼손하려고 하자 아이기스로 감싸서 막아 주었다. 여기서 유래한 'under the aegis of'아이기스 아래에는 '보호받는', '~의 후원으로'라는 의미로 쓰이게 되었다. 오늘날 아이기스는 경비회사나 보험회사의 명칭으로도 자주 등장한다.

Sodom and Gomorrah
소돔과 고모라, 악덕과 타락

Neighbors put a stigma on the village as a latter-day Sodom and Gomorrah.
이웃 마을 사람들은 그 마을에 현대판 소돔과 고모라라는 낙인을 씌웠다.

악덕과 타락의 대명사로 통하는 소돔과 고모라는 사해 남안에 있던 두 도시였다. 『창세기』를 보면, 나이가 많아 자식을 낳지 못하리라고 체념한 아브라함과 아내 사라에게 하느님의 천사가 나타나 '상속자를 주어 별처럼 많은 후손을 얻게 되리라'는 약속을 한 뒤 '소돔과 고모라에 대한 원성이 크고 죄악이 무거워 곧 멸망하리라'고 알려 준다. 그러나 아브라함은 의인마저 죄인과 함께 쓸어버리는 것은 옳지 않다며, 소돔 성읍 안에서 의인 쉰 명을 찾으면 멸망시키지 말아 달라고 청한다. 그 청이 받아들여지자 아브라함은 의인의 인원을 자꾸 줄여 결국 열 명이라도 찾을 수 있다면 파멸시키지 않겠다는 약속을 받아 낸다. 두 천사는 소돔에 이르러 알아보았지만 아브라함의 조카 롯 말고는 의인을 한 사람도 찾을 수 없었다. 결국 천사들은 하느님의 소돔 파멸 계획을 롯에게 알려 주며 가족을 데리고 성읍을 빠져나가라고 재촉한다. 롯이 두 딸과 아내를 데리고 초아르에 다다르자 하느님은 유황과 불을 퍼부어 소돔과 고모라의 주민과 땅 위의 것들을 모두 없애 버렸다. 이 이야기는 역설적으로 어느 사회든 깨어 있는 의인 몇 사람이라도 있으면 아직 희망이 있음을 말해 준다.

throw the baby out with the bath water
빈대 잡으려고 초가삼간 태운다

The crackdown, as often before in Russian history, threw the baby out with the bath water.
러시아의 과거 역사에서 흔히 그랬듯이 이번 단속은 빈대 잡으려고 초가삼간 태우는 격이다.

글자 그대로 해석하면 '아기를 목욕물과 함께 내던진다'는 뜻이다. '나쁜 것을 없애려다가 좋은 것까지 버리게 된다'는 이 표현은 독일 속담 'das Kindmit dem Bade ausschüten'목욕물 버리다 아이마저 버린다에서 유래했다. 중세 시대에는 목욕물이 귀해 목욕통에 더운물을 받아 놓고 온 가족이 차례로 씻어야 했다. 제일 먼저 가장이 목욕하고 나오면, 아들들, 남자들, 여자들, 아이들이 차례로 씻고 마지막으로 아기를 씻겼다. 그때쯤이면 목욕물이 너무 더러워져 물속이 제대로 보이지 않을 정도로 혼탁했으므로 목욕물을 버리다가 자칫 아기까지 내다 버리는 상황이 벌어질 수도 있었다. 1512년 토마스 무르너의 풍자 작품 『바보의 주문』에서 목판화 삽화까지 곁들여 처음 언급된 후로 마르틴 루터, 괴테, 비스마르크, 토마스 만 등이 사용하면서 일상적인 독일어 표현이 되었다. 영어에서는 19세기가 되어서야 등장했는데, 독일 속담을 잘 알던 영국의 사상가 토머스 칼라일이 1849년 '노예의 존엄성을 지키고 노예제도를 폐지하자'고 주장하는 에세이에서 이 표현을 썼다.

give the cold shoulder
푸대접하다, 냉대하다

I thought Harry really liked my sister, but the next day he gave her the cold shoulder.
해리가 내 여동생을 정말 좋아한다고 생각했지만, 다음날 그는 그녀에게 차갑게 굴었다.

글자 그대로 해석하면 '차가운 어깨살을 준다'는 뜻으로 중세 영국에서 손님을 대접하는 풍습에서 유래한 표현이다. 보통은 집에 손님이 찾아오면 오븐에서 갓 꺼낸 뜨거운 요리나 구이를 대접하는 것이 관례였다. 그런데 그다지 원치 않는 손님이 찾아오면 양고기의 어깨살처럼 저급한 부위의 고기를, 그것도 이미 싸늘하게 식은 상태로 내놓았다. 그 의미는 '방문을 반기지 않으니 오래 머물지 말고 빨리 일어나라'는 재촉이자 '다시는 찾아오지 말라'는 암시였다. 이 표현이 처음으로 등장한 작품은 1816년에 발표된 월터 스콧의 『골동품 수집가』였다. "The Countess's dislike didna gang farther at first than just showing o' the cauld shouther."백작의 반감은 처음에는 그저 냉담함을 보이는 정도에 지나지 않았다.

potluck

평소 먹는 음식, 소찬, 각자 음식을 가져와 나눠 먹는 식사

I brought a beef stew as my potluck dish.
내가 가지고 온 음식은 쇠고기 스튜야.

모임에 참석하는 사람들이 각자 한 가지씩 음식을 가져와 함께 나누는 'potluck'포트럭은 'pot'단지과 'luck'행운이 합쳐진 말로 글자 그대로 해석하면 '행운이 담긴 음식' 또는 '복이 깃든 음식'이라는 의미다. 이 표현은 사실상 중세 유럽에서 그 기원을 찾을 수 있다. 과거에는 남는 음식이 있으면 예기치 않게 찾아온 손님이나 나그네에게 주려고 그릇에 담아 놓았다. 그래서 저녁 시간에 갑자기 누군가가 찾아오면 "the luck of the pot", 즉 '먹을 복이 있다'고 말했다. 이렇듯 남은 음식을 버리지 않으려는 근검 정신에서 생겨난 포트럭은 자신이 가진 것을 다른 사람과 나누는 행위였고, 19세기 후반부터는 미국에서도 이 표현을 쓰기 시작했다. 1930년 대공황이 불어닥친 후부터 'potluck'은 현대적이고 좀 더 실용적인 의미를 띠게 되었으니, 훌륭한 요리사의 손에서 만들어진 화려한 요리가 아니라 '평소에 집에서 먹는 평범한 소찬을 함께 나누는 파티 문화'를 지칭하게 되었다.

best man
신랑 들러리 (대표), 최적임자

John had been best man; he looked so beautiful in morning dress, far more handsome than the groom.
존은 신랑 들러리인데 예복을 입으니 너무 근사해서 신랑보다도 훨씬 더 잘생겨 보였다.

서양의 결혼식에는 대체로 신랑과 신부의 들러리가 있는데, 이들은 결혼식이 잘 진행되도록 전반에 걸쳐 도와주는 일을 한다. 신랑 들러리는 결혼 전에는 총각 파티를 계획하고, 결혼식 당일에는 하객들이 자리를 찾도록 돕고 예식에서 교환될 반지를 맡아서 보관한다. 결혼식의 법적 증인 역할도 하고, 피로연에서 혼자 온 하객과 이야기를 나누거나 춤을 추기도 하고, 신혼부부가 타고 갈 자동차를 치장하는 일도 맡는다. 그런데 사실 신랑 들러리는 예전에 납치에 의한 원시적 결혼의 잔재인 'bride-knights'신부를 지키는 기사들에서 유래했다. 신랑은 신부를 납치할 때 또는 결혼식이 열리는 동안 신부가 다른 사람들에게 납치되지 않도록 친구들에게 도움을 청했는데, 이들이 바로 'bride-knights'였다. 'best man'이라는 말은 잉글랜드의 'bride-man'신랑 들러리과 같은 의미로 쓰이던 스코틀랜드 방언이었다. 'best man'은 들러리 중에서도 대표 격으로, 결혼식에서 다른 들러리들과 달리 주례와 신랑 신부와 함께 단 위에 선다.

let the cat out of the bag
비밀을 누설하다

Nancy wasn't planning to tell anyone the sex of the baby, but her husband let the cat out of the bag accidentally.
낸시는 아무에게도 아기의 성별을 말하지 않을 생각이었는데, 남편이 그만 비밀을 누설하고 말았다.

이 표현의 유래에는 두 가지 설이 있다. 하나는 영국 해군에서 처벌 도구로 쓰이던 'cat-of-nine-tails'와 관련이 있다. 이 채찍은 평소 빨간 가방에 보관되어 있었다고 하는데, 다른 병사의 위법을 폭로한 병사는 그야말로 고양이가 할퀸 것처럼 아픈 고통을 주는 그 채찍이 가방에서 나오게 만든 셈이었다. 중세 시대로 거슬러 올라가는 다른 가설도 있다. 살아 있는 가축을 몰래 거래하는 상인들은 새끼 돼지를 자루에 넣어 팔았는데 개중에는 새끼 돼지보다 싼 고양이를 넣어 속여 파는 경우도 있었다. 그래서 고양이를 산 사람은 집에 도착해서 '고양이가 자루에서 나온 뒤에야' 사기당한 사실을 알게 되었다. 이렇게 '고양이가 자루에서 나옴으로써 비밀이 드러났다'는 의미에서 'let the cat out of the bag'이라는 표현이 유래했다고 한다. 루터에 대한 전기를 쓴 역사가 린달 로퍼에 따르면, 1530년 5월 4일 독일의 종교개혁가 요하네스 아그리콜라가 루터에게 보낸 편지에 이 표현이 언급되어 있다고 한다. "Only Luther's arrival could let the cat out of the bag and allow Charles V to hear the true gospel." 루터가 도착해야만 모든 비밀을 밝히고 카를 5세에게 진정한 복음을 전할 수 있을 것입니다.

point blank range
직사 거리

The robber broke into the bank and shot the security guard at point blank range.
강도가 은행에 침입하여 사정거리에서 경비원에게 총을 쐈다.

이 표현의 기원은 'blank'라는 단어의 어원과 관련이 있다. 'blank'는 프랑스어 'blanc'흰색에서 유래한 단어인데, 지금은 과녁의 중앙을 'bull's eye'라 부르지만 당시에는 'blank'라고 불렀다. 과녁 한가운데 하얀 점이 있었기 때문이다. 중세 잉글랜드에서는 궁술이 젊은이들 사이에서 인기 있는 스포츠였으므로 여유 있는 집안 자제들은 궁술을 많이 익혔다. 과녁 중심에 있는 'blank'를 향해 활을 겨눌 때는 그보다 높이 조준해야 하는데, 이는 '목표를 높이 설정하라'는 인생의 경구가 되기도 했다. 활을 이렇게 높이 조준하는 이유는 중력 때문이다. 과녁이 멀리 떨어져 있을수록 날아가는 화살은 중력의 영향을 많이 받으므로 수평으로 조준하면 화살이 표적에 닿기도 전에 떨어진다. 그런데 중력의 영향이 미치지 않을 정도로 과녁과의 거리가 좁혀지면 일직선으로 조준할 수 있게 된다. 이렇게 '일직선으로 조준할 수 있는 직사 거리'를 'point blank range'라고 불렀다.

put out to pasture
방목하다, 은퇴시키다, 한직으로 내몰다

Our manager had no choice but to resign because he had been put out to pasture.
우리 팀장은 한직으로 내몰렸으므로 사직하는 수밖에 없었다.

이 표현은 목장, 방목하다, 작업 환경 등을 뜻하는 단어 'pasture'의 기원과 관련이 있다. 'pasture'는 중세 시대의 라틴어 'pastura' 방목, 목초지에서 유래한 말이다. 예전에는 새끼를 낳을 수 있는 연령이 지난 말이나 더 이상 젖이 나오지 않는 소는 목초지에 풀어 놓거나 다른 동물의 사료로 팔아 치웠다. 이때 방목을 하는 목적은 더 이상 먹이를 주며 돌보지 않고 자연에서 풀을 뜯어 먹다 조용히 죽게 놔두려는 의도였다. 즉 효용 가치가 떨어진 가축을 자연사시키는 한 가지 방법이었다. 가축에게만 썼던 'put out to pasture' 목초지에 내놓다라는 표현이 20세기에 들어서자 차츰 사람에게도 적용되면서 '생산 활동 연령이 지난 사람들을 강제로 퇴직시키다'라는 의미가 되었다. 1945년 11월 3일 자 『빌보드 매거진』에 실린 미국의 담배 보조금 종식에 대한 기사에서 "Hill let Kyser out to pasture at a time when cig manufacturers generally were puting in their horses······"담배 제조업자들이 대체로 말을 사들이고 있던 무렵에 힐은 카이저에 대한 농지 임대를 중단해 그를 은퇴시켰다······라고 언급된 이후로는 미국에서도 널리 쓰이기 시작했다. 모든 것이 효율성 위주로 돌아가는 자본주의 시스템이 발달하면서 이 표현은 그 어느 때보다도 빈번하게 쓰일 수밖에 없었을 것이다.

ring true
진짜 같다, 그럴듯하다

He had to admit to himself that such a theory did not ring true.
그는 그러한 이론이 사실처럼 들리지 않는다는 것을 스스로 인정해야만 했다.

이 표현은 중세 시대에 동전을 주조하던 상황에서 기원을 찾을 수 있다. 당시에는 귀금속과 장비가 부족한 탓에 크기와 모양이 균일한 주화를 생산하기 어려웠고, 이러한 상황을 틈타 가짜 주화가 판을 쳤다. 그러자 동전이 진짜인지 의심스러워지면 상인들은 동전을 돌 판에 떨어뜨려 울리는ring 소리를 들어 보았다. 가짜 false 주화는 둔탁한 소리를 냈고, 진짜true 주화는 딸랑거리며 맑은 소리를 냈다. 그래서 '진짜 같다, 그럴싸하다'라는 의미로 'ring true'라는 표현이 생겨났고 반대로 '거짓말처럼 공허하게 들리다'는 'ring false'라고 표현했다. 오늘날 'ring true'는 '어떤 말이 사실에 근거한 것처럼 보인다'라는 뜻으로 쓰인다.

one for the road
마지막으로 한잔, 석별의 한잔

I need to be heading home soon, but let's have one for the road.
곧 집에 가긴 해야 하지만 딱 한잔만 더 합시다.

중세 시대에 잉글랜드에서는 교수형에 처해진 사형수가 오늘날 옥스퍼드 스트리트에 있는 공개 처형장인 타이번의 교수대로 끌려갔다. 사형수를 태운 짐마차에는 무장 경비병이 동행했는데, 선술집 밖에서 마차를 세우고는 사형수에게 마지막으로 한잔하겠느냐고 물었다. 여기서 두 가지 표현이 유래했는데, 사형수가 마시겠다고 하면 'one for the road'길을 떠나기 위해 한잔라고 하고, 거절하면 그대로 마차에 태우고 가면서 'on the wagon'마차에 탑승이라고 표현했다. 그래서 오늘날 'one for the road'는 '마지막으로 한잔하다', 'on the wagon는 '금주하다, 그만 마시다'라는 뜻이 되었다.

한편 이 표현의 유래를 여행과 결부시키는 기원설도 있다. 18세기에 영국에서 부자들은 말을 타고 다녔지만 보통 사람들은 걸어서 여정을 떠나는 것이 보편적이었다. 그런데 길에는 음식을 파는 곳이 드물고 설령 있어도 그 사이의 거리가 매우 멀었다. 그래서 길 떠나는 사람들은 여행 중에 먹을 것을 직접 챙겨 가야 했다. 이렇게 길 떠날 때 싸 가는 음식을 'one for the road'라고 부른 데서 이 표현이 유래했다고 본다.

a pig in a poke
제대로 알아보지 않고 산 물건, 충동구매

Be careful about buying that old car. It might turn out to be a pig in a poke.
그 중고차 사는 데 신중하라. 충동구매로 끝날 수도 있으니.

자루나 부대를 뜻하는 'poke'는 프랑스어 'poche'에서 유래한 단어다. 그러므로 글자 그대로 해석하면 '자루에 담긴 돼지'라는 뜻의 이 표현은 'let the cat out of the bag'비밀을 누설하다과 비슷한 상황에서 유래한 표현이다. 중세 시대에는 시장에서 새끼 돼지를 'poke'에 넣어 팔았는데 어떤 농부들은 새끼 돼지보다 싼 다른 동물을 넣어 속여 팔기도 했다. 그 자리에서 제대로 확인하지 않고 구입하면 집에 와서야 돼지가 아닌 다른 동물이 들어 있는 것을 알게 되었다. 이런 일이 횡행하자 영국 상법에는 라틴어로 'caveat emptor'구매자가 조심하도록 하라라는 말이 생겨났다. 상거래의 주요 원칙으로 남게 된 이 불문율은 '물건을 구입할 때 사려는 물건이 맞는지 확인할 책임은 구입 당사자에게 있다'는 뜻이다. 이 관습은 1555년에 존 헤이우드가 편찬한 『200가지 속담에 담긴 200가지 경구』에 수록되어 있다. "I will neuer bye the pyg in the poke: Thers many a foule pyg in a feyre cloke."나는 자루에 넣어 파는 돼지는 사지 않겠다. 시장에서 포장된 자루에는 가짜 돼지가 많으니까. 여기서 'a pig in a poke'라는 표현이 유래하여 '제대로 알아보지 않고 구입한 물건'을 의미하게 되었다.

from pillar to post
여기저기, 이리저리

Her father changed jobs several times a year, and the family was moved from pillar to post.
아버지가 매년 직업을 바꾸는 바람에 그녀와 가족도 이리저리 옮겨 다녔다.

정처 없이 이곳저곳 전전할 때 쓰는 이 표현의 기원은 크게 두 가지로 압축된다. 한 가지 설에 따르면 'post'는 채찍 기둥을, 'pillar'는 죄인에게 씌우는 형틀인 'pillory'를 의미했다. 중세에는 죄인을 처벌할 때 먼저 기둥에 묶어 채찍질을 한 다음에 형틀을 씌우고 대중 앞에 세워 공개적으로 망신을 주었다. 이 가설을 뒷받침하듯 이 관용구가 15세기 후반에 작자 미상의 몽환적 시 「신들의 회합」에 처음 등장했을 때는 지금과는 반대인 'from post to pillar'기둥에서 형틀로였다고 한다. 다른 기원설에서는 13세기부터 시작된 초기 형태의 테니스에서 유래했다고 본다. 코트 테니스라 불리던 당시의 테니스는 실내 코트에서 지체 높은 사람들이 즐기던 경기였는데, 'from post to pillar'는 공이 바닥에 떨어지기 전에 노 바운드로 받아 넘기는 발리의 은유적 표현이었다고 한다. 여기서 'post'는 네트 또는 줄을 지탱했던 기둥을 가리켰으므로 공이 바닥에 닿지 않고 네트 사이로 넘어 다니는 상황을 표현한 말이다. 16세기부터는 지금과 같은 'from pillar to post' 형태로 바뀌었고, 1864년에 런던에서 출간된 작자 미상의 소설 제목으로도 쓰이며 명성을 얻었다. 현재에 와서는 '이리저리', '이곳저곳'이라는 의미로 쓰인다.

a house divided against itself cannot stand

뭉치면 살고 흩어지면 죽는다

As president Lincoln said 'A house divided against itself cannot stand', we all need to unite as one.
링컨 대통령이 "뭉치면 살고 흩어지면 죽는다"라고 했듯이, 우리 모두 하나로 단결해야 한다.

'어느 집안이든 분열하면 견디지 못한다'는 이 표현은 신약성경 구절에서 유래했다. 예수가 귀신 들린 사람을 고쳐 주는 것을 보고 귀신의 두목 바알세불의 힘을 빌지 않고서는 귀신을 쫓아내지 못할 것이라고 수군거리는 바리새인들을 향해 예수는 이렇게 대답한다. "Every kingdom divided against itself will be laid waste, and no town or house divided against itself will stand. And if Satan drives out Satan, he is divided against himself; how, then, will his kingdom stand?"어느 나라든지 서로 갈라서면 망하고, 어느 고을이나 집안도 서로 갈라서면 버티어 내지 못한다. 사탄이 사탄을 내쫓으면 서로 갈라선 것이다. 그러면 사탄의 나라가 어떻게 버티어 내겠느냐?(『마태오 복음서』12:25~26) 이 표현은 아우구스티누스 이후 많은 작가가 인용해 쓰곤 했는데 1651년 토마스 홉스는 『리바이어던』에서 "a kingdom divided in itself cannot stand"분열된 왕국은 버티지 못한다라고 변형하여 썼다. 그리고 1858년 6월 16일 링컨이 일리노이 주의회 의사당에서 주 상원의원 지명을 수락한 후 노예제로 인한 분열을 끝내자고 촉구한 연설에서 말한 이후로 유명해졌다.

lotus eater
안일한 사람, 몽상가

Lounging on the beach of the tiny Greek island, I began dreaming up ways I could become a lotus eater there forever.
그 작은 그리스 섬의 해변에서 느긋하게 지내면서, 그곳에 영원히 안주할 수 있는 방법을 생각해 내기 시작했다.

그리스어로 '로토파고이'lōtophágoi, 즉 '로토스를 먹는 사람들'을 의미하는 이 말은 그리스 신화에 나오는 오디세우스의 모험에서 유래한 표현이다. 트로이 전쟁에서 승리했지만 아테나 여신의 심기를 건드린 그리스군의 귀향길은 순조롭지 않았다. 오디세우스 일행 역시 갖은 고난을 겪는데, 펠로폰네소스반도 남단 말레아곶을 지나다 무시무시한 북풍을 만나 아흐레 동안 폭풍우에 시달린 끝에 로토파고이족이 사는 섬으로 떠밀려 가게 되었다. 섬사람들은 오디세우스 일행을 친절하게 맞이하며 자신들이 먹는 로토스를 대접했다. 그것을 먹은 사람들은 집에 가고 싶은 갈망을 깡그리 잊어버렸다. 그저 그 땅에 머무르기를 원했고 전에 있던 기억들은 마음속에서 점점 희미해졌다. 부하들이 꿀처럼 달콤한 그 꽃을 영원히 맛보며 떠나지 않으려 하자 오디세우스는 그들을 억지로 배에 태워 꽁꽁 묶은 다음에야 섬에서 빠져나올 수 있었다. 이 이야기에서 비롯되어 'lotus eater'로토스를 먹는 자가 '안일에 젖은 사람'이나 '몽상가'를 뜻하는 말이 되었다.

siren song
유혹의 말, 감미로운 유혹

People obviously voted for him based on his siren song of tax cuts.
사람들은 분명 '세금 감면'이라는 감미로운 유혹에 이끌려 그 후보자에게 투표했을 것이다.

글자 그대로 해석하면 '세이렌의 노래'라는 뜻으로 '저항할 수 없는 매력'이나 '감미로운 유혹'을 나타내는 이 표현은 그리스 신화에 나오는 세이렌에서 유래했다. 강의 신 아켈로오스의 딸들로 반은 새, 반은 인간의 모습인 바다의 마녀 세이렌들은 바닷가 외딴 섬에 살면서 근처를 지나는 뱃사람을 아름다운 노래로 유혹했다. 노랫소리에 정신이 팔린 사람들은 섬에 가까이 다가가다가 암초에 부딪쳐 익사하거나 그녀들에게 잡아먹혔다. 그곳을 무사히 지나간 사람은 황금 양털을 찾아 나선 이아손과 트로이 전쟁의 용사 오디세우스뿐이었다. 이아손과 아르고호 원정대는 음악의 명인 오르페우스가 노래를 불러 세이렌들이 부르는 노래의 위력을 약화시킨 덕분에 무사할 수 있었다. 트로이 전쟁을 끝내고 고향 이타카로 돌아가던 오디세우스도 세이렌들의 섬을 지나게 되는데, 그곳의 치명적인 위험을 이미 알고 있었으므로 노를 젓는 부하들의 귀를 밀랍으로 막게 하였다. 하지만 자신은 세이렌의 노래를 들어 보고 싶어서 귀를 막지 않은 채 돛대에 몸을 묶고 접근하였다. 오디세우스를 유혹하는 데 실패하자 세이렌들은 분을 이기지 못하고 바다로 뛰어들어 스스로 목숨을 끊었다.

lame duck
① 파산자 ② 임기말 권력 누수 ③ 쓸모없는, 무능한

The company started as a lame duck but was saved by an innovative entrepreneur who decided to take some risks and go in a new direction.
경영이 부진하던 그 회사는 위험을 감수하고 새로운 방향으로 나아가기로 결심한 혁신적인 기업가 덕분에 회생했다.

오늘날에는 임기 종료를 앞두고 영향력이 떨어진 공직자의 모습을 은유적으로 표현하는 데 주로 쓰이는 '레임덕'은 '절름발이 오리'라는 뜻으로, 원래는 사냥꾼들이 쓰던 말이었다. 총에 맞은 오리는 절뚝거리며 도망가지만 기다리다 보면 곧 쓰러져 죽고 말기에 굳이 탄약을 낭비할 필요가 없었다. 이 표현이 은유적으로 쓰이기 시작한 것은 18세기부터인데, '런던 증권 거래소에서 빚을 갚지 못한 증권 거래인'을 의미했다. 1761년 영국의 소설가 호레이스 월폴이 호레이스 맨 경에게 보낸 편지 구절 "Do you know what a Bull and a Bear and Lame Duck are?"_{상승장과 약세장과 레임덕이 뭔지 아세요?}에 이 표현이 처음 등장했고, 1791년 영국의 문필가 메리 베리도 '주식에서 5만 파운드의 손실을 본 데번셔 공작부인의 이름이 레임덕으로 나붙게 생겼다'고 언급했다. 19세기에 들어서자 미국에서도 레임덕이라는 표현을 쓰기 시작했는데, 1863년 『미국 의회 의사록』에 언급된 이후로 레임덕은 '임기 종료를 앞두고 권력과 권한이 약화된 대통령'을 일컫는 말이 되었다. 'lame-duck'이라고 붙여 쓰면 '무능한, 쓸모없는'이라는 뜻의 형용사로 쓰인다.

pleased as Punch
몹시 기뻐하는, 의기양양한

He walked out of the exam as pleased as Punch, confident that he'd gotten at least an A.

그는 적어도 A학점은 받을 것으로 자신하여 의기양양하게 시험을 마치고 나왔다.

이 표현은 독특하게도 『펀치와 주디』Punch and Judy라는 가면극의 캐릭터에서 유래했다. 이 가면극의 캐릭터인 펀치는 이탈리아의 즉흥가면극 『코메디아 델라르테』에 등장하는 가면 캐릭터 푼치넬로Punchnello에서 파생된 이름이다. 이 가면극은 이탈리아 원작이지만 17세기 왕정복고 시대에 영국에서 시작되어 1666년 영국의 정치가 새뮤얼 피프스의 일기에도 언급될 만큼 인기를 누렸다. 주인공 펀치는 아내를 구타하는 연쇄 살인마인데, 극중에서 살인을 저지를 때마다 "바로 그거야!" 하고 꽥꽥거리며 희열을 느끼는 모습으로 묘사되었다. 여기에서 '펀치처럼 기뻐한다'는 이 표현이 생겨났고, 1797년 윌리엄 기포드의 풍자극 『바비아드와 매비아드』에서 '몹시 기뻐한다'는 의미로 쓰이기 시작했다. "Oh! how my fingers itch to pull thy nose! As pleased as Punch, I'd hold it in my gripe."오! 당신 코를 잡아당기고 싶어서 손가락이 근질거려! 몹시 기뻐서 꽉 쥐고 싶어. 디킨스가 소설 『데이비드 코퍼필드』와 『어려운 시절』에서 각기 사용했듯이 초창기에는 'pleased as Punch'펀치처럼 기뻐하는와 'proud as Punch'펀치처럼 의기양양한 두 가지 형태가 모두 쓰였다.

show one's true colors
본색을 드러내다, 입장을 밝히다

He seemed nice at first, but he showed his true colors during the crisis.
그는 처음에는 친절해 보였지만 위기가 닥치자 본색을 드러냈다.

'본성이나 본심 또는 감정을 드러낸다'는 의미의 이 표현은 항해 용어에서 파생된 말이다. 여기서 'colors'는 '배의 깃발'을 의미하는데, 군함의 경우에는 때때로 적선을 속이기 위해 의도적으로 깃발을 내리거나 심지어 적기를 걸고 다니기도 했다. 그러나 교전 규칙에 따르면 발포하기 전에는 본래 깃발을 보여야 했으므로 여기서 'show one's true colors' 본래의 깃발을 내걸다라는 표현이 유래했다. 이 말은 얼굴색을 감추거나 좋아 보이게 하는 화장품에도 적용되었는데, 1652년경 영국 작가 토머스 데커가 쓴 작품 『연인이 묘사한 한 여인의 모습』에서 이런 의미로 쓰였다. "The reason why fond women love to buy Adulterate complexion: here 'tis read,—False colours last after the true be dead." 맹신적인 여성들이 희석 화장품을 사고 싶어 하는 이유는 이렇게 적혀 있기 때문이다. "가짜 피부색은 본색이 죽은 후에도 유지됩니다." 후대로 와서는 많은 작가가 은유적으로 사용했으며 1840년 디킨스의 작품 『골동품 상점』에도 등장한다. "He didn't venture to come out in his true colors." 그는 본색을 드러내려 하지 않았다.

read between the lines
행간의 의미를 읽다, 숨은 의미를 파악하다

He gave a very diplomatic explanation, but if you read between the lines, it seems like he was fired for political reasons.
그는 매우 듣기 좋게 설명했지만, 속뜻을 파악한다면 아마도 정치적 이유로 해고당한 것 같다.

이 표현은 비밀 메시지를 보내던 초기 시절에 생겨난 말이다. 비밀 메시지를 전달하는 데 백지를 보냈다간 금세 발각될 것이 뻔하기에 별로 중요하지 않은 메모가 담긴 편지를 주고받았다. 대개 행간의 여백에 시약을 발라 불빛에 비춰 보면 숨겨진 메시지가 드러났다. 19세기 초에는 당사자끼리만 아는 지식에 의거해야 진짜 의미를 알 수 있는 어떤 내용을 적어 보내기도 했다. 이것이 당시 암호 해독의 기본 형태였다.

인쇄물에 이 표현이 처음 등장한 것은 1862년 8월 『뉴욕 타임스』 지면이다. "……the letter assumes a somewhat enigmatical character, and the only resource we have is, as best we may, to 'read between the lines' of this puzzling, but important, communication of the British Foreign Secretary."그 편지는 다소 이해하기가 어려웠으므로 우리의 유일한 방책이라고 해 봐야 영국 외무장관의 아리송하지만 중요한 그 서신에서 행간의 뜻을 파악하는 수밖에 없다. 오늘날에는 '쉽사리 추측할 수 없는 숨은 뜻을 맥락 속에서 파악한다'는 의미로 널리 쓰인다.

the mountain in labor

헛수고, 용두사미

Don't try to persuade him to join that project. It's just the mountain in labor.
그 프로젝트에 함께하자고 그를 설득하려 들지 마. 그래 봤자 헛수고야.

글자 그대로 해석하면 '산고를 겪는 산'이라는 뜻의 이 관용어는 『이솝 우화』의 한 이야기에서 유래했다. 옛날에 어느 산이 있었는데, 산고가 시작되어 크게 울부짖었다. 온 나라에 그 소식이 전해지자 다들 기대감에 한껏 부풀었다. 하지만 산이 낳은 것은 고작 쥐 한 마리였다. 로마의 우화 작가 파이드로스는 이 이야기를 '허풍은 심한데 실속 없는 사람'을 비유하는데 인용했고, 로마의 시인 호라티우스는 『시학』에서 '시를 쓸 때 서두를 거창하게 시작하지 말라'며 이 표현을 인용했다. "And don't start like the old writer of epic cycles:/ 'Of Priam's fate I'll sing, and the greatest of Wars.'/ What could he produce to match his opening promise?/ Mountains will labour: what's born? A ridiculous mouse!" "프리아모스의 운명과 가장 위대한 전쟁에 대해 노래할 테요"라고 읊는 옛 장편 서사 시인들처럼 시작하지 마라. 서두의 장담에 견줄 만한 것이 있겠는가? 산이 산고를 시작하지만 무엇이 태어나겠는가? 하찮은 생쥐 한 마리 아니던가!

18세기에 미국의 목사이자 작가 새뮤얼 크록설도 이 이야기를 다시 썼다. 그는 당시 비슷한 표현으로 빈 공약을 남발하는 정치인들을 비꼬기도 했는데, 그때 쓴 표현은 'great cry and littel wool'로 '소문난 잔치에 먹을 것 없다'는 영국 격언이다.

omphalos syndrome
옴팔로스 증후군

A person with omphalos syndrome ignores other people's opinions and thinks that he is always right.
옴팔로스 증후군이 있는 사람은 다른 사람의 의견을 무시하고 자기가 늘 옳다고 생각한다.

'옴팔로스'omphalos는 그리스어로 '배꼽'이라는 뜻이다. 옴팔로스 증후군은 '자신 또는 자신이 속해 살고 있는 곳만이 세계의 중심이라는 자기중심적 세계관 또는 그러한 세계관에 빠지는 증상'을 일컫는다. 이 용어는 그리스 신화에서 유래했는데, 옴팔로스는 아테네에서 서북쪽으로 120킬로미터 떨어진 도시 델포이 신전에 있는 돌이었다. 아버지 우라노스를 제거하고 우주의 지배자가 된 크로노스가 자식에게 지배권을 빼앗길 것이라는 신탁 때문에 자식들이 태어나는 족족 삼켜 버렸으므로 막내아들 제우스를 낳은 레아는 돌을 강보에 싸서 크로노스를 속여 제우스를 살렸다. 그때 제우스 대신 강보에 싼 돌이 바로 옴팔로스였다. 장성하여 크로노스를 몰아내고 우주의 권좌를 차지한 제우스는 어느 날 자신이 지배하는 세상의 중심이 어디인지 알아보려고 독수리 두 마리를 하늘로 날려 보냈다. 동쪽과 서쪽으로 각각 날아간 독수리들은 세상을 한 바퀴 돌아 델포이의 파르나소스산 정상에서 만나게 되었고, 그것을 확인한 제우스는 델포이를 세상의 중심으로 선포했다. 그리고 아버지에게 잡아먹히지 않게 해 준 데 감사하는 의미로 옴팔로스를 델포이에 세워 놓음으로써 세상의 중심을 나타내는 지표로 삼았다.

a mercurial disposition
변덕스러운 기질, 충동적인

Brian had a mercurial disposition. One minute he was positive and helpful, the next minute disagreeable and mean.
브라이언은 변덕이 죽 끓듯 했다. 어떤 때는 적극적이며 협조적이다가도 금세 무뚝뚝하고 심술궂게 변했다.

글자 그대로 해석하면 '메르쿠리우스의 기질'이라는 뜻으로 그리스 신화에서 충동적인 성격과 장난으로 유명한 헤르메스(메르쿠리우스는 헤르메스의 로마식 명칭)에게서 유래된 표현이다. 갓난아기 때 이미 피에리아까지 가서 이복형제 아폴론의 신성한 소 50마리를 훔친 헤르메스는 추적자들을 따돌리기 위해 소 발굽에 나무껍질 구두를 덧대어 반대 방향인 산 위로 올라간 것처럼 꾸몄다. 그러다 추적자들에게 들키자 겁에 질린 아이인 척 시치미를 뗐고, 제우스 앞에서 재판을 받게 되자 죄를 시인하고 사면을 받더니 아폴론에게 거북의 등껍질로 만든 수금을 주며 환심을 샀다. 이렇게 신화 속에서 육체적으로나 도덕적으로나 어디로 튈지 종잡을 수 없는 모습으로 등장하는 헤르메스에게서 '변덕스럽거나 충동적인 기질'을 의미하는 이 표현이 생겨났다. 메르쿠리우스의 영어식 이름 '머큐리'Mercury에는 '수성'과 '수은'이라는 뜻도 있다. 수성은 태양에서 가장 가까운 궤도를 공전하며 사라졌다 나타나기를 빠르게 반복하여 신출귀몰해 보이고, 수은은 특이하게 상온에서 액체 상태로 존재하는 유일한 금속이다.

labyrinth
미궁, 매우 복잡한 사정(사건)

Anyone who wants to succeed in a new business should be well aware of its labyrinth of rules and regulation.
새로운 사업에서 성공하려면 매우 복잡한 규칙과 규정을 잘 알고 있어야 한다.

이 말은 그리스 신화에 나오는 미궁 '라비린토스'Labyrinthos에서 유래한 표현이다. 크레타의 미노스는 자신의 왕위 계승권의 정당함을 나타낼 증거로 깊은 바다에서 황소를 한 마리 보내 달라고 포세이돈에게 간청하며, 왕이 되면 황소를 다시 제물로 바치겠다고 약속한다. 포세이돈의 도움으로 크레타의 왕이 되었지만 멋진 황소가 탐난 미노스 왕은 약속을 지키지 않는다. 그러자 분노한 포세이돈이 내린 저주로 황소에게 기이하게 끌리게 된 왕비 파시파에는 마침 크레타섬에 머물던 건축과 공예의 명장 다이달로스를 찾아가 도움을 청한다. 다이달로스는 왕비의 요청에 따라 속이 빈 암소를 만들어 주었고 그 안으로 들어간 파시파에는 황소와 결합하여 반인반수 미노타우로스를 낳았다. 미노스 왕은 괴수이기는 하나 태양신 헬리오스의 딸 파시파에가 낳은 자식을 마음대로 처단할 수 없어서 다이달로스를 불러 미궁을 만들게 한다. 셀 수 없는 미로로 가득한 이 미궁은 너무도 복잡하여 건축한 장본인조차 입구로 되돌아 나오기 힘들 정도였다. 한번 들어오면 살아서 나갈 수 없게 설계된 이 미궁에 갇힌 미노타우루스는 공물로 바쳐진 아테네의 젊은이들을 잡아먹다가 결국 테세우스에게 죽임을 당한다.

carry coals to Newcastle
헛수고하다, 쓸데없는 짓을 하다

Vincent has such a good stack of wine that taking a bottle when you visit him is like carrying coals to Newcastle.
빈센트에게는 이미 좋은 포도주가 많으므로 네가 그를 방문할 때 한 병 가져가 봤자 쓸데없는 짓이다.

글자 그대로 해석하면 '뉴캐슬에 석탄을 가지고 가다'라는 뜻의 이 말은 영국의 석탄 산업에서 유래한 표현이다. 영국 최초의 수출항 뉴캐슬어폰타인은 중세 시대부터 확고히 자리 잡은 탄광업의 중심지였다. 이미 석탄이 최대로 생산되고 있는 곳에 석탄을 가져가는 셈이니 '쓸데없는 짓을 한다'는 의미이다. 1661년 토머스 풀러는 『잉글랜드 위인들의 역사』에서 이 표현을 '부질없는 짓'이라는 뜻으로 언급했다. "To carry Coals to Newcastle, that is to do what was done before; or to busy one's self in a needless imployment." 석탄을 뉴캐슬로 가져가는 것은 전에 한 일을 하는 짓 또는 쓸데없는 일로 자신을 바쁘게 만드는 짓이다. 다른 문화권에도 이와 비슷한 의미로 쓰이는 표현이 있다. 독일에서는 'taking owls to Athens' 아테나 여신에게 부엉이 가져가기, 아랍 문화권에서는 'selling sand to Arabs' 아랍인에게 모래 팔기라는 표현을 쓴다. 부엉이는 아테나 여신이 지혜의 상징으로 데리고 다닌 새이고, 아랍에는 널린 것이 모래이니 두 표현 다 '헛수고하다'라는 뜻이다.

rob Peter to pay Paul
아랫돌 빼어 윗돌 괴기, 돌려 막다

She sank deeper and deeper into debt and started to rob Peter to pay Paul.
그녀는 점점 더 빚의 수렁에 빠져들어 돌려 막기 시작했다.

주로 빚으로 빚을 돌려 막을 때 쓰는 이 표현은 14세기 무렵에 생겨난 것으로 추정된다. 'Peter'는 베드로 성인을, 'Paul'은 바오로 성인을 지칭하는데, 그리스도교 신자라면 모르는 사람이 없을 정도로 쌍벽을 이루는 사도들이다. 베드로는 예수 사후에 흩어진 제자들을 모아 신앙을 전파하여 초기 교회의 초석을 놓았고, 바오로는 로마를 비롯한 이방인 선교에 힘써 그리스도교가 세계적인 종교로 확산하는 기반을 다진 인물이다. 두 사람 모두 로마에서 순교했으며 축일 또한 6월 29일로 같다. 이 표현이 유명해지게 된 데에는 1550년대에 교회를 둘러싸고 일어난 사건이 한몫했다. 1539년 헨리 8세가 칙서를 발표하여 웨스트민스터 교구를 신설하고 수도원 부속 성당이던 성 베드로 성당을 교구의 주교좌 교회로 지정했다. 그러나 10년 후 웨스트민스터 교구가 해체되자 성 베드로 성당은 런던 교구로 흡수되는데, 당시 런던 교구의 주교좌 교회인 성 바오로 성당을 보수하는 데 막대한 자금이 필요하자 성 베드로 성당의 많은 보물을 처분하여 부족한 자금을 충당했다. 이 사건을 두고 'rob Peter to pay Paul', 즉 '베드로에게서 빼앗아 바오로에게 주었다'는 말이 널리 유행하게 되었다.

rise from the ashes
부흥하다, 재생하다

The entire west section of the city was destroyed and a group of new buildings rose from the ashes in only a few months.
도시의 서쪽 전역이 파괴되었는데, 불과 몇 달 만에 새 건물들이 새로 생겨났다.

'잿더미에서 솟아나다'라는 뜻의 이 표현은 이집트 신화에 나오는 불사조 피닉스에서 유래했다. 피닉스가 불사조가 된 이유는 죽었다가 되살아났기 때문인데, 부활하는 과정도 여러 시대를 거치며 점점 화려하게 각색되었다. 기원전 5세기경 그리스 역사가 헤로도토스는 아비 새가 죽기 직전에 태어난 어린 새가 아비 새의 유해를 몰약으로 싸서 서식지인 아라비아에서 이집트의 헬리오 폴리스로 옮긴다고 했다. 1세기 무렵부터는 아비 새의 시체 속에서 태어난 벌레가 자라 새로운 피닉스가 된다고 여겼다. 죽음이 임박한 것을 안 피닉스는 향을 피우고 몰약이나 특별한 나무의 가지들로 새로운 둥지를 만들어 몸을 눕힌다. 그 시체에서 태어난 어린 새는 아비 새를 둥지 채로 헬리오 폴리스로 옮기는데, 로마 역사가 타키투스는 '어린 새가 아버지의 유해를 업고 태양신의 신전까지 날아가 태운다'고 묘사했다. 동시대의 지리학자 폼포니우스 멜라는 500년을 산 피닉스가 스스로 향료로 장작을 쌓아 올리고 그 위에 누워서 타 죽은 뒤 다시 새로운 피닉스가 태어난다고 썼다. 여기에서 'rise from the ashes'라는 표현이 생겨나 '재생하다' 또는 '폐허에서 부흥하다'라는 의미로 쓰이게 되었다.

sour grapes
오기, 지기 싫어하는 마음, 억지소리

He always mocks sports cars as being really impractical, but it's just sour grapes.
그는 항상 스포츠카가 정말 실용적이지 않다고 비웃지만, 그건 단지 억지소리에 불과하다.

글자 그대로 해석하면 '신 포도'라는 뜻의 이 표현은 '차지할 수 없는 것에 악담을 퍼붓는 것으로 자위하거나 패배를 인정하기 싫어하는 상황'을 의미하는데, 『이솝 우화』에 나오는 이야기에서 유래했다. 어느 날 여우 한 마리가 길을 가다가 높이 매달린 포도를 보았는데, 참 맛있어 보여서 따 먹고 싶어졌다. 여우는 펄쩍 뛰어 보았지만 포도가 너무 높이 있어서 닿을 수 없었다. 다시 한 번 힘껏 뛰어 보았지만 여전히 포도에 앞발이 닿지 않았다. 여우는 계속 젖 먹던 힘까지 쥐어짰지만 번번이 실패했다. 결국 여우는 맛있는 포도를 포기한 채 발길을 돌려야 했다. 하지만 그 상황을 인정하기 싫었으므로 포도가 시어서 맛이 없을 것이라고 자기합리화를 한다. 처음에는 포도가 맛있을 거라고 생각했지만 따 먹을 수 없게 되자, 현실을 인정하는 대신 원래 생각과는 달리 '포도가 시기 때문에 손에 넣을 가치가 없다'는 핑계로 스스로를 속인 것이다. 이와 같이 '패배를 인정하지 않고 괜히 오기를 부린다'는 뜻으로 'sour grapes'라는 표현을 쓰게 되었다.

look before you leap
돌다리도 두드려 보고 건너라, 잘 생각한 후에 행동하라

I'm not saying you shouldn't sign the lease for that apartment. I'm just saying you should look before you leap.
그 아파트 임대 계약서에 서명하지 말라는 게 아니야. 그저 잘 생각해 보고 결정하라는 거야.

글자 그대로 해석하면 '뛰어들기 전에 잘 살피라'는 의미의 이 속담은 『이솝 우화』에 나오는 이야기에서 유래했다. 여우가 우물에 빠졌는데 도저히 밖으로 나올 수가 없었다. 그런데 목이 말라 우물을 찾던 숫염소가 여우를 보고는 물맛이 좋으냐고 물었다. 여우는 아무 일 없는 척하며 물맛이 아주 좋으니 우물 속으로 내려오라고 했다. 숫염소는 물을 마시고 싶은 욕심에 별 생각 없이 내려가 물을 마셨지만 우물 밖으로 나갈 수가 없었다. 그러자 여우는 좋은 방법이 있다며 숫염소가 앞발로 벽을 짚고 뿔을 세우면 자신이 타고 올라간 뒤에 숫염소를 끌어올려 주겠다고 제안했다. 숫염소가 그러겠다고 하자 여우는 재빨리 숫염소의 다리와 어깨와 뿔을 타고 기어올라 우물을 빠져나갔다. 그러나 약속과 달리 숫염소를 우물에서 꺼내 주지 않은 채 혼자 가 버렸다. 약속을 어겼다고 숫염소가 꾸짖자 우물로 돌아온 여우는 "네 턱수염만큼이라도 지혜가 있었다면 애초에 올라올 방법은 생각도 않은 채 무턱대고 내려가지는 않았을 거야" 하면서 염소를 놀려 댔다.

lion's share
큰 부분, 알짜, 단물

Even though we're all talented, it's always our eldest brother who gets the lion's share of our parents' praise and attention.
우리 모두 재능이 있지만 항상 부모님으로부터 가장 큰 칭찬과 관심을 받는 사람은 큰형이다.

글자 그대로 해석하면 '사자의 몫'이라는 뜻의 이 표현은 『이솝 우화』에 나오는 이야기에서 유래했다. 하루는 사자와 당나귀와 여우가 사이좋게 어울려 사냥을 하러 나갔다. 발 빠른 당나귀와 꾀 많은 여우가 먹잇감을 유인하면 힘센 사자가 나타나 날카로운 발톱으로 사냥감을 낚아챘다. 덕분에 생각보다 많은 수확을 거두어 다들 기분이 좋았다. 사자가 당나귀에게 먹잇감을 나누라고 하자 당나귀는 똑같이 셋으로 분배했다. 여우는 만족스러워했지만 화가 난 사자는 그 자리에서 당나귀를 잡아먹고 말았다. 사자가 여우에게 다시 분배하라고 하자 겁에 질린 여우는 먹이의 대부분을 사자의 몫으로 주고 자기 것은 조금만 남겨 두었다. 여우의 처신에 몹시 흡족해진 사자는 그렇게 공평하게 분배하는 법을 누구에게서 배웠느냐고 물었다. 그러자 여우는 슬슬 물러나며 당나귀에게서 배웠다고 대답했다. 이렇게 해서 'lion's share'은 '가장 큰 몫, 알짜배기'를 의미하게 되었다.

bell the cat

고양이 목에 방울을 달다, 총대를 메다, 자진하여 위험한 일을 떠맡다

Someone has to bell the cat and tell the boss we aren't going to come in to work on Saturdays anymore.
누군가가 총대를 메고 나서서 더 이상 토요일에는 출근하지 않겠다고 사장에게 말해야 한다.

이 표현은 『이솝 우화』에 나오는 고양이와 쥐 이야기에서 유래했다고 볼 수 있다. 오랫동안 고양이에게 쫓기던 쥐들이 모여 회의를 했다. 여러 대책이 나왔지만 뾰족한 수는 없었다. 그때 잘난 척하기 좋아하는 젊은 쥐가 고양이 목에 방울을 달아서 그 소리를 듣고 피할 수 있게 하자고 제안했다. 좋은 방법이라며 다들 찬성했다. 그런데 가만히 듣고만 있던 늙은 쥐가 "좋은 생각이긴 한데 누가 고양이 목에 방울을 달 것이냐?" 하고 물었다. 그러자 쥐들은 서로 눈치만 보고 슬금슬금 꽁무니를 뺐다. 이 이야기는 아무리 좋은 계획이라도 실행할 방법이 없으면 탁상공론에 불과하다는 비판을 담고 있다.

역사적으로 보면 이런 험난한 일을 자초하고 나선 사람이 있었다. 1482년 제임스 3세의 총신 토머스 코크레인을 제거하려고 귀족들이 모인 자리에서 그레이 경이 다음과 같이 물었다. "Tis well said, but wha daur bell the cat?"말은 좋지만 누가 감히 총대를 메겠소?" 그러자 스코틀랜드 제5대 앵거스 백작 아치볼드 더글러스가 나섰고, 제일 먼저 코크레인을 공격하여 성공적으로 과업을 완수했다. 그 공로를 인정받아 백작은 'Archie Bell-the-cat'총대를 맨 아치이라는 별칭을 얻었다.

count one's chickens
김칫국부터 마시다

It is not good to start counting your chickens when you do not even have the cash to start your own venture.
사업을 시작할 현금조차 없는데 김칫국부터 마시는 것은 좋지 않다.

글자 그대로 해석하면 '[알에서 깨기도 전에] 병아리를 센다'는 의미로 우리말 속담 '떡 줄 놈은 생각도 않는데 김칫국부터 마신다'에 해당하는 이 속담은 『이솝 우화』에 나오는 이야기에서 유래했다. 농부의 딸이 시장에 내다 팔려고 우유 통을 머리에 이고 가고 있었다. 길을 가는 동안 처녀는 우유를 판 돈으로 무엇을 할 것인지 상상의 나래를 펴기 시작했다. 우선은 달걀을 사서 병아리를 길러야겠다고 생각한다. 그런 다음 닭을 팔아 멋진 새 옷을 사고, 그 새 옷을 입고 시장에 가면 모든 청년이 자신에게 다가와 말을 걸 거라고 상상한다. 행복한 몽상에 너무 정신이 팔린 처녀는 자기도 모르게 머리를 흔들고 말았다. 그러자 머리에 이고 있던 우유가 땅바닥으로 쏟아졌고, 처녀의 백일몽도 함께 깨지고 말았다.

birds of a feather
같은 부류, 유유상종

I knew you and John would get along well. You're birds of a feather, after all.
너하고 존은 잘 지낼 줄 알았어. 어쨌든 너희들은 비슷한 부류니까.

글자 그대로 해석하면 '깃털이 같은 새들'이라는 뜻의 이 표현은 '같은 성향의 사람들'을 일컫는데, 'birds of a feather flock(gather) together' 하면 '유유상종'이라는 뜻이다. 이 표현은 『이솝 우화』에 나오는 한 이야기에서 유래했다. 어느 날 농부가 새로 씨를 뿌린 밭에 두루미 떼가 내려오면 모두 잡아 죽이려고 그물을 쳐 놓았다. 그런데 그물에 잡힌 새들을 살펴보니 두루미들 틈에 황새도 한 마리 들어 있었다. 황새는 두루미 무리와는 깃털이 다르다는 점을 내세워 자기는 품성이 고귀하므로 살려 달라고 애원했다. 그러나 황새의 말은 농부에게 씨알도 먹히지 않았다. 이미 황새가 밭을 망치는 주범인 두루미들과 어울려 지낸 데다, 다른 새들과 똑같이 그런 짓을 한 것을 보았기 때문이다.

blow hot and cold
변덕이 심하다, 주관이 없다, 이랬다저랬다 하다

He keeps blowing hot and cold on the question of moving to the country.
그는 시골로 이사하는 문제를 놓고 계속 갈팡질팡하고 있다.

글자 그대로 해석하면 '뜨거운 숨과 차가운 숨을 분다'는 뜻의 이 표현은 『이솝 우화』에 나오는 사티로스와 나그네 이야기에서 유래했다. 한 나그네가 눈보라가 거세게 휘몰아치는 겨울에 민가가 드문 깊은 산속에서 길을 잃은 채 헤매고 있었다. 때마침 나그네를 발견하고는 가엾게 여긴 반인반수 사티로스가 그를 자기 집으로 데려간다. 그런데 추위에 떨던 나그네가 꽁꽁 언 두 손을 자기의 입김으로 녹이는 것을 신기하게 바라보던 사티로스는 왜 그렇게 하느냐고 물었다. 나그네는 손이 시려서 따뜻하게 하려고 그런다고 대답한다. 조금 있다 사티로스가 수프를 먹으라고 내오자 나그네는 수프를 후후 불었다. 사티로스가 왜 그러는지 다시 물으니 나그네는 수프가 뜨거워 식히려는 거라고 대답했다. 그러자 사티로스는 '한 입으로 더운 숨과 차가운 숨을 쉬는 이중적인 행위를 하는 인간과는 우정을 나눌 수 없다'며 동굴에서 쫓아냈다. 이 이야기에서 'blow hot and cold'라는 표현이 생겨나 '줏대 없이 이랬다저랬다 하다', '변덕이 죽 끓듯 하다'라는 의미로 쓰이게 되었다.

nip in the bud
싹을 자르다, 미연에 방지하다, 요절하다

The government and officials should try to nip bribery in the bud by not intervening in the market.
정부나 공무원이 시장에 부당하게 개입해 뇌물을 받을 소지를 아예 없애야 한다.

글자 그대로 해석하면 '싹을 잘라 버린다'는 의미인 이 표현은 『이솝 우화』에 나오는 이야기에서 유래했다. 한 아이가 친구의 서판을 훔쳐 어머니에게 가져다주자 어머니는 아들을 혼내기는 커녕 도리어 잘했다고 칭찬했다. 그러자 좀 더 대담해진 아들은 외투를 훔쳐다 주었고 어머니는 이번에도 잘했다고 추켜세웠다. 세월이 흘러 청년이 된 아들은 점점 값나가는 물건들을 훔치기 시작했고 급기야 큰 도둑이 되었다. 어느 날 아들은 현장에서 체포되어 결국 사형을 당하게 되었다. 그는 가슴을 치며 따라오던 어머니에게 몰래 하고 싶은 말이 있다고 했다. 어머니가 가까이 와서 귀를 내밀자 그는 어머니의 귓불을 물어뜯어 버렸다. 깜짝 놀란 어머니가 이제까지 저지른 죄로도 모자라 이제는 어미를 물어뜯기까지 하냐고 꾸짖자 아들이 대답했다. "내가 어려서 처음 서판을 훔쳤을 때 어머니가 회초리로 다스리며 호되게 꾸짖었더라면 이렇게 사형장으로 끌려가는 신세가 되진 않았겠죠." 여기에서 '싹을 잘라 낸 가지에서는 꽃이 피지 않고 열매도 맺지 않는다'는 뜻이 담긴 'nip in the bud'가 유래했다.

Xerxes tears
인생무상

Every time I visit the graves of great heroes, I feel Xerxes tears in them.
나는 위대한 영웅들의 무덤을 방문할 때마다 인생무상을 느낀다.

'크세르크세스의 눈물'이라는 이 표현은 페르시아 왕 크세르크세스 1세의 일화에서 유래했다. 기원전 480년경 선왕의 못 이룬 꿈인 그리스 정복을 계획한 그는 전국에서 병력을 징발하고 해군 수송선단을 조직해 3년간 전쟁 준비를 마친 뒤 소아시아를 가로질러 헬레스폰트 해협을 건넜다. 역사가 헤로도토스가 전하는 기록에 따르면, 그리스로 진격하는 동안 아비도스 평원에서 언덕 위 대리석 옥좌에 앉아 군을 사열한 왕은 끝없이 펼쳐진 군선으로 메워진 해협과 병사들로 가득 찬 평원을 보며 자신은 행운아라고 기뻐하더니 난데없이 울기 시작했다. 옆에 있던 삼촌이 방금까지 기뻐하다가 갑자기 왜 우냐고 묻자 왕은 '인생무상이 느껴져 그렇다'며 '그 많은 사람들 가운데 100년이 지나면 살아남을 자가 누가 있겠냐'고 했다. 무수한 병사들을 볼모로 제국 팽창을 위해 무모한 전쟁을 일으킨 왕의 눈물이라니 가당치도 않지만, 결국 페르시아군은 살라미스 해전에서 대패한다. 그리고 이 전쟁을 계기로 페르시아 제국은 몰락의 길을 걷게 되고 크세르크세스 본인은 쿠데타를 일으킨 신하들과 아들의 손에 죽임을 당한다. 그의 말대로 '인생무상'이 아닐 수 없다.

kick the bucket
죽다, 작동을 멈추다, 끝내다

I have driven this truck for nearly 30 years before it finally kicked the bucket.
이 트럭이 마침내 멈춰 설 때까지 거의 30년을 몰았다.

'pass away'는 '세상을 떠나다, 사망하다'라는 뉘앙스로 격식 있게 쓰는 반면에 'kick the bucket'은 속어처럼 '뒈지다'라는 뉘앙스를 풍기는 말이다. 'bucket'은 지금은 주로 '양동이'를 의미하지만 예전에는 다른 뜻이었다. 'bucket'은 원래 16세기에 프랑스어 'buque'명에서 유입된 말로, 무엇을 매달아 두거나 걸어 두는 '들보'를 의미했는데 1597년 셰익스피어도 『헨리 4세』에서 사용한 바 있다. 특히 가축을 도살할 때는 보통 들보에 발을 묶어 거꾸로 매달아 놓았다고 한다. 그러면 당연히 가축들은 발버둥치거나 사후 경직을 일으켜 말 그대로 들보bucket를 걷어차는데kick, 이런 이유로 'kick the bucket'이 '죽다'라는 의미가 되었다. 사물에 쓸 경우에는 '기능이 다 되어 완전히 작동을 멈춘다'는 뜻이다. '죽기 전에 하고 싶은 일들'을 뜻하는 '버킷 리스트'bucket list도 바로 'kick the bucket'에서 유래한 표현이다.

bite the dust
①패배하다, 실패하다 ②복종하다 ③죽다, 전사하다

We were so lucky to avoid that massive accident—we might have bitten the dust!
그 대형 사고를 피한 건 정말 운이 좋았어. 까딱했다간 죽었을지도 모르는데!

글자 그대로 해석하면 '먼지를 물다'라는 의미의 이 관용어는 구약성경에 나오는 '먼지를 핥다'라는 표현에서 유래했다. "May his foes kneel before him, his enemies lick the dust"적들은 그 앞에 엎드리고 그의 원수들은 먼지를 핥게 하소서(『시편』 72:9)에서는 '패배하다'라는 의미로, "They will bow down before you with their faces to the ground; they will lick the dust at your feet"그들은 얼굴을 땅에 대고 너에게 경배하며 네 발의 먼지를 핥으리라(『이사야서』 49:23)에서는 '복종하다'라는 의미로 쓰였다. '죽다'라는 뜻으로 'lick the dust' 대신 'bite the dust'라는 표현이 처음 등장한 것은 프랑스 소설가 알랭 르네 르사주의 원작을 1750년 스코틀랜드 작가 토비아스 스몰렛이 영어로 번역한 『질 블라스 이야기』였다. "We made two of them bite the dust, and the others betake themselves to flight."그들 중 두 사람은 죽이고, 다른 사람들은 도망치게 만들었다. 19세기에 새뮤얼 버틀러가 영어로 번역한 호메로스의 서사시 『일리아스』에도 '전사하다'라는 의미로 이 표현이 나온다.

kingdom come
내세, 천국, 죽음

Justice is often used as a good cause to blow each other to kingdom come.
정의는 흔히 서로를 폭탄으로 죽이는 그럴싸한 명분으로 사용된다.

흔히 'go to kingdom come'죽다 또는 'blow to kingdom come'철저히 파괴하다, 쓸어버리다의 형태로 많이 쓰이는 이 관용어는 원래 '도래할 하느님의 나라', 즉 내세를 뜻하는 말로 성경에서 유래했다. 예수가 산상 설교에서 가르친 「주기도문」에 나오는 말인데, 남에게 선행과 기도하는 모습을 드러내 보이기 좋아하는 위선자들의 태도와 대비되는 올바른 기도의 자세를 알려 준다. "Our Father who art in heaven, Hallowed be thy name. Thy kingdom come, Thy will be done on earth, as it is in heaven. Give us this day our daily bread. And forgive us our trespasses, as we forgive those who trespass against us. And lead us not into temptation, but deliver us from evil."하늘에 계신 저희 아버지, 아버지의 이름을 거룩히 드러내시며, 아버지의 나라가 오게 하시며, 아버지의 뜻이 하늘에서와 같이 땅에서도 이루어지게 하소서. 오늘 저희에게 일용할 양식을 주시고, 저희에게 잘못한 이를 저희도 용서하였듯이, 저희 잘못을 용서하시고, 저희를 유혹에 빠지지 않게 하시고 저희를 악에서 구하소서.(『마태오 복음서』 6:9~15)

kiss of death
죽음의 입맞춤, 종국에는 나쁜 결과를 초래하는 것

Rising interest rates are the kiss of death for this investment strategy.
이자율 상승은 이 투자 전략에 결국 안 좋게 작용할 것이다.

'언뜻 보기에는 도움이 될 것 같지만 사실은 파멸을 불러오는 것' 을 의미하는 이 말은 예수를 배반한 제자 유다의 행위에서 유래 했다. 예수의 열두 제자 중 한 사람인 유다는 수석 사제들을 찾아 가 예수를 넘겨주는 대가로 은돈 서른 닢을 받은 후 예수를 넘길 적당한 기회를 노린다. 제자들과 최후의 만찬을 가진 뒤에 겟세 마니동산에서 기도하는 예수를 잡으러 수석 사제와 원로 들이 보 낸 무리가 나타난다. 그러자 예수가 누구인지 신호를 보내기로 미리 약속해 놓은 유다가 예수에게 다가가 인사하며 입을 맞춘 다. 그러나 예수는 유다를 책망하기는커녕 "친구여, 네가 하러 온 일을 하여라"라고 말한다. 결국 그 자리에서 체포된 예수는 재판 에 넘겨져 사형 선고를 받는다. 스승이 사형 선고를 받은 것을 보 고 뉘우친 유다는 은돈 서른 닢을 성전 안에 내던지고 물러가 목 매달아 죽는다. 이 사건으로 유다는 배반자를 상징하게 되었고, 유다가 예수를 넘겨주기 위해 한 행위인 입맞춤은 '호의를 가장 한 배신 행위'를 의미하게 되었다.

the pale horse
저승말, 죽음, 죽음의 사자

Mickey realized that the pale horse was ready to take his mother soon.
미키는 어머니의 임종이 멀지 않았음을 알았다.

'창백한(푸르스름한) 말'이라는 뜻의 이 표현은 '저승사자' 또는 '죽음'을 상징하는 말로 신약성경 『요한 묵시록』에서 유래했다. 사도 요한이 환시로 본 것들을 적은 이 책에는 네 마리의 동물 그리고 밀봉된 일곱 개의 두루마리 봉인을 떼는 어린양(그리스도)이 등장하는데, 첫째 봉인부터 넷째 봉인까지 봉인을 뜯을 때마다 흰 말, 붉은 말, 검은 말, 푸르스름한 말이 한 마리씩 나타난다. "I looked, and there before me was a pale horse! Its rider was named Death, and Hades was following close behind him. They were given power over a fourth of the earth to kill by sword, famine and plague, and by the wild beasts of the earth." 내가 또 보니, 푸르스름한 말 한 마리가 있는데 그 위에 탄 이의 이름은 죽음이었습니다. 그리고 그 뒤에는 저승이 따르고 있었습니다. 그들에게는 땅의 4분의 1에 대한 권한이 주어졌으니, 곧 칼과 굶주림과 흑사병과 들짐승으로 사람들을 죽이는 권한입니다.(『요한 묵시록』 6:8) 이 구절에서 보듯이 '죽음이 타고 온 말'에서 유래한 이 표현은 '죽음의 사자' 또는 '죽음' 그 자체를 의미하게 되었다.

Armageddon
대결전, 대전쟁

There has been a good deal of talk in recent weeks about imminent economic
Armageddon.
최근 몇 주 동안 임박한 경제적 대격돌에 대한 많은 논의가 있었다.

원래는 '선과 악의 힘이 마지막으로 결전을 벌이는 곳'이라는 뜻
의 이 말은 성경에서 유래했다. 예수가 가장 아끼던 제자 요한이
파트모스섬에서 받은 환상적 계시를 적은 『요한 묵시록』은 로마
의 도미티아누스 황제 시대에 박해와 고난에 시달리는 신도들에
게 위로와 용기를 주려는 목적으로 쓰인 성경의 마지막 책이다.
요한이 환상적 신비체험 가운데 본 것들을 적다 보니 내용은 상
당히 난해하다. 그는 선과 악의 대결, 사탄의 패배, 최후의 심판,
새로운 천지의 출현을 예언하면서 '그리스도의 천년 왕국에 들어
가려면 굳건한 소망으로 모든 고난을 극복하라'고 충고한다. 악
의 세력으로 대변되는 바빌론은 로마를 상징하는데, 박해 때문에
모든 것을 상징적 은유로 표현하며 계시의 형태로 나타낸 것이
다. 『요한 묵시록』 16장 16절을 보면 '아마겟돈'Armageddon이라는
곳에서 선과 악이 최후의 결전을 벌인다고 나온다. 오늘날 '아마
겟돈'은 '세상의 종말을 가져올 정도로 파괴적인 전쟁' 또는 '최후
의 결전'을 의미하게 되었다.

alpha and omega
처음과 끝, 기초, 전체, 가장 중요한 부분

He loved his wife very much and said that she was the alpha and omega of his life.
그는 아내를 무척이나 사랑하여 그녀가 자기 인생의 전부라고 했다.

'A'(α)와 'Ω'(ω)는 고대 그리스어 알파벳의 첫 글자와 마지막 글자이다. '처음과 끝', '기초', '전체' 등을 의미하는 이 표현은 성경 구절에서 유래했다. 신약성경 『요한 묵시록』 21장 6절과 22장 13절에 "나는 알파요 오메가"라는 표현이 나오고 이어 "처음이며 마지막이고 시작이며 마침이다"라는 부연설명이 나온다. A와 Ω는 그리스도교를 나타내는 시각 기호로 종종 쓰이는데, 초기 그리스도교에서 사용된 상징으로 로마의 카타콤에도 남아 있다. 또한 초기 그리스도교 미술을 보면 A와 Ω가 십자가의 양팔에 매달려 있거나 귀금속 십자가에 보석 장식으로 형상화되기도 했다. 사실 A와 Ω는 그리스어인데도 동방 정교회 예술보다는 라틴 가톨릭 예술에서 더 흔히 보인다. 그리스도의 얼굴 양옆 또는 후광 안에 표현되곤 했는데, 정교회 예술에 사용된 크리스토그램(예수의 이름을 축약한 모노그램) 대신 A와 Ω를 사용한 것이었다. 또한 스테인드글라스 안의 모티프로도 자주 쓰였다.

bigwig
거물, 중요 인물

It seems that the victims of this selfish behavior by these economic bigwigs are
smaller businesses and individuals.
이러한 재계 거물들이 보이는 이기적 행태에 희생되는 이들은 중소기업과 개인인 듯하다.

옛날에는 물이 귀하여 목욕은 기껏해야 1년에 몇 번밖에 할 수 없
었다. 그래서 여자들은 늘 무언가를 써서 머리를 가렸고, 남자들
은 이나 빈대가 끼는 것을 막고자 머리를 밀고 가발을 쓰기도 했
다. 형편이 좋은 부자들은 양털로 만든 고급 가발을 썼는데 당시
의 가발 세척법은 좀 독특했다. 우선 빵의 속을 파낸 다음, 빵 껍
데기 안에 가발을 넣고 30분간 구웠다. 그러면 열기 때문에 가발
이 푹신푹신해지며 부풀었는데 여기에서 'big wig'큰 가발라는 표
현이 생겨났다. 프랑스의 루이 13세가 멋진 가발을 쓰자 귀족들
도 왕의 '패션'을 따라 하기 시작했고, 16세기 중엽이 되자 왕실에
는 가발이 넘쳐나게 되었다. 태양왕 루이 14세 치하에서는 가발
이 프랑스를 넘어 유럽 귀족과 지체 높은 사람의 필수품이 되었
고, 그들 사이의 경쟁심으로 가발은 점점 더 크고 화려해졌다. 이
렇듯 가발은 비쌀 뿐 아니라 관리하기도 어려웠으므로 돈깨나 힘
깨나 있는 사람만이 쓸 수 있었고, 그러다 보니 'bigwig'는 유력
하고 부유한 사람을 일컫는 '거물'이라는 의미가 되었다. 아직도
영국 법정에서는 법관들이 가발을 쓰는 전통에서 그 흔적을 찾아
볼 수 있다.

have a bee in one's bonnet
어떤 생각에 골몰하다, 별난 생각에 사로잡히다, 괴짜

I have a bee in my bonnet over that cool new car I saw in the auto show last week.
지난 주 자동차 박람회에서 본 멋진 신차 생각에 사로잡혀 있다.

이 표현은 1513년 베르길리우스의 『아이네이스』를 영어로 번역한 알렉산더 더글러스가 프롤로그에 쓴 'one's head full of bee' 벌로 가득 찬 머리에서 그 유래를 찾을 수 있다. 1648년 영국의 시인이자 성직자 로버트 헤릭은 「미치광이 처녀의 노래」에서 "For pity, sir, find out that bee/ Which bore my love away./ I'll seek him in your bonnet brave,"제발 제 연인을 데려간 그 벌을 찾아 주세요/ 당신의 화려한 모자 속에 있을까요라며 죽은 연인을 잊지 못하는 처녀의 애착을 벌이 윙윙대는 모습에 비유했다. 'a bee in one's bonnet'보닛 속의 벌이라는 문구는 1738년에 존 베이커 신부가 필립 도드리지 신부에게 보낸 편지에 '괴짜'라는 뜻으로 처음 등장하는데, 이 표현이 스코틀랜드에서 유래했다고 암시한다. "I suppose you have heard of Mr. Coward's pranks. He has, as the Scotch call it, a Bee in his Bonnet."카워드 씨의 장난에 대해 들어 봤을 겁니다. 스코틀랜드식 표현대로라면 그는 괴짜라니까요. 보닛은 원래 테가 없는 남성용 모자였는데, 양봉업자들이 꿀을 채취할 때 머리에 보호 장구를 쓰는 데에서 착안하여 'bee'와 'bonnet'을 연결하게 된 듯하다. 모자 속에 벌이 들어와 윙윙거린다면 무척이나 성가셔 다른 일에 집중하지 못할 테니 말이다.

speak of the devil
호랑이도 제 말 하면 온다, 양반은 못 된다

Well, speak of the devil! Hello, Tom. We were just talking about you.
흠, 호랑이도 제 말 하면 온다더니! 톰, 마침 네 얘기를 하던 참이야.

오늘날에는 남의 얘기를 하고 있는 동안 장본인이 나타났을 때 쓰지만 원래 이 표현은 글자 그대로 악마가 나타난다는 불길한 뉘앙스로 쓰였다. 16세기부터 다양한 라틴어 및 고어 영어 문헌에 등장해 17세기 중반에 널리 퍼진 이 문구의 원래 형태는 'speak of the devil and he doth appear'악마 얘기를 하면 악마가 나타난다였다. 이탈리아 작가 조반니 토리아노는 1666년 『일반 대중』에 "The English say, Talk of the Devil, and he's presently at your elbow"영국인들은 악마를 입에 올리면 악마가 바로 옆에 와 있다고 한다라고, 1672년 모리스 앳킨스는 『카타플루스 또는 아에네이스……』에 "Talk of the Devil, and see his horns"악마를 거론하면 그의 뿔이 보인다라고 쓴 바 있다. 이 말은 악마를 그 이름devil으로 부르면 위험하다는 서양의 오래된 미신에서 유래했다. 이러한 금기 때문에 'Old Nick', 'Prince of Darkness'어둠의 왕자, 'the Horned One'뿔 달린 자처럼 악마를 일컫는 수많은 별칭이 생겨나기도 했다. 19세기부터 'speak(talk) of the devil'은 원래의 불길한 의미를 잃고 '호랑이도 제 말 하면 온다' 식의 가벼운 농담으로 쓰이게 되었다.

live hand to mouth
근근이 살아가다, 입에 풀칠하기도 바쁘다

Despite working for more than 12 hours a day, Diane and her family live hand to mouth.
하루 열두 시간 이상 일해도 다이앤과 가족은 근근이 살아간다.

이 표현의 원형인 'hand to mouth'손에서 입으로의 유래는 1500년대 영국의 대기근 시대로 거슬러 올라간다. 당시에는 기근이 너무 심해 가난한 사람들은 돈을 모으기는커녕 먹을 식량조차 구하기가 어려웠다. 그래서 먹을 것이 한번 생기면 언제 또 먹을지 알 수 없었으므로 말 그대로 '손에서 입으로' 가져가 허기를 채우기 바빴다. 그런 상황에서 다음에 먹기 위해 식량을 비축한다는 것은 꿈도 못 꿀 일이었다. 1658년 케임브리지의 성직자 시드락 심프슨이 『두 권의 책』에서 이미 이 표현을 썼다. "Faith or, believing, is Receiving Christ. It is a mean thing in its self for a man to live dependantly, & to have nothing but from hand to mouth."신앙 또는 믿음은 그리스도를 받아들이는 것이다. 사람이 남에게 의지하며 먹기에만 급급하게 살아가는 것은 그 자체로 부끄러운 일이다. 오늘날에는 '하루 벌어 하루 먹다', '근근이 살아가다'라는 의미로 쓰인다.

pull out all the stops
온갖 노력을 기울이다, 있는 힘을 다하다

The doctors will pull out all the stops to save the child's life.
의사들은 아이의 생명을 구하기 위해 있는 힘을 다할 것이다.

이 말은 파이프 오르간의 연주 방식에서 유래한 표현이다. 파이프 오르간에는 건반 양옆 벽에 튀어나온 버튼처럼 생긴 음전stop이 장착되어 있다. 각 음관으로 들어가는 바람의 입구를 여닫는 장치인 음전을 잡아당기면 음량이 증가한다. '모든 음전을 열면' pull out all the stops 그야말로 최대 음량을 내기 위해 '모든 노력을 다한' 셈이다. 1567년에 조지 개스코인의 풍자극『강철 유리』에 나온 의미처럼 예전에는 stop이 key나 note와 같이 건반을 나타내는 말이었다. 그러나 파이프 오르간이 도입되면서 stop은 더 이상 건반의 의미로 쓰이지 않고 밀어 넣거나 잡아 빼면서 음관으로 들어가는 공기 양을 조절해 음색이나 음역을 조절하는 음전을 지칭하게 되었다. 이 표현을 음악과 관련 없이 은유적으로 처음 사용한 사람은 영국의 시인이자 비평가 매슈 아널드다. 그는 1865년『비평론』에서 다음과 같이 썼다. "Knowing how unpopular a task one is undertaking when one tries to pull out a few more stops in that……." 그 일에 좀 더 최선을 다하려 애쓰지만, 얼마나 인기가 없는 일인지 아는지라…….

burn the candle at both ends
①소모하다, 헤프게 쓰다 ②혹사하다, 무리하다

No wonder Mary is ill considering she has been burning the candle at both ends for a long time.
오랫동안 혹사한 것을 생각하면 메리가 아픈 것은 당연하다.

이 말은 프랑스어 표현인 'Brusler la Chandelle parles deux bouts'초의 양끝을 태우다에서 영어로 유입되었는데, 그 기원은 17세기로 거슬러 올라간다. 당시 정직하고 선량한 사람들은 농담이나 일삼는 이들과 식도락을 즐기는 이들을 가리켜 '인생을 소모한다'는 의미로 이렇게 표현했다. 당시만 해도 밀랍이 무척 비쌌으므로 가난한 사람들은 밀랍으로 만든 양초는 꿈도 못 꾸고 골풀로 초를 만들었다. 골풀 줄기를 뜨거운 기름에 담그면 살짝 구부러진 가느다란 초가 만들어졌는데, 이것을 특별한 촛대에 고정해 놓았다. 이렇게 집에서 직접 만든 초는 불빛이 약했으므로 좀 더 밝은 빛을 내기 위해 양 끝에 불을 붙여 태웠고, 그러다 보면 한쪽만 태울 때보다 훨씬 빨리 소모되어 금세 꺼졌다. 1730년 네이선 베일리가 『영국 사전』에 정의해 놓은 내용을 보면 그때부터 비유적으로 쓰이고 있었음을 알 수 있다. "The Candle burns at both Ends. Said when Husband and Wife are both Spendthrifts."촛불이 양쪽 끝에서 타오른다. 남편과 아내가 둘 다 돈을 헤프게 쓸 때 이렇게 표현한다.

turn a blind eye
외면하다, 무시하다, 눈감아 주다

The usher turned a blind eye to the little boy who sneaked into the theater.
안내인은 극장에 숨어든 소년을 못 본 척해 주었다.

이 표현은 나폴레옹의 프랑스군과 벌인 트라팔가르 해전에서 영국을 구하고 전사한 넬슨 제독의 일화에서 유래했다. 1770년 겨우 열두 살에 해군에 입대한 넬슨은 1794년 코르시카의 카리 해전에서 포격으로 튀어 오른 돌 파편에 얼굴을 맞아 오른쪽 눈을 실명했다. 1801년 코펜하겐 전투 중 영국군 총사령관 하이드 파커 경은 덴마크의 포화가 너무 강력하다고 판단하여 지휘관인 넬슨에게 공격을 중단하고 퇴각하라고 지시했는데, 통신 수단이 없던 당시에는 깃발 수신호로 명령이 전달되었다. 넬슨은 자신의 기선을 지휘하는 토머스 폴리 함장을 돌아보며 이렇게 말했다. "자네도 알겠지만 나는 왼쪽 눈 하나밖에 없어서 오른쪽 일들을 종종 놓치곤 한다네." 그러고는 망원경을 보이지 않는 오른쪽 눈에 대고 또 말했다. "아무 신호도 안 보여!" 공세에 적극적이던 넬슨은 명령을 무시하고 공격을 계속해 결국 전투를 승리로 이끌었다. 그 결과 하이드 파커 경은 불명예스럽게 해임되고, 넬슨이 총사령관으로 임명되었다. 망원경을 '보이지 않는 눈에 갖다 대어'turn a blind eye 일부러 못 본 체했다는 의미에서 이 표현이 생겨났다.

die hard
①집착하다, 완고히 버티다 ②여간해서 죽지 않다

But he wanted to keep and exercise the executive right to reshuffle the prosecution hierarchy, despite diehard resistance from prosecutors.
하지만 그는 검사들의 완고한 저항에도 불구하고 검찰 조직을 재편하기 위해 행정권을 유지하고 행사하려고 했다.

영화 제목으로도 쓰여 유명해진 '다이하드'는 '완고한 사람'을 지칭하지만, 원래는 문자 그대로 '쉽사리 죽지 않는 사람'의 의미가 훨씬 강했다. 현재 런던의 마블 아치 근처에 있는 타이번은 1783년까지 공개 교수형 장소였다. 당시에는 목이 졸려 질식해 서서히 사망하는 현수식 교수형을 실시했으므로 한참 뒤에 숨이 끊어지기도 했는데, 그런 사형수들을 'die hards'쉽사리 죽지 않는 자들라고 불렀다. 그래서 어떤 사형수는 빨리 죽으려고 돈을 내고 거꾸로 다리를 매달게 했다는 기록도 있다. 이 표현은 1811년 영국이 나폴레옹 군대와 싸운 알부에라 전투 이후 유명해졌다. 57보병 연대인 웨스트 미들섹스의 윌리엄 잉글리스 중령은 전투 중 부상당한 채로 "Die hard 57th, die hard 57th, die hard!"57 연대, 절대 물러서지 마라 하고 부하들을 독려하며 전선을 사수했고, 결국 많은 병사들을 잃으면서도 끝까지 프랑스의 공격을 저지하는 데 성공하자 57연대는 '다이하즈'Die-hards라는 애칭을 얻게 되었다. 이 표현은 1860년대 후반부터 시작된 의회 주도의 군사 개혁에 강력히 저항한 육군 고위 장교들을 조롱하는 말로 쓰이다가, 20세기부터는 정계에서 널리 쓰이고 있다.

red herring
관심을 딴 데로 돌리는 것, 국면 전환, 방해 공작

I soon found an infallible way to draw a red herring across the path if he became too excited.
나는 그가 지나치게 흥분할 경우 그의 주의를 딴 데로 돌릴 확실한 방법을 금세 발견했다.

이 표현은 글자 그대로 해석하면 '붉은 청어'라는 뜻인데, 청어 중에 붉은 청어는 없고 사실은 훈제된 청어를 지칭한다. 소금물에 절이거나 강한 연기로 훈제한 청어는 붉은색을 띠면서 코를 찌르는 냄새가 나는데 이것을 'red herring'이라 불렀다. 이 말이 지금의 은유적 의미를 갖게 된 데에는 영국의 급진적 언론인 윌리엄 코빗이 논쟁적인 간행물 『정치 기록』에서 나폴레옹의 패배를 잘못 보도한 영국 언론의 행태를 훈제 청어에 빗대어 비판한 데에서 유래했다. 그 내용을 보면 영국 언론의 잘못된 보도는 냄새가 강한 훈제 청어처럼 정치에 대한 대중의 관심을 다른 곳으로 돌리기 위한 국면 전환용에 불과했다는 논조였다. 역사가들에 의하면 말을 훈련시킬 때에 보통 고양이나 여우의 사체를 이용했는데, 죽은 동물을 구하기 힘들 때에는 훈제 청어를 대용품으로 쓰기도 했다고 한다. 그런데 코빗의 말처럼 주의를 다른 곳으로 돌리기 위한 것이 아니라 냄새를 따라가는 데 집중하도록 훈련하기 위한 용도였다. 그러나 코빗의 문장을 읽은 독자들은 사냥개 훈련에서 청어가 주의를 산만하게 하는 용도로 쓰인다고 오해하여 이 표현이 생겨나게 되었다.

in the doldrums
우울한, 침체된

After being in the doldrums for the past several years, the economy finally began to pick up over the last two months.
지난 몇 년 동안 침체기를 겪은 후, 마침내 두 달 전부터 경제가 회복되기 시작했다.

'doldrums'는 '적도에서 약간 북쪽에 있는 무풍지대'를 의미한다. 적도 부근에서 만난 두 무역풍은 힘이 비슷하기 때문에 앞으로 나아가지 못하고 하늘로 솟구친다. 결국 바람이 위로만 불게 되어 배들이 앞으로 나가지 못하고 제자리에서 맴돈다. 1824년 바이런이 『아일랜드』에서 "From the bluff head where I watch'd to-day, I saw her in the doldrums; for the wind Was light and baffling"오늘 곶 마루에서 내려다보니 배가 오도 가도 못하고 있더군요. 바람이 약한 데다 변덕스러워서요라고 묘사하여 이 표현이 무풍지대에서 유래한 것으로 생각하기 쉽지만, 이미 1811년 4월 영국의 일간지 『모닝 헤럴드』에 "I am now in the doldrums; but when I get better, I will send [for] you"지금은 기분이 별로지만, 좀 나아지면 당신을 부르러 보내겠다라고 언급되어 있듯이 다른 말에서 유래했다. 원래 'doldrum'은 '둔하거나 느린 멍청이'를 가리키는 말로 'dull'우둔한을 의미하는 'dol'에서 유래했는데, 'tantrum'울화, 역정에 사로잡힌 상태에서 영향을 받아 'doldrum'이라는 형태가 되면서 '게으름과 둔감에 사로잡힌 상태 또는 사람'을 의미하게 되었다. 오늘날 'in the doldrums'는 '의기소침하고 침울한', '침체된'이라는 뜻으로 쓰인다.

Hobson's choice
선택의 여지가 없는 상황

We didn't really want that hotel, but it was Hobson's choice.
우리는 사실 그 호텔이 마음에 들지 않았지만 선택의 여지가 없었다.

'홉슨의 선택'은 영국의 실존 인물에서 유래한 말이다. 17세기 초 잉글랜드 케임브리지의 잘나가던 우편업자 겸 마구간 운영자 토머스 홉슨은 우편 업무에 더 이상 말이 필요 없어지자 인근 세인트 캐서린 칼리지의 학생과 교직원에게 말을 빌려주기 시작했다. 빠른 말은 찾는 사람이 많다 보니 늘 혹사당했고, 이에 홉슨은 문에서 가장 가까운 칸에 있는 말부터 빌려준다는 엄격한 규칙을 정했다. 그리고 이 결정을 절대로 바꾸지 않았으므로 홉슨이 지정해 주는 대로 따르지 않으면 아예 말을 빌릴 수조차 없었다. 그러자 '홉슨의 마구간에는 빌리는 사람의 선택권이 전혀 없다'는 말이 대학가에 퍼졌고, 홉스가 죽은 지 30년도 지나지 않아 1660년 청교도 성직자이자 작가인 새뮤얼 피셔는 『랍비에게 전하는 촌사람의 경고』에서 다음과 같이 언급했다. "If in this Case there be no other (as the Proverb is) then Hobson's choice (……) which is, chuse whether you will have this or none."이럴 경우에는 홉슨의 선택밖에는 없다. (……) 즉 이것을 선택하지 않으면 아무것도 없다. 그 이후로 'Hobson's choice'는 '다른 선택권이 없는 상황'을 의미하게 되었다.

skeleton in the closet
숨기고 싶은 사정, 어마어마한 비밀

If you've got a skeleton in the closet, it will probably be exposed during this campaign.
네가 수치스러운 비밀을 감추고 있다면, 이번 선거 운동 기간에 드러날 것이다.

글자 그대로 해석하자면 '벽장 속의 해골'이라는 뜻으로 '집안의 감추고 싶은 수치'나 '커다란 비밀'을 의미하는 이 표현은 해부학의 역사와 관련이 있어 보인다. 영국에서는 1832년 해부법이 발효되어 의학 연구에 시체를 사용할 수 있는 범위가 넓어졌지만, 그전에는 의과대학에서 무덤 도굴꾼들이 훔친 해골을 불법적인 경로로 공급받기도 했다. 그래서 수업용으로 해골을 불법 보유하고 있던 의사들은 불시에 단속이 나오면 해골을 옷장에 숨겨 놓는다는 추측이 무성했지만 사실 여부는 불분명하다. 빅토리아 시대의 고딕 소설 속에는 시신을 은닉하는 극적인 장치들이 많이 등장했지만 이 관용어가 널리 퍼지기 시작한 계기는 1854~1855년 작가 윌리엄 새커리가 쓴 『뉴컴 가문: 어느 명문가에 대한 회고록』에서 실제 시신인지 또는 감추고 싶은 비밀인지 모호하게 이중적으로 묘사한 표현이었다. "Some particulars regarding the Newcome family, which will show us that they have a skeleton or two in their closets, as well as their neighbours." 뉴컴 가문에 관해 자세히 알면 그들에게도 이웃과 마찬가지로 한두 가지 말 못 할 비밀이 있다는 것이 드러날 겁니다.

paint the town red
흥청망청 마시다, 떠들썩하게 놀다

Why don't we forget all the troubling matters, and paint the town red tonight?
오늘 밤 골치 아픈 일은 다 잊고 신나게 즐기는 게 어때?

'유혈 사태를 부르는 난폭한 행위'를 암시하는 이 표현의 유력한 기원은 1837년 영국의 레스터셔에 있는 멜튼 모우브레이라는 소도시였다. 워터포드 후작 헨리 베리스퍼드는 싸움질, 도둑질, 유리창 부수기, 사과수레 엎기, 결투 등 온갖 비행을 일삼아 '미친 후작'으로 불렸다. 헨리와 친구들은 멜튼 모우브레이에서 도시의 차단기와 우체국 건물 등을 페인트로 붉게 칠하며 제멋대로 날뛰기까지 했는데, 이 사건은 런던에서 발행된 최초의 스포츠 월간지 『뉴 스포팅 매거진』 1837년 7월호에 실릴 정도였다. 또 다른 기원으로는 로마제국 시대에 원정에 나선 로마 병사들이 도시를 함락할 때마다 정복한 사람들의 피를 벽에 바르며 축제를 즐겼던 데서 유래했다는 주장도 있고, 19세기 미국에서 서부 개척 시대에 카우보이들이 홍등가에서 흥청망청 술을 마시면서 놀았다는 데서 유래했다고 보는 설도 있다. 어느 경우가 되었든 붉은색은 흥분과 열기를 연상시키기 때문에 'paint the town red'마을을 붉게 칠하다가 '이리저리 돌아다니며 흥청망청 놀다', '난폭하게 날뛰다'라는 의미가 된 듯하다.

take the piss
놀리다, 비웃다, 가벼운 농담을 하다

Talking about the song, the girls explained that the song is taking the piss out of famous people.
그 노래에 대한 이야기를 주고받으며 소녀들은 노래가 유명인들을 조롱하고 있다고 설명했다.

글자 그대로 해석하면 '소변을 가져가다'라는 의미의 이 표현은 영국의 양모 산업에서 유래했다. 과거에 영국은 양모 산업이 발전하여 양모가 최대 수출품이던 시절이 있었다. 모직물을 만들려면 축융 공정을 거친 후 천연 염료로 염색을 하고, 염색한 천에서 색이 빠지는 것을 방지하고자 매염제로 염료를 섬유에 고착시켜야 한다. 이때 소변을 매염제로 사용했기에 양모업계에서 소변 수요가 많아졌다. 그러자 시에서 사람을 고용해 집집마다 다니며 소변을 수거하여 정제한 뒤 양모업체에 판매했다. 영국 북동부 지역의 타이네강에서는 선박으로 소변을 수송했는데, 당시 선박들은 부력을 조절하는 밸러스트로 물 대신 소변을 싣고 가기도 했다. 그래서 '배에 어떤 화물을 싣고 가느냐'고 물으면 '소변을 싣고 간다'는 대답이 돌아왔다. 이를 믿을 수 없었던 사람들은 설마 하는 마음으로 "Really? Are you taking the piss?"정말이오? 오줌을 싣고 간다고?라고 되묻고는 했는데, 여기서 "지금 나를 놀리는 거요?"라는 은유적 의미가 파생되었다고 한다.

go cold turkey
①곧바로 돌입하다 ②솔직히 말하다 ③(마약 등을) 갑자기 끊다

I ate way too much fast food and gained a lot of weight as a result. Finally, I had no choice to go cold turkey on unhealthy food.
나는 패스트푸드를 너무 많이 먹어서 살이 많이 쪘다. 결국 몸에 안 좋은 음식은 끊는 수밖에 없었다.

이 표현은 여러 단계를 거치며 의미가 발전해 왔다. 1877년 영국의 풍자 잡지 『주디』 1월 3일 자에 존 홈스라는 한 지방 유지의 가공의 일기가 실린 것을 계기로 'cold turkey'식은 칠면조라는 말이 널리 퍼졌다. 사촌 클라라의 가족 모임에 초대된 구두쇠 홈스는 차가운 칠면조 조각과 푸딩이 나오자 깜짝 놀란다. 칠면조 통구이를 기대했건만 식어 버린 조각만 며칠 동안 나오자 몹시 실망한 그는 집에 오자마자 푸대접에 앙심을 품고 변호사를 불러 클라라를 유언장에서 완전히 빼 버린다. 이 이야기에서 홈스가 자신이 받은 푸대접을 다짜고짜 되갚았다는 의미로 'cold turkey'라는 말이 유럽과 미국으로 퍼져 나갔다는 주장이 있다.

또 다른 기원설에 따르면 이 표현이 '솔직히 말하다'라는 뜻의 관용어 'talk turkey'에서 유래했다고 한다. 1920년대에는 'talk cold turkey'가 유죄를 인정한다는 의미의 속어로 쓰였기 때문이다. 한편 약물 투여 중단으로 인한 '금단 증세'도 'cold turkey'라고 한다. 아편 같은 약물을 갑자기 끊으면 피부에 소름이 돋는 증세가 나타나는데, 그 모양이 털 뽑은 냉장 칠면조의 피부와 비슷하기 때문이다.

read the riot act
엄중 경고하다, 해산 명령을 내리다, 호되게 꾸짖다

Henry was read the riot act by his boss last week for messing up the accounting software.
헨리는 지난주에 회계 프로그램을 엉망으로 만들어 사장에게 호되게 깨졌다.

지금은 어떤 행위를 나무라는 정도로 쓰이지만, 이 표현이 유래한 18세기 잉글랜드의 실제 법령은 무시무시했다. 1714년 스튜어트 가문의 앤 여왕에 이어 잉글랜드 왕이 된 하노버 가문 출신 조지 1세는 토리당을 몰아내고 휘그당을 등용했다. 이에 불만을 품은 토리당과 스튜어트 왕가 지지자들의 폭동이 끊이지 않자 정부는 '소요와 폭동을 일으키는 집회 금지 및 폭도들에 대한 신속하고 적절한 처벌법'이라는 긴 이름의 법령을 제정하여 1715년부터 시행했다. 12명 이상이 모여 소란을 일으킬 경우 치안판사는 당장 해산을 명령하는 법령을 낭독했고, 한 시간 뒤에도 해산하지 않고 모여 있는 사람들은 체포되어 3년 이상의 징역 또는 2년 이하의 노역에 처해졌다. 그 후 왕권이 안정되면서 이 법은 점차 유명무실해졌지만 공식적으로는 영국 법령집에 계속 남아 있다가 1986년 '공공질서법'으로 대체되었다. 이 표현이 지금과 같은 은유적 의미로 쓰인 최초의 기록은 1784년에 영국 극작가 마일스 피터 앤드루스가 쓴 『배상, 희곡』이었다. "Peace, I say, or I'll read the riot act." 조용히 하라고들 했다. 안 그러면 혼내 주겠다.

show a leg
일어나다, 서두르다

Come on, you lazy bones, show a leg! We have to get on the road soon.
어서 일어나, 이 게으름뱅이들아! 곧 출발해야 한다고.

이 표현은 19세기 영국의 해군 문화에서 유래했다. 1840년 이전에 선원들은 긴 항해에 나설 때 아내나 여자 친구를 동반할 수 있었는데 이러한 관행 때문에 많은 문제가 일어났다. 한 가지 골칫거리는 점호였다. 선원들이 아침 일찍 일어나 점호를 받는 동안 여성들은 아래층 숙소에서 계속 잠을 잤는데, 가끔 게으른 선원들이 아래층 숙소에서 숨어 자는 경우가 있었다. 그러자 한 영리한 갑판장이 여성들 틈에서 자고 있는 선원을 색출하기 위해 묘책을 궁리해 냈다. 그것은 바로 'show a leg'다리를 보여라고 요청하여 다리를 확인하는 것이었다. 침대 밖으로 나온 다리가 실크 스타킹을 신었거나 매끈한 다리라면 계속 잠을 잘 수 있었다. 하지만 털이 많거나 문신이 새겨져 있다면 당장 일어나 점호를 받아야 했다. 1840년 무렵 규정이 바뀌면서 여성들은 더 이상 배에 동승할 수 없게 되었지만 'show a leg'라는 표현은 살아남아 해군에서는 기상나팔 소리를 듣고 일어났음을 하사관에게 알리는 점호 표시로 계속 쓰이고 있다. 일반적으로는 '일어나다', '빨리 서두르다'라는 뜻으로 쓰인다.

put a sock in it
입 다물다, 조용히 하다

Oh, put a sock in it! No one wants to hear your complaints anymore.
그만, 입 좀 다물어. 아무도 너의 불평을 듣고 싶어 하지 않아.

이 문구는 20세기 초에 생겨난 영국의 구어체 표현으로 보통 너무 시끄러워서 짜증스러울 때 쓴다. '무엇인가에 양말을 넣으면 조용해진다'는 의미인데, 19세기 후반 축음기에서 유래한 것으로 추측되기도 한다. 처음에 축음기가 발명되었을 때에는 음반이 돌아가는 판과 커다란 확성기의 단순한 구조로 지금처럼 음량을 조절하는 장치가 없었다. 그래서 축음기에서 나오는 커다란 소리가 성가신 사람들은 양털 양말을 공처럼 돌돌 말아 축음기에 넣어 볼륨을 줄였다고 하는데, 거기에서 이 표현이 유래했다고 한다. 호주의 일간지 『포트매쿼리 뉴스』 1919년 6월 14일 자에 1차 대전 당시 군 복무와 관련된 속어들을 유머러스하게 녹여 낸 기사에 처음 등장한 사실로 보아 군인들의 속어로 쓰이다 일반인들 사이로 퍼져 나간 듯하다. 런던의 문예평론 주간지 『애서니엄』 1919년 8월 8일자에는 이 표현의 뜻이 명확히 정의되어 있다. "The expression 'Put a sock in it', meaning 'Leave off talking, singing or shouting.'" '양말로 틀어막다'의 뜻은 '말이나 노래나 외치는 것을 그만두다'라는 의미이다.

as old as Methuselah
아주 오래된, 몹시 늙은

The feud between two families is as old as Methuselah.
두 집안 사이의 반목은 아주 오래되었다.

글자 그대로 해석하면 '므투셀라만큼 늙은'이라는 뜻의 이 관용어는 성경에 나오는 인물에서 유래한 표현이다. 므투셀라는 구약성경 『창세기』 5장 21~27절에 나오는 족장인데, 방주를 만들어 홍수에서 살아남은 노아의 할아버지다. 아담의 7대손 에녹의 아들로 태어난 그는 969년을 살고 죽었다고 한다. 즉 성경에 나온 인물 중 가장 오래 산 사람이었다. 그래서 '므투셀라'라는 이름은 '장수'와 동의어가 되었고, 매우 늙은 것을 유머러스하게 말하는 'as old as Methuselah'라는 직유 표현도 생겨났다. 이 같은 맥락에서 보통 개들보다 아주 오래 사는 개를 'Methuselah dog'이라고도 부른다. 1901년 영국의 문헌학자 프레더릭 제임스 퍼니벌이 12~16세기의 중세 영어시를 엮은 『버넌 필사본 수록 시집』 2권을 보면 1390년에 이 관용구가 영어에 처음 등장한 것으로 나온다. "……if a Mon may libben heer As longe as dude Matussale……."사람이 므투셀라처럼 오래 살 수만 있다면…….

miss the boat

기회를 놓치다

If you don't call the recruiter back right away, you're going to miss the boat.
지금 당장 채용 담당자에게 연락하지 않으면 기회는 없을 거야.

글자 그대로 해석하면 '배를 놓치다'라는 뜻의 이 표현은 18세기에 흔히 쓰이던 일상어다. 오늘날 '버스는 이미 떠났다'에 해당하는 'That ship has sailed'배는 이미 출항했다라는 표현도 많이 쓰였다. '좋은 기회를 활용하지 못했거나 상황을 전혀 몰라서 판단착오를 했다'는 뜻이다. 이 말의 유래는 구약성경 『창세기』에 나오는 노아의 방주와 대홍수 이야기에서 찾을 수 있다. 온통 악한 짓을 하려는 사람뿐이고 그들의 죄악이 세상에 가득 찬 것을 보고 하느님은 땅 위에 사람을 창조했음을 후회하며 모든 것을 쓸어버리겠다고 탄식한다. 그리하여 의롭고 흠이 없던 사람 노아를 통해 새로운 세상을 다시 창조하고자 대홍수를 일으킨다. 홍수가 닥칠 것에 대비하여 노아는 하느님이 명령한 대로 강한 폭우와 홍수에 견딜 수 있는 튼튼한 방주를 만든다. 하지만 소수의 사람들만 그의 경고에 귀를 기울였을 뿐, 나머지는 노아의 이런 행동을 비웃고 방주에 오르지 않았으므로 모두 홍수에 휩쓸려 죽고 말았다.

extend an olive branch
휴전을 제의하다, 화해를 청하다

He has missed the opportunity to end our crisis by his failure to extend the olive branch to the opposition.
그는 야당에게 화해를 청하지 못함으로써 위기를 끝낼 기회를 놓치고 말았다.

글자 그대로 해석하면 '올리브 가지를 내밀다'라는 뜻의 이 표현은 구약성경 『창세기』에 나오는 노아의 홍수 이야기에서 유래했다. 악으로 가득한 세상과 타락한 인류를 보며 사람을 창조한 것을 후회한 하느님은 홍수로 모든 것을 쓸어버렸다. 하느님께 선택받은 인간 노아만이 방주를 만들어 홍수에서 살아남았다. 40일 동안 홍수가 계속된 끝에 온 세상이 물에 잠겼다. 열 달이 넘어 물이 빠지자 땅이 말랐는지 확인하기 위해 노아는 여러 번 비둘기를 날려 보냈는데, 세 번째로 내보낸 비둘기가 드디어 싱싱한 올리브 잎을 부리에 물고 돌아왔다. 노아는 물이 완전히 빠짐으로써 신의 분노가 끝났다는 것을 알게 된다.

고대 그리스와 로마에서는 올리브 가지가 평화의 상징이었다. 패배하면 항복을 알리기 위해 군인들이 올리브 가지를 지니고 다니는 전통이 있었고, 고대 로마의 시인 베르길리우스도 『아이네이스』에서 올리브 가지를 평화의 상징으로 사용했다. 이런 연유로 'extend an olive branch'가 '먼저 화해를 청한다'는 뜻으로 쓰이게 되었다.

loose lips sink ships
입이 가벼우면 화를 부른다, 말이 많으면 실수한다

When we counsel clients, loose lips sink ships, less is best.
고객 상담을 할 때 말이 많으면 실수하는 법이니 적게 할수록 좋습니다.

글자 그대로 해석하면 '제멋대로 놀리는 입이 배를 가라앉힌다'는 뜻으로, 제2차세계대전 당시 사람들이 적국 스파이에게 유용한 정보를 무심결에 누설하지 않도록 경고하기 위해 미국 전쟁 정보국이 만든 선전 포스터의 표어에서 유래한 표현이다. 원래 문구는 'Loose Lips Might Sink Ships'로, 전쟁 노력을 무위로 돌릴 수도 있는 부주의한 대화를 피하라는 충고였다. 전쟁 당시에 생겨난 수많은 선전 구호 가운데 'The pen is mightier than the sword'펜은 칼보다 강하다처럼 끝까지 살아남아 관용어로 굳어진 몇 안 되는 표현이다. 그러나 당시 선전 전문가와 역사가에 따르면, 이러한 선전 구호의 주된 목적은 실제로 국민의 사기를 떨어뜨리거나 긴장을 조성할 수 있는 파업, 군사력을 약화할 수 있는 모든 소문을 엄격히 통제하여 유포하지 않도록 하는 것이었다고 한다.

sit on the fence
중립을 지키다, 형세를 관망하다, 기회를 살피다

The government has been sitting on the fence about legalizing marijuana for the past several years.
정부는 지난 몇 년 동안 마리화나를 합법화하는 문제에 대해 애매한 태도를 취해 왔다.

글자 그대로 해석하면 '울타리 위에 앉아 있다'는 뜻의 이 표현은 '어느 한 쪽으로 결정을 내리지 않고 중립을 지키거나 형세를 관망한다'는 은유적 의미로 쓰인다. 이 표현의 유래는 미국의 독립 전쟁 당시로 거슬러 올라간다. 영국에 맞서 독립 전쟁을 이끌던 조지 워싱턴은 영국군과 독립군 가운데 어느 쪽에 가담할지 확실히 드러내지 않고 있던 한 판사의 의향을 알고 싶어 그의 노예에게 판사의 뜻이 어느 쪽으로 기울고 있느냐고 물었다. 그러자 노예는 이렇게 답했다고 한다. "Until my master knows which is the strongest group, he's staying on the fence."어느 쪽이 더 강한 지 알 때까지 주인님은 중립을 지키고 있습니다. 두 공간을 가르는 울타리 위는 어느 쪽에도 속하지 않으면서 한 발만 내리면 어느 쪽으로도 넘어갈 수 있는 위치다. 그러니 노예의 말인즉, 주인은 '형세를 관망하고 있다'는 의미였다. 워싱턴은 노예의 이 대답이 너무 적절하고 재미있다고 생각해 자신도 써먹기 시작했고, 그 덕분에 이 표현이 널리 알려졌다.

pay the piper
대가를 치르다, 뿌린 대로 거두다

After three nights of heavy drinking, I'm really going to be paying the piper to come Monday morning!
사흘 밤 연속 폭음을 했으니 월요일 아침에 톡톡히 대가를 치를 거야!

이 표현은 그림 형제의 동화와 로버트 브라우닝의 동명의 시로 유명한 「하멜른의 피리 부는 사나이」에서 유래했다. 독일의 소도시 하멜른은 멋진 곳이었지만 음식을 갉아먹고 사람들을 공격하고 시끄러운 소리를 내는 쥐 때문에 골머리를 앓았다. 시민들은 시장에게 쥐를 없애 달라고 항의했지만 쥐들을 쉽사리 소탕할 수가 없었다. 그러던 어느 날 초라한 행색의 '피리 부는 사나이'piper가 나타나 도시의 쥐들을 싹 없애 주는 조건으로 금화 천 냥을 요구하자 시장은 그 제안을 받아들인다. 사나이가 마법의 피리를 불자 곳곳에 숨어 있던 쥐들이 모조리 나와 그의 뒤를 따르기 시작한다. 결국 그는 쥐들을 이끌고 강가로 가서 모두 물에 빠뜨려 죽인다. 문제가 해결되었지만 약속과 달리 시장은 돈의 일부만 주고는 사나이를 쫓아낸다. 얼마 후 다시 나타난 그는 피리 소리에 홀린 아이들 130명을 데리고 도시를 떠나 외딴 동굴로 들어갔고, 그 후로 다시는 그들의 모습을 볼 수 없었다고 한다. '약속은 반드시 지켜야 한다'는 교훈을 주는 이 유명한 이야기는 관용 표현으로 남을 정도로 강렬했으므로 현대에 들어와서도 영화와 뮤지컬로 계속 재구성되고 있다.

Jacob's ladder
야곱의 사다리, 하늘에서 내려 준 사다리

He clung to the project as if it were Jacob's ladder to save his company.
회사를 살리기 위해 그는 마치 하늘에서 내려 준 사다리인 양 그 프로젝트에 매달렸다.

야곱은 구약성경에 나오는 족장 아브라함의 손자이다. 아브라함의 아들 이삭은 레베카와 결혼하여 쌍둥이 형제 에서와 야곱을 얻었다. 어머니 레베카의 편애를 받던 야곱은 아버지의 사랑을 받던 형 에서에게서 팥죽 한 그릇에 장자의 권리를 넘겨받고, 에서 행세를 하며 임종을 앞둔 아버지를 속여 장자의 축복까지 얻어 냈다. 그러고는 형의 보복이 두려워 어머니의 주선으로 외갓집이 있는 하란으로 떠난다. 가는 도중에 해가 저물자 황야에서 하룻밤을 지내게 되었다. 돌을 베개 삼아 잠을 자던 야곱은 꿈을 꾸었다. "a stairway rested on the ground, with its top reaching to the heavens; and God's messengers were going up and down on it." 그가 보니 땅에 하늘까지 이어진 층계가 세워져 있고 그 꼭대기는 하늘에 닿아 있는데, 하느님의 천사들이 그 층계를 오르내리고 있었다.(『창세기』 28:11) 이 꿈은 하느님이 야곱에게 약속한 것을 다 이룰 때까지 함께하겠다는 계시였는데, 여기서 하느님이 계신 하늘과 지상, 특히 야곱 가문과의 연결을 의미하는 'Jacob's ladder' 야곱의 사다리가 유래했다. 야곱의 사다리는 하느님이 인간과 소통하기 위해 하늘에서 직접 내려 주었다는 점에서 인간이 쌓은 바벨탑과 대비된다.

live off the fat of the land
유복하게 살다, 호의호식하다

It's always the same: the rich live off the fat of the land and complain that the poor are lazy.
늘 똑같다. 부자들은 호의호식하며 가난한 사람들이 게으르다고 손가락질한다.

이 표현은 글자 그대로 해석하면 '기름진 땅을 일구어 먹고살다'라는 의미인데, 지금은 'fat'이 '지방'이라는 뜻으로 주로 쓰이지만 16세기에는 가장 좋은 부분이나 기름진 것을 의미했다. 이 표현은 구약성경에서 그 기원을 찾아볼 수 있다. 『창세기』를 보면 야곱의 막내아들 요셉은 이집트에 팔려 갔다가 그곳에서 파라오의 재상이 된다. 한편 가나안 땅에 대기근이 들자 파라오는 형들과 화해한 요셉에게 형들의 식솔을 이집트로 데려오도록 초청한다. "Say to your brothers: This is what you shall do: Load up your animals and go without delay to the land of Canaan. There get your father and your families, and then come back here to me; I will assign you the best land in Egypt, where you will live off the fat of the land."그대의 형제들에게 이르시오. '너희는 이렇게 하여라. 너희의 짐승들에 짐을 싣고 가나안 땅으로 가서, 너희 아버지와 집안 식구들을 데리고 나에게 오너라. 내가 너희에게 이집트에서 가장 좋은 땅을 주고, 이 땅의 기름진 것을 먹게 해 주겠다.'(『창세기』 45:17~18)

land of milk and honey
더없이 풍요로운 땅, 안락한 곳

Post-World War II Europeans saw America as the land of milk and honey.
제2차세계대전 이후 유럽인들은 미국을 풍요의 땅으로 보았다.

글자 그대로 해석하면 '젖과 꿀이 흐르는 땅', 즉 '모든 곡식과 과일이 잘 여무는 풍요로운 이상향'이자 '하느님의 나라(천국)'를 의미하는 이 말은 구약성경에서 유래했다. 하느님이 아브라함과 이삭과 야곱에게 많은 자손과 함께 주겠다고 약속한 땅인 가나안은 성경에서 '히브리 땅', '블레셋 땅', '이스라엘 온 땅', '약속하신 땅' 등 다양한 별칭으로 불리는데, 『탈출기』에는 '젖과 꿀이 흐르는 땅'으로 묘사되어 있다. 호렙산에 올랐다가 불타는 떨기나무에서 하느님의 음성을 듣게 된 모세는 억압받던 이스라엘 백성들을 구원하겠다는 하느님의 약속을 듣는다. "I have come down to rescue them from the hands of the Egyptians and lead them out of that land into a good and spacious land, a land flowing with milk and honey."이제 내가 내려가서 이집트 사람의 손아귀에서 그들을 구하여, 이 땅으로부터 저 아름답고 넓은 땅, 젖과 꿀이 흐르는 땅으로 데려가려고 한다.(『탈출기』 3:8) 통상적으로는 요르단강 서쪽 전 지역을 일컫는 이 지역은 실제로 각종 산물이 풍부하고 광물질이 많이 매장되어 있어 풍요의 상징이 되었다.

blue bloods
귀족 혈통, 명문

I prefer my own group of friends to those blue bloods you hang out with.
네가 어울리는 명문가 애들보다 난 내 친구들이 더 좋다.

이 말은 스페인어 'sangre azul'푸른 피에서 유래한 표현이다. 수세기 동안 이베리아반도 대부분을 점령했던 아랍인은 8세기 이후로 그리스도교인들이 잃어버린 영토를 되찾기 위해 벌인 국토 회복 전쟁 레콩키스타로 점차 밀려나기 시작한다. 카스티야 왕국의 이사벨 1세와 아라곤 왕국의 페르난도 2세의 결혼으로 탄생한 에스파냐 통일국가에 의해 마지막 거점 그라나다가 함락되면서 아랍인은 스페인 땅에서 완전히 쫓겨났다. 아랍 점령기 동안 스페인의 상류층인 카스티야의 유력 가문들은 정복자인 아랍인이나 무어인과 결혼하지 않고 순수 혈통을 지켰다. 그래서 대부분 사람보다 피부색이 더 희고 핏줄이 도드라져 보였다고 한다. 물론 피는 붉은색이지만 피부 표피에 드러나는 정맥은 파란색으로 보인다. 여기에서 'blue blood'푸른 피라는 표현이 유래해 '상류층'을 뜻하게 되었다. 1834년 아일랜드 동화작가 마리아 에지워스가 쓴 소설 『헬렌』에 그러한 생각이 반영되어 있다. "[Someone] from Spain, of high rank and birth, of the sangre azul, the blue blood."스페인에서 온 지체 높은 명문가 출신의 요인.

for all intents and purposes
어느모로 보나, 사실상

For all intents and purposes, there was little need to watch anymore.
어느모로 보나, 더 이상 지켜볼 필요가 거의 없었다.

어원을 밝히다 보면 그 기원이 명확한 경우는 많지 않다. 그러나 이 표현은 그 기원이 명확하게 기록으로 전한다. 지금의 표현과는 약간 차이가 있지만 'to all intents, constructions, and purposes'어떤 취지와 해석과 목적에서든라는 표현이 1546년 헨리 8세 치하의 의회법에 최초로 등장한다. 헨리 왕의 절대적인 입법권을 부여하기 위한 표현으로 '어느 면으로 보아도, 사실상, 거의'라는 뜻이다. 1539년 헨리 8세는 자신이 선포하는 것이 곧 법이 되는 절대적인 입법권을 부여한 포고령을 의회에서 통과시켰다. 그때부터 헨리 8세는 이 자유를 십분 활용하기 시작했다. 새로운 아내를 얻기 위해 원래의 아내를 두 명이나 처형했을 뿐 아니라 일면식조차 없는 많은 사람을 교수형, 참수형, 화형에 처했고, 아주 사소한 일로 심기를 건드린 사람들까지 마구 처형했다. 이후 이 표현은 영미의 법률 문서에 계속 등장했고, constructions이 빠지고 to 대신 for를 써서 'for all intents and purposes'가 되긴 했지만 오늘날에도 널리 쓰이고 있다.

let one's hair down
느긋하게 쉬다, 터놓고 이야기하다

It is Friday night. Let your hair down, and join us for one wild night!
금요일 밤이잖아. 느긋하게 쉬면서 하룻밤 신나게 놀아보자고!

이 표현은 17세기 유럽의 상류층 사이에서 생겨난 말이다. 당시 상류층 귀부인은 깃털이나 꽃으로 화려하고 정교하게 치장한 머리 모양을 했는데 몇 시간이나 공들여 머리를 매만지고 수많은 머리핀을 꽂아 장식을 고정해야 했다. 특히 19세기 나폴레옹 치하의 프랑스에서는 귀족 여인이 머리를 제대로 꾸미지 않은 채 다른 사람 앞에 모습을 드러내면 심하게 비난받았다. 그러니 집에 돌아와 머리핀을 빼고 말 그대로 '머리를 풀어 늘어뜨렸을 때' 얼마나 편했겠는가. 19세기에는 '머리를 늘어뜨리다'가 장식을 하지 않은 채 그냥 늘어뜨리는 것이므로 '단정치 못하다'라는 직설적 의미로 쓰였다. 1900년대 초반까지도 여성들은 머리를 계속 기르고 공공장소에서는 핀으로 머리를 틀어 올렸지만, 1920년대 들어서는 단발을 하기 시작하며 이렇게 치장하는 관습이 사라졌으므로 오늘날에는 '느긋하게 쉬다' 또는 '흉금을 터놓고 이야기하며 즐거운 시간을 보내다'라는 의미로 쓰인다.

straight from the horse's mouth
믿을 만한 소식통에 따르면

I know it's true! I heard it straight from the horse's mouth!
그건 사실이야! 믿을 만한 소식통한테서 들었거든!

글자 그대로 해석하면 '말의 입에서 직접 나온'이라는 뜻으로 '믿을 만한 소식통 또는 당사자의 입에서 나온 말'이라는 의미다. 이 표현은 경마에서 유래했는데, 도박꾼들은 어떤 말이 가장 잘 달리는지 정확한 정보가 필요했다. 아무래도 말과 가장 가까이 있는 기수나 조련사, 즉 '마구간 내부자'에게서 나온 정보가 가장 믿을 만했는데, 마구간 내부자보다 더 확실한 정보는 직접 경주를 뛰는 말의 상태였다. 우승의 관건은 경주마의 건강 상태였기에 말의 나이를 알 수 있는 이빨 상태로 건강을 확인했다고 한다. 즉 '말의 입에서 나왔으니 가장 확실한 소식통'이라는 의미에서 이 표현이 생겨났다. 기록으로는 1896년 6월 런던의 신문 『레이놀즈 뉴스페이퍼』에 처음 등장한다. "As the great British nation takes far more interest in horse racing than in politics, the exchange of rulers would be delightful, because, look you, we'd get all our tips straight from the horse's mouths, instead of being deluded and swindled every day by their lordly owners." 대영제국은 정치보다 경마에 훨씬 더 관심을 가지고 있기 때문에 통치자가 바뀌면 신날 것입니다. 그야 매일 귀족들에게 속고 사기를 당하는 대신, 가장 확실한 소식통에서 나오는 정보를 얻게 될 테니까요.

apple of sodom
허울만 좋은 것, 실망의 근원

The sofa he bought yesterday was found to be an apple of Sodom.
그가 어제 산 소파는 겉만 번지르르했다.

고대 로마의 유대인 역사가 요세푸스의 기록을 보면 '소돔의 사과'라는 식물을 묘사해 놓은 것이 있다. "그 과실은 먹음직스러워 보이지만 일단 손으로 따는 순간 연기와 재로 사라진다." '사해 사과'Dead Sea apple로도 불리는 이 식물은 사실 성경에서 그 유래를 찾을 수 있다. 구약성경 『탈출기』 3장 2절의 "주님의 천사가 떨기나무 한가운데로부터 솟아오르는 불꽃 속에서 모세에게 나타났다"라는 구절에 나오는 떨기나무가 바로 이 식물이다. 사해를 중심으로 요르단 계곡의 아라바 광야를 따라서 자생하는 이 나무가 '소돔의 사과'라고 불리는 이유는 소돔과 고모라가 멸망할 때 함께 저주받은 나무라는 전설에서 비롯되었다. 높이가 5미터까지 자라며 초록색 사과와 흡사한 열매가 달리지만, 탐스러운 겉보기와 달리 익은 열매는 저절로 껍질이 터지면서 속에 있던 작은 까만 씨앗 수백 개가 하얀 실처럼 생긴 솜털을 따라 날아가 버려 아무것도 남지 않는다. 그래서 겉보기와 달리 허망함과 환멸을 안겨 준다는 의미로 '허울만 좋은 것, 유명무실'을 비유하는 말로 쓰이게 되었다. 존 밀턴, 키플링, 제인 오스틴, 샬럿 브론테, 마크 트웨인, 허먼 멜빌 등 수많은 문인이 작품에서 즐겨 썼다.

it is what it is
어쩔 수 없지, 어쩌겠어

It's a complex issue, it's a shame, but it is what it is.
복잡한 문제이고 부끄러운 일이지만, 어쩌겠습니까.

"이미 벌어진 일이니 받아들여" 또는 "사는 게 다 그렇지 뭐"라는 의미로 쓰이는 이 말은 1949년 『네브래스카주 저널』의 한 칼럼에 쓰인 이후로 20세기 중반부터 인기를 얻으며 다양한 분야에서 널리 쓰였다. 이러한 생각을 표현하는 여러 버전의 구문이 오래전부터 있었는데, 첫 기록은 구약성경의 『탈출기』에서 찾을 수 있다. 호렙산으로 간 모세는 불타는 떨기나무 한가운데에서 자신을 부르는 하느님의 음성을 듣는다. 이스라엘 백성을 이집트 땅에서 이끌어 내라는 소명을 받은 모세가 사람들이 자신에게 하느님의 이름을 물으면 뭐라고 답해야 좋을지 묻자, 하느님은 이렇게 알려 준다. "I AM THAT I AM: and he said, Thus shalt thou say unto the children of Israel, I AM hath sent me unto you." 나는 곧 나다. 너는 이스라엘 자손에게 이르기를 '나'라고 하는 분이 너를 그들에게 보냈다고 하여라.(『탈출기』 3:14) 유대인들은 하느님의 이름을 입에 올리는 것 자체를 불경하게 여겼기 때문에 'I AM THAT I AM'에 해당하는 히브리어 자음 네 개만을 써서 יהוה YHWH, 야훼로 부르게 되었다.

in one's heart of hearts
내심, 마음속 깊이

It's a wonderful job offer, but in my heart of hearts I don't want to leave this area.
그것은 좋은 일자리 제안이지만, 속마음은 이 지역을 떠나고 싶지 않다.

'heart'심장는 오랫동안 사람의 영적·감정적·지적·도덕적 중심과 연관되어 쓰인 표현이다. 심장이 이런 의미로 쓰인 유래는 구약 성경 『탈출기』에서 찾을 수 있다. 모세는 파라오에게 이스라엘 백성들을 종살이에서 풀어 달라고 거듭 간청하는데, 그때마다 파라오의 심장(마음)이 굳어져 경고를 무시한다. 고대 이집트에서는 사람의 영혼이 심장에 담겨 있다고 믿었으므로 미라로 만들 때에 다른 장기는 모두 제거해도 심장만은 남겨 두었다. 이집트 신화에서는 사람이 죽으면 저승의 신 오시리스 앞에서 '심장의 무게 달기'라는 재판을 거쳐 영생의 나라로 가게 될지 결정된다. 망자는 생전에 저지른 죄의 심판을 받는데, 법과 정의, 조화, 진리를 주관하는 여신 마트Ma'at를 상징하는 하얀 깃털과 심장이 저울에 놓인다. 심장이 깃털보다 무거우면 죄를 많이 지었으므로 부활의 땅에 들어갈 수 없었다. 'in one's heart of hearts'마음속 깊이라는 표현은 1602년 셰익스피어가 『햄릿』의 대사에 처음으로 썼다. "Give me that man That is not passion's slave, and I will wear him In my heart's core, ay, in my heart of heart, As I do thee." 자신의 감정을 다스리는 사람이 있다면 알려 주게, 그러면 그를 자네처럼 마음 속 깊이 소중히 여기겠네.

# of biblical proportions
엄청난 규모의, 전방위적인

The typhoon laid waste to the coast of Japan, causing damage of biblical proportions.
태풍이 일본 해안을 휩쓸어 엄청난 피해를 입었다.

'성경에 나온 참극에 비견될 만큼 엄청난 규모의 자연재해나 끔찍한 사건'을 가리킬 때 쓰는 표현으로, 이러한 끔찍한 재해의 예로는 구약성경 『탈출기』에 나오는 열 가지 재앙을 꼽을 수 있다. 파라오가 이스라엘 백성을 순순히 풀어 주지 않자 하느님은 차례차례 재앙을 내리기 시작한다. 물이 피로 변하고, 온 강과 땅에 개구리들이 우글거리고, 온 땅의 먼지가 모기로 변하여 짐승과 사람들에게 달려들고, 등에가 온 땅을 휩쓸어 폐허로 변하고, 흑사병이 돌아 모든 가축이 죽고, 종기가 짐승과 사람에게 돌아 궤양을 일으키고, 엄청난 우박이 쏟아지고, 메뚜기 떼의 공격으로 먹을 것이 남아나지 않았다. 어둠이 온 땅을 덮는 아홉 가지 재앙에도 파라오가 마음을 돌리지 않자 마지막 재앙으로 이집트의 모든 맏배는 사람과 짐승 할 것 없이 죽어 나간다. 파라오는 맏아들을 잃고 나서야 이스라엘 백성들이 이집트 땅에서 떠나도 좋다고 허락한다. 이처럼 하느님의 진노가 빈부격차나 지위 고하를 막론하고 이집트의 모든 영토와 사람들에게 미친 데에서 무차별적으로 광범위하게 벌어지는 재해나 사건을 'of biblical proportions' 성서만큼의 규모라고 일컫게 되었다.

manna from heaven
예상 밖의 행운, 뜻밖의 도움이나 위로

The offer of a new job just as she had been fired was manna from heaven to Joan.
조안에게는 해고당하자마자 새로 들어온 일자리 제안이 천운이었다.

글자 그대로 해석하면 '하늘에서 떨어진 만나'라는 뜻으로 무엇인가 절실하게 필요한 상황에서 '예상치 못하게 찾아온 행운이나 도움'을 의미하는 이 표현은 구약성경 『탈출기』에서 유래했다. 모세의 인도로 이집트에서 탈출한 이스라엘 백성은 신 광야에 이르렀을 때 먹을 것이 떨어지자 굶어 죽게 되었다고 모세와 아론을 원망하며 항의하였다. 그러자 하느님은 이들에게 저녁에는 고기를 먹고 아침에는 빵을 배불리 먹게 해 주겠다고 약속한다. 그날부터 저녁이면 메추라기가 날아와 장막을 뒤덮고, 아침이면 자욱한 안개가 걷히고 난 자리에 서리처럼 보이는 싸라기 같은 것이 가득 덮여 있었다. 고수 씨처럼 하얗고 맛은 꿀 섞은 과자 같은 이것이 바로 만나였다. 만나는 이스라엘 백성들이 가나안 땅으로 들어가기 전에 40년의 광야 생활을 하는 동안 그들의 주식이 되었는데, 날마다 내렸으며 안식일 전날을 제외하고는 하루에 먹을 분량만 거두어들여야 했다. 아사 직전에 하늘에서 내려 준 양식인 만나 덕분에 이스라엘 백성들이 살아남을 수 있었던 데서 이 표현이 생겨났다.

golden calf

부, 숭배의 대상, 배금주의

The worship of the golden calf is the distinct characteristic of modern society.
부의 숭배는 현대사회의 뚜렷한 특징이다.

'과도한 물질 추구'를 비유적으로 이르는 이 표현은 구약성경 『탈출기』 32장에 등장하는 금송아지 사건에서 유래했다. 고대 이집트 신화에 따르면 창조의 신이자 가축의 신 프타Ptah가 하늘의 불로 변해 검은 소를 탄생시켰다고 한다. 이집트인들은 이마에 흰 삼각형 무늬가 있고 꼬리 끝이 둘로 갈라진 이 성스러운 소 아피스Apis를 숭배했다. 이집트에서 종살이를 하던 이스라엘 백성은 모세의 인도로 홍해를 건넜지만 가나안 땅으로 바로 들어가지 못하고 광야를 떠돈다. 십계명을 받으러 시나이산으로 올라간 모세가 오래도록 내려오지 않자 사람들은 모세의 형 아론에게 몰려가 지금까지 인도해 준 하느님을 저버리고 자신들을 이끌 새로운 신을 만들어 달라고 요구했다. 그러자 아론은 사람들에게서 거두어들인 금 귀걸이와 장신구를 녹여 수송아지 상을 만들어 냈다. 사람들은 그것을 신으로 떠받들며 제물을 바친 뒤 흥청거리며 놀았다. 산에서 내려와 그 광경을 목격한 모세는 화가 나서 하느님께 받은 두 증언판을 내던져 깨 버렸다. 그리고 수송아지를 불에 태운 뒤 빻은 가루를 탄 물을 백성에게 마시게 했다. 이 사건에서 유래한 표현 'golden calf'금송아지는 현대에 와서는 '물질에 대한 탐욕', '배금주의'를 의미한다.

vandalism
고의적 파괴 행위, 공공시설·사유재산 등의 훼손

Vandalism is on the rise, and authorities are at a loss for new approaches to combat it.
공공기물 파손 행위가 점점 늘어나자 당국에서는 어떤 새로운 방안으로 대처해야 할지 난감해하고 있다.

반달족은 게르만족의 한 갈래로 5세기와 6세기 초에 발트해 남쪽에 살던 호전적인 민족이다. 이들은 409년에 이베리아반도를 침략하고, 429년에는 해협을 건너 아프리카까지 점령했다. 455년에 가이세리크 왕의 지휘 아래 로마를 약탈한 그들은 유피테르(제우스) 신전의 천장에서 금을 벗겨 내는 등 공공 기념물을 훼손하고 조각상을 파괴했다. 1694년 영국 시인 존 드라이든은 이에 영감을 받아 『고트인과 북부의 야만인 반달족이 매우 귀중한 모든 기념물들을 망칠 때까지』를 썼다. 이후로 반달족 하면 예술품 파괴가 연상되었다. 한편 프랑스 혁명 직후 자행된 예술품 파괴를 나타내기 위해 1794년 블루아의 주교 앙리 그레구아르가 만들어 낸 '반달리즘'이라는 신조어가 유럽 전역으로 빠르게 퍼졌다. 이 용어가 널리 사용되면서 반달족은 파괴 본능을 가진 야만적인 집단이라는 생각이 대중화되었고 '반달리즘'은 '혁명적 광신자들에 의한 예술 작품 파괴'를 의미하게 되었다. 시간이 지나면서 '재산을 헛되이 파괴하다'라는 의미로도 쓰게 되었다.

mad as a hatter
①완전히 미친 ②몹시 화난

My grandfather came back from the war as mad as a hatter because of all the horrible things he saw.
할아버지는 전쟁터에서 목격한 온갖 참상 때문에 완전히 미쳐서 돌아오셨다.

이 표현은 17~18세기 모자 산업에서 유래한 말이다. 당시 모자 제조에 사용되는 화학물질에는 테두리를 굳히는 데 쓰는 수은 질산염이 포함되어 있었다. 수은이 함유된 증기에 지속적으로 노출되다 보니 모자 직공들은 수은 중독 증상을 보였다. 이른바 'hatter's shakes'모자 직공의 발작라 부르는 억제할 수 없는 심한 근육 떨림과 팔다리 경련 외에 시야 협착, 발음 장애 증세가 나타났으며 심할 경우 환각과 다른 정신병적 징후까지 보였다. 여기서 'mad as a hatter'모자 장수처럼 미친라는 말이 생겨났고, 루이스 캐럴의 『이상한 나라의 앨리스』에 나오는 캐릭터 'mad hatter'미친 모자 장수도 이러한 시대적 배경에서 나온 것으로 보인다. 남성 모자 유행이 시들해질 때까지 미국의 모자 제조 산업의 중심지였던 코네티컷주 댄버리에서는 일명 'Danbury Shakes'댄버리 발작라고 알려진 질병이 유행했다. 이렇듯 모자 제조업에서 산업 재해자가 속출하자 1941년 미국 공중보건국은 결국 모자 산업에서 수은 사용을 금지했지만, 아픈 역사는 어휘 속에 그 흔적을 남겨 놓았다.

in the bag
확정된, 보장된, 따 놓은 당상

And then, with the election all but in the bag, the report came out, and changed everything.
당시에 선거는 따 놓은 당상이었는데 보도가 나오자 모든 것이 바뀌었다.

글자 그대로 해석하면 '가방 안에 들어 있다'는 의미의 이 관용어에는 몇 가지 기원설이 있다. 영국 의회에서는 'in the bag'이 '확실한 것'을 의미했다. 의장 옆에는 가방이 하나 놓여 있는데, 의원이 안건을 제출했을 때 의장이 그것을 가방에 넣으면 그 안건은 그날 확실히 상정되었다고 한다. 한편 야구 경기에서 유래했다는 설도 있다. 샌프란시스코 자이언츠의 전신인 뉴욕 자이언츠가 1916년에 26연승이라는 대기록을 달성할 당시, 그들이 미신처럼 행하던 행위가 하나 있었다. 안타를 치거나 공이 너무 더러워지면 교체할 여분의 공 72개가 든 가방을 경기가 시작될 때마다 경기장에 놓곤 했다. 그리고 9회에 경기를 리드하고 있을 때 공 가방을 경기장 밖으로 가지고 나가면 그 게임은 '가방 안에' 들어 있어 절대로 지지 않는다고 믿었다고 한다. 이 표현은 1920년 오하이오의 신문 『맨스필드 뉴스』에 처음 등장하면서 '확실하게 보장된 것', '손 안에 들어온 것이나 마찬가지'라는 의미로 널리 쓰이기 시작했다.

settle the score
청산하다, 빚을 갚다, 설욕하다

Charlie entered the competition looking to settle the score with the young player who dethroned him in the previous tournament.
찰리는 지난 대회 챔피언 자리를 앗아간 젊은 선수에게 설욕하려고 대회에 출전했다.

이 표현은 'score'의 어원과 관련이 있다. 10진법을 쓴 로마와 달리 켈트인들은 20진법을 썼는데, 웨일스와 아일랜드에서 쓴 켈트어의 영향으로 영어에 남아 있는 말이 'score'이다. 종이를 사용하기 전에 서양에서는 계산이나 기록을 할 때 'tally stick'이라는 일종의 엄대를 사용했는데, 나뭇가지에 해당하는 숫자만큼 홈을 새겨 기록하는 방식이었다. 특히 양처럼 짐승을 셀 때는 20마리 단위로 홈을 새겼고, 이렇게 '20개 단위로 표시된 tally stick' 또는 '그렇게 표시하는 행위'를 'score'라고 지칭했다. 그래서 오늘날까지도 'score'에는 '점수, 득점, 점수를 기록하다'라는 뜻 외에도 '20'이라는 의미가 남아 있다. 거래를 할 때 당사자들은 쪼갠 tally stick을 나누어 가진 다음 거래 영수증처럼 나중에 맞추어 보았다. 1400년대부터는 'score'가 상인이나 여관 주인의 '외상 금액' 또는 '장부'라는 뜻으로도 쓰이기 시작했다. 그래서 'settle the score'는 원래 '그동안 밀린 외상(빚)을 청산하다'라는 뜻이었다. 그런데 후대로 가면서 '과거의 잘못을 되갚아 주다'라는 은유적 의미가 추가되었고 지금은 이런 뉘앙스로 더 많이 쓰인다.

the pot calling the kettle black

똥 묻은 개가 겨 묻은 개 나무란다, 적반하장

The senator accused the press of misrepresenting the facts, which many people thought as the pot calling the kettle black.

그 상원의원은 언론이 사실을 왜곡한다고 비난했지만 많은 사람들은 그야말로 적반하장이라고 생각했다.

글자 그대로 해석하면 '주전자 보고 검다고 하는 냄비'라는 뜻의 이 말은 페르시아의 오래된 속담으로 '자기의 더 큰 잘못은 보지 못하고 도리어 남을 비판한다'는 의미이다. 1640년에 모하마드 알리가 쓴 『페르시아 관용어집』에 기록되었지만 그 기원은 훨씬 오래전으로 추측된다. 페르시아 문학에서 검게 그을린 냄비는 부정적인 성격을 묘사하는 상징이었다. 예를 들면 '어리석은 사람들의 말은 속이 텅 비고 겉은 검은 냄비와도 같다'거나, '사람의 나쁜 행위는 냄비 겉을 그을리는 검은 연기와 같다'는 표현을 썼다. 이 표현은 1620년 토머스 셸턴이 세르반테스의 『돈키호테』를 번역하면서 영어에 처음으로 등장했다. 그런데 현대에 와서는 이 말을 새로운 관점에서 흥미롭게 해석하는 견해도 있다. 냄비와 주전자는 모두 부엌에서 쓰는 조리 도구인데, 냄비는 불 위에 계속 올려놓아 그을음투성이지만 주전자는 대개 잘 닦아서 반짝반짝 윤이 난다. 냄비가 주전자에게 검다고 비난하는 것은 사실 주전자에 비친 자신의 검댕이다. 냄비가 자기 검댕을 주전자의 검댕으로 착각한 데에서 '자기 결점은 자기 눈에는 보이지 않는다'는 이 표현이 생겨났다는 것이다.

under the weather
몸이 안 좋은, 찌뿌드드한, 기분이 별로인

Whatever I ate for lunch is making me feel a bit under the weather.
점심에 먹은 것이 체했는지 몸이 안 좋다.

우리가 흔히 몸이 찌뿌둥하거나 관절이 쑤시면 "날이 궂으려나 보다" 하고 말하는 것과 유사한 뉘앙스를 풍기는 표현이다. 즉 '딱히 병이 난 것은 아니고 컨디션이 좋지 않을 때' 쓰는 말이다. 날씨 관련된 표현이 흔히 그렇듯 이 말도 항해에서 유래했다. 선원이 아프거나 악천후 때문에 뱃멀미가 심해지면 배에서 가장 흔들림이 적은 구역인 갑판 아래로 내려보내 쉬게 했다. 보통 위에 지붕이나 가리개가 없이 노출된 갑판을 'weather deck'이라 했는데, 'under the weather deck'은 그 아래 있다는 뜻이니 '몸이 안 좋은 것'을 지칭하게 되었다. 1800년대 중반에 등장한 이 표현은 'under the weather'로 축약되어 지금도 널리 쓰이고 있다. 내용이 약간 다른 기원설도 있다. 지금처럼 감기약이 없던 시절 선원들은 바다에 나가 있는 동안 감기에 걸리거나 다른 질병을 앓을 때가 많았다. 항해일지에 이런 선원들의 이름을 기록하는데 공간이 다 차면 대개 날씨 정보를 적는 칸에 써 넣었다. 그래서 '몸이 좋지 않으면 날씨 칸에 이름이 적힌다'는 의미에서 이 표현이 유래했다고 한다.

up to scratch
만족스러운, 타당한, 일정 수준에 달한

How much money do you think it will take to bring my car up to scratch?
내 차를 괜찮은 수준으로 만들려면 돈이 얼마나 들 것 같아?

1800년대 중반에 등장한 이 표현의 유래는 복싱에서 찾아볼 수 있다. 초창기에는 지금처럼 종을 쳐서 라운드의 시작을 알리는 것이 아니라 주심이 링 중앙에 그려 놓은 라인을 두 선수가 밟는 것으로 라운드가 시작되었는데, 그 라인을 '스크래치'scratch라고 불렀다. 요즘은 경기 도중 선수가 상대의 펀치를 맞고 쓰러지더라도 주심이 열까지 세기 전에 일어나면 경기를 지속할 수 있는 것으로 판단하지만 당시에는 방식이 달랐다. 쓰러진 선수는 정해진 시간(38초) 안에 '스크래치까지 걸어와야만'up to scratch 경기를 속행할 능력이 있는 것으로 판단되었다. 시간 내에 스크래치에 도달하지 못하면 그는 계속 싸울 수 없는 것으로 여겨져 상대에게 승리가 돌아갔다. 그래서 '스크래치까지 도달하면 경기를 계속할 수 있는 수준'이라는 의미에서 이 표현이 생겨났다. 1822년 영국의 문필가 윌리엄 해즐릿이 권투에 대해 쓴 작품에서 문자적 의미로 사용했으며, 거의 같은 시기에 은유적으로도 쓰이기 시작했다. 1934년 조지 오웰이 발표한 『버마 시절』에도 이 표현이 나온다. "If they won't come up to scratch you can always get hold of the ringleaders and give them a good bambooing."만약 그들이 만족스럽게 굴지 않으면 당신은 언제라도 주동자들을 붙잡아 혼내 줄 수 있잖아요.

bury the hatchet
휴전하다, 화해하다

He tried to bury the hatchet with the union members first before talking with the union leaders, who were more adamantly opposing to him.
그는 더욱 완강하게 반대하는 노조 지도부와 대화하기 전에 노조원들과 화해하려고 했다.

글자 그대로 해석하면 '도끼를 묻다'라는 이 표현은 아메리카 원주민의 전통에서 유래했다. 그들은 다른 부족이나 백인과 평화협정을 맺을 때 무기를 거두는 행위로 부족장이 도끼를 땅에 묻었다. 이 표현이 영어에 등장한 것은 17세기 중반이지만, 도끼를 묻는 관습은 백인들이 정착하기 훨씬 이전부터 있었다. 1644년에 북아메리카 주재 프랑스 예수회 선교사들의 상세한 보고서와 편지들을 루번 골드 스웨이츠가 번역하여 펴낸『예수회 선교 보고서 및 관련 서류』에 이 관습이 언급되어 있다. "그들은 이 땅의 모든 부족들을 통합하고 앞으로는 도끼가 다시 눈에 띄지 않도록 땅 속 깊숙이 묻는다고 선포한다."『1870년 뉴잉글랜드 역사 및 족보』에는 1680년 새뮤얼 시월이 남긴 기록이 들어 있는데, 원주민 부족 지도자들이 맺은 평화협정을 다음과 같이 설명한다. "합의에 이른 부족 지도자들은 두 개의 도끼를 땅에 묻었다. 그들에게 도끼는 주요한 무기이기 때문에 그 의식은 모든 평화 조항보다 더 중요하고 구속력이 있다." 지금은 반대 입장의 사람이나 집단끼리 '관계를 개선하거나 화해하다'라는 의미로 쓰인다.

saved by the bell
뜻밖의 사건 덕택에 화를 면한

Just when my husband was about to start yelling at me, the fire alarm went off and saved me by the bell.
남편이 막 나에게 소리를 지르려던 참에, 때마침 화재경보기가 울려서 곤란한 상황을 모면했다.

글자 그대로 해석하면 '종에 의해 구원받는다'는 뜻의 이 표현은 복싱 경기에서 상대에게 흠씬 얻어터지고 있던 선수가 라운드가 끝났음을 알리는 종소리가 울리면 안도의 한숨을 내쉬는 상황에 흔히 쓰였다. 보통 19세기 말 복싱 경기에서 쓰이기 시작했지만 그 기원은 17세기 초로 거슬러 올라간다. 예전에는 의학 지식이 부족하여 뇌졸중이나 코마 또는 빈사 상태인 경우 사망한 것으로 선고되는 경우가 흔히 있었다. 그럴 경우 그야말로 생매장을 당할 수도 있었는데, 체스터필드 경과 조지 워싱턴, 쇼팽 같은 유명인도 임종 시에 그러한 두려움을 표출했다고 한다. 이러한 두려움을 반영하듯 실제로 영국과 건국 초기 미국에서는 종을 관 속에 부착하여 누워 있던 시신이 혹시라도 움직이면 울리도록 고안된 'safety coffin'안전 관이라는 특수한 관을 만들어 냈다. 이 관은 1800년대 말에 특허 출원되어 1955년까지 등록되어 있었다고 한다.

scapegoat
희생양, 속죄양, 남의 죄를 대신 짊어지는 사람

Michael said the boards of the company pointed him out because they needed a scapegoat for the bribery scandal.
마이클은 회사 이사진이 그 뇌물 사건의 희생양이 필요했으므로 자신을 지목했다고 말했다.

'scapegoat'는 지금은 '희생양'✲으로 쓰이지만 정확히 말하자면 고대 히브리에서 속죄일에 악령 아사셀의 몫으로 남겨 둔 속죄 염소였다. 구약성경 『레위기』16장에 속죄 의식이 언급되어 있는데, 이 의식을 할 때 숫염소 두 마리가 필요했다. 모세의 형이자 제사장인 아론은 황소를 바쳐 자신과 집안을 위한 속죄 의식을 치른 뒤 숫염소 두 마리를 끌어다가 만남의 천막 어귀에 세워 놓아야 했다. 그런 다음 두 마리 가운데 제비를 뽑아 한 마리는 죽여 희생 제물로 바치고 다른 한 마리는 살려 두었다. 희생 제물을 바치는 의식이 끝나면 살려 둔 염소의 머리에 두 손을 얹고 이스라엘 백성의 모든 죄악, 즉 허물과 잘못을 고백하여 그것들을 염소 머리에 씌우고는 기다리고 있던 사람의 손에 맡겨 광야로 내보냈다. 이렇게 광야로 내보낸 염소를 '속죄 제물'이라고 불렀는데, 이스라엘 백성들은 그 염소가 자신들의 죄를 짊어지고 간다고 생각했다. 현대에 와서는 종교적 의미뿐 아니라 일반적 의미로도 많이 쓰이며 주로 '남을 대신하여 비난을 뒤집어쓰는 사람'을 지칭한다.

an eye for an eye
눈에는 눈, 앙갚음하다

So instead of responding to a rude email with "an eye for an eye" — sit back, breathe and read this first!
그러니 무례한 이메일에 '앙갚음하는 심정'으로 답신할 것이 아니라, 뒤로 물러나 진정한 후 이것을 먼저 읽어봐!

구약성경 『신명기』 19장 21절에 다음과 같은 구절이 있다. "Show no pity: life for life, eye for eye, tooth for tooth, hand for hand, foot for foot." 너희는 그를 동정해서는 안 된다. 목숨은 목숨으로, 눈은 눈으로, 이는 이로, 손은 손으로, 발은 발로 갚아야 한다. 당한 그대로 갚아 주는 이러한 방식을 '탈리오 법칙'lex talionis이라 하는데, 동일한 상해나 배상을 원칙으로 하는 일종의 처벌법이었다. 일찍이 함무라비 법전에도 나올 만큼 오래된 이 법은 고대 근동에서 일반적으로 시행되었으며 지금까지도 종종 행해진다. 그런데 개인감정에 사로잡혀 사적으로 보복을 하게 되면 죗값 이상의 복수가 자행될 것이므로 또 다른 원한을 낳게 된다. 사실 이 법의 제정 목적은 사적 보복의 끝없는 악순환을 막고 억울한 피해를 방지하기 위해 법률에 의해 처벌 범위를 정한 데에 있었다. 즉 반드시 동일하게 처벌하라는 것이 아니라 그 이상은 처벌할 수 없는 최대 형량이었던 셈이다. 신약성경 『마태오 복음서』 5장에서 예수는 이 오래된 법을 버리고 '누군가 오른뺨을 치거든 다른 뺨마저 내밀라'며 폭력의 악순환을 끊으라는 새로운 율법을 제시한다.

hang in the balance
불안정한 상태에 있다, 중대 국면에 있다

Tom's life hung in the balance for two weeks as he lay in a coma.
톰은 2주 동안 혼수상태에 빠져 사경을 헤매고 있었다.

사람들이 쉽게 이해하게끔 현대 구어체 영어로 번역된 NLT(New Living Translation) 성경에 이런 구절이 있다. "Your life will constantly hang in the balance. You will live night and day in fear, unsure if you will survive."당신들은 언제나 생명의 위협을 느낄 것이며, 밤낮 두려워하여, 자신의 목숨을 건질 수 있을지조차도 확신할 수 없을 것입니다.(『신명기』 28:66) 이집트에서 탈출한 이스라엘 백성들이 40년 동안 광야에서의 방랑을 끝내고 하느님께 약속받은 가나안 땅을 차지하려고 요르단강을 건너기 직전, 이들은 선택의 기로에 섰다. 하느님의 계명을 잘 실천하여 복을 받을 것인가, 제멋대로 살면서 저주를 받을 것인가.

여기서 'balance'는 '저울'을 의미한다. 지금이야 알아서 숫자로 표시해 주는 저울이 있지만 옛날에는 가운데에 줏대를 세우고 가로장을 걸친 천칭을 사용했다. 양쪽 끝에 똑같은 저울판을 달고 한쪽에는 무게를 잴 물건을, 다른 쪽에는 추를 놓아 평평하게 하여 물건의 무게를 재는 방식에서 이 표현이 유래했다. 재 보기 전에는 저울추가 어느 쪽으로 갈지 확실히 알 수 없으므로 'hang the balance'저울에 매달리다는 '어떻게 결정될지 알 수 없는 불안정한 상태'를 의미하게 되었다.

David and Goliath contest
다윗과 골리앗의 싸움, 한쪽의 일방적 싸움

Competition between the start-up firm and multinational big tech companies
looks like a David and Goliath contest.
그 신생 기업과 다국적 빅테크 기업들 사이의 경쟁은 다윗과 골리앗의 싸움 같다.

전혀 상대가 되지 않을 법한 사람들이나 집단끼리 경쟁하는 모습을 나타낼 때 쓰는 이 표현은 구약성경에 나오는 다윗과 골리앗의 일화에서 유래했다. 사울 왕이 이끄는 이스라엘 병사들은 엘라 평지에 진을 친 뒤 블레셋 사람들과 대치하고 있었다. 블레셋 진영에서는 골리앗이라는 장수가 나섰는데, 그는 대략 키가 2.8미터나 되는 거구로 오늘날에도 힘이나 몸집이 엄청난 사람이나 사물의 대명사로 불린다. 청동 투구와 70킬로그램이나 되는 비늘 갑옷으로 중무장을 하고 8킬로그램이 넘는 창을 들고 나온 골리앗이 일대일로 싸우자고 도발했지만 사울과 온 이스라엘 군은 벌벌 떨기만 했다. 한편 전장에 있는 형들에게 볶은 밀과 빵을 주러 온 양치기 소년 다윗은 이 소식을 듣고 자신이 싸우겠다고 나선다. 사울 왕이 자기 갑옷과 투구와 칼을 내주었지만 다윗은 기동력이 떨어진다며 거절하고 양을 치는 막대기와 돌멩이 다섯 개만 가지고 싸움터로 나간다. 골리앗에게 다가간 다윗은 돌멩이 하나를 꺼내어 무릿매질로 골리앗의 이마를 맞혀 그 자리에서 쓰러뜨린다. 그리고 재빨리 달려가 골리앗을 밟고 선 채 그의 칼집에서 칼을 뽑아 목을 베었다.

put words in one's mouth
하지도 않은 말을 지어내다, 남의 말을 왜곡하다

The actress claimed that she had never made such statement and that the interviewer had put words into her mouth.
그 여배우는 결코 그런 말을 한 적이 없으며 인터뷰 진행자가 자기 말을 왜곡했다고 주장했다.

글자 그대로 해석하면 '다른 사람의 입에 말을 집어넣는다', 즉 '없는 말을 꾸며 내거나 왜곡한다'는 의미로 쓰는 표현이다. 이 말은 성경에서 유래했는데 원래는 '해야 할 말을 대신 알려 준다'는 뜻으로 쓰였다. 구약성경을 보면 다윗 왕의 딸 타마르는 배다른 오빠인 암논에게 억지로 욕을 당한 뒤 버림받는다. 그러자 타마르의 친오빠 압살롬은 누이의 원수를 갚으려고 암논을 유인하여 살해한 뒤 다른 나라로 도망친다. 3년이 흘러 암논을 잃은 충격이 가라앉자 다윗 왕이 압살롬을 그리워하는 것을 간파한 신하 요압은 압살롬을 데려오려고 여인의 입을 빌려 다윗 왕을 설득하는 묘책을 궁리한다. "'Dress in mourning clothes, and do not anoint yourself with oil. Act like a woman who has spent many days grieving for the dead. Then go to the king and speak these words to him.' And Joab put the words in her mouth." "상복을 입고, 머리에는 기름도 바르지 말고, 죽은 이를 위하여 오랫동안 애도하는 여자인 체하시오. 그다음 임금님께 나아가 이런 말씀을 아뢰시오." 그러고 나서 요압은 여인이 해야 할 말을 알려 주었다.(『사무엘기 하권』 14:2~3)

fall on one's own sword
희생하다, 책임을 짊어지다, 자결하다

The CEO decided to fall on his sword and resign when widespread corruption in the company was exposed.
회사의 광범위한 부패가 폭로되자 그 CEO는 책임지고 사임하기로 결정했다.

이 표현은 문자 그대로 자신의 칼 위로 엎어지는 행위에서 유래했다. 그 기원은 고대 시대로 거슬러 올라가는데, 당시 군인들은 죽음이 불가피할 경우 자기 칼 위에 엎어져 자살했다. 플루타르코스가 쓴 『브루투스의 삶』을 보면, 브루투스가 친구 볼룸니우스에게 자신을 칼로 찔러 달라고 간청했으나 거절당하자 스스로 두 손으로 칼자루를 움켜쥐고 그 위에 쓰러져 죽었다고 기록되어 있다. 영어 기록은 1535년 엑서터 주교인 마일스 커버데일이 번역한 구약성경 『사무엘기 하권』 31장 사울 왕이 죽는 부분에 이러한 관습이 묘사되어 있다. 거인 골리앗을 쓰러뜨린 다윗의 인기가 높아지자 그를 질투하고 증오하던 사울 왕은 결국 블레셋과의 싸움에서 세 아들을 잃으며 패배한다. 왕은 적에게 수치를 당하지 않으려고 무기를 든 병사에게 자기를 찌르라고 명령하지만 병사는 두려워하며 명령에 따르기를 주저한다. 그러자 사울 왕은 자기 칼을 세우고 스스로 그 위에 엎어져 죽었다. 1982년 마거릿 대처 내각의 외무장관 피터 캐링턴 경이 포클랜드 분쟁에 책임을 지고 외무장관직에서 물러난 것을 계기로, 이 말은 본래의 비장한 의미보다는 '책임을 지다'라는 은유적 의미로 널리 쓰이게 되었다.

Jezebel
독부, 막된 여자, 부정한 여자

A woman like her······ To hear him talk, anyone would think she was some kind of Jezebel on the make.
그녀 같은 여자는······ 그의 말을 들으면, 누구나 그녀가 막돼먹은 여자라고 생각할 것이다.

구약성경『열왕기 하권』에 등장하는 이세벨은 이스라엘 왕 아합의 아내로 가장 악랄한 악녀의 표상인데, 그 이름에서 'Jezebel'이라는 말이 유래했다. 이세벨은 시돈의 왕 엣바알의 딸로 이스라엘의 왕 아합의 왕비가 되었다. 그녀는 남편을 설득해 시돈의 신 바알과 아세라를 섬기게 하고, 자녀를 제물로 바치는 인신공양까지 저지르게끔 사람들을 부추겼다. 나아가 여호와의 선지자들을 박해하고 살해했으며, 카르멜산에서 바알과 아세라의 예언자들과 영적 전쟁을 벌여 승리한 엘리야를 죽일 계략을 꾸몄다. 아합 왕이 나봇의 포도밭을 탐내지만 나봇이 팔지 않자 그를 모함하여 사람들로 하여금 돌로 쳐 죽이게 한 뒤 그의 과수원을 왕이 차지하게 만든 것도 그녀다. 또 자신의 딸을 유대 왕 여호람과 결혼시킴으로써 바알 숭배의 악한 영향력이 남쪽의 유대 왕국에까지 미치도록 했고 백성을 미혹하는 음행과 술수를 많이 행했다. 가증스러운 죄악으로 하느님의 분노를 샀으므로 처참한 최후를 맞게 될 것이라고 예언한 엘리야의 말대로 이세벨은 결국 아합 왕가에 무자비한 보복을 감행한 예후에 의해 창밖으로 던져져 죽임을 당한다. 이세벨의 주검은 떠돌이 개들이 갈가리 찢어 먹어치웠다.

the judgement of Solomon
솔로몬의 판결, 아주 힘든 판단

The jury found him innocent, but this trial was as very difficult as the judgement of Solomon.
배심원단은 그를 무죄로 판결했지만, 이번 재판은 솔로몬의 판결만큼이나 어려웠다.

이 표현은 지혜로운 왕의 대명사로 통하는 솔로몬 왕의 판결에서 유래했다. 구약성경 『열왕기 상권』 3장 16~28절에 한 아기를 두고 서로 자기 아이라고 우기는 두 여인이 등장한다. 한 여인은 자신이 아이를 낳고 사흘 뒤에 다른 여인도 아이를 낳았는데, 그녀가 잠을 자다가 잘못하여 아이를 깔아뭉개 죽이고는 한밤중에 자신이 잠든 틈을 타 아이를 바꿔치기 했다고 호소한다. 그러자 다른 여인이 대들며 살아 있는 아이가 자기의 아들이라고 우긴다. 두 여인이 왕 앞에서도 팽팽히 맞서며 살아 있는 아이를 서로 자기 아이라며 싸우자 왕은 신하들에게 칼을 가져오게 한다. 그리고 살아 있는 아이를 둘로 나누어 두 여인에게 반쪽씩 주라는 판결을 내린다. 그러자 한 여인은 자기가 포기할 테니 제발 아이만은 살려 달라고 애원하고, 다른 여인은 그냥 나누어 가지자고 대답한다. 그 말을 들은 왕은 아이를 양보한 여인이 친어머니라며 아이를 내주라고 판결했다. 증인도 증거도 없는 상황에서 두 당사자의 상반된 진술만으로 진실을 가려내야 했던 상황에서 유래한 이 표현은 오늘날에는 '대단히 어려운 판단'을 의미하게 되었다.

bite the bullet
힘든 상황을 견디다, 눈 딱 감고 해치우다

Bite the bullet, and do the right thing for a bright future.
힘들더라도 꼭 참고 밝은 미래를 위해서 올바른 선택을 해라.

글자 그대로 해석하면 '총알을 물다'라는 이 표현은 고통이나 힘든 상황을 견딜 때 또는 싫어하는 일을 미루다가 눈 딱 감고 받아들이거나 해치울 때 쓰는 말이다. 마취제가 보급되기 전에는 전쟁터에서 수술받는 부상병이 고통을 견디다 못해 혀를 깨무는 것을 막기 위해 나무나 가죽 패드 등을 물렸다. 미국 독립 전쟁 당시 한 군인이 전투 중에 응급 수술을 받게 되었는데, 싸움터이다 보니 수술 도구는커녕 나무나 가죽 패드조차 구할 수 없는 위급한 상황이었으므로 고통을 참으라고 총알을 물게 했다. 납으로 된 탄환은 비교적 부드러운 편이라 이가 깨질 염려도 없었다. 이로부터 'bite a bullet'은 '이를 악물고 견디다' 또는 '최악의 상황을 피하다'라는 뜻으로 쓰이게 되었다. 이 은유적 의미는 『정글북』 작가 러디어드 키플링이 1890년에 소설 『잃어버린 빛』에서 처음으로 썼다. "Bite on the bullet, old man, and don't let them think you're afraid." 노인이여, 이를 악물고 견디어 그대가 겁먹었다는 걸 남들이 눈치채지 못하게 하시오.

steal someone's thunder
남의 공을 가로채다, 선수를 치다

We were about to announce our engagement when Jeff and Tina stole our thunder and revealed that they were going to have a baby.
우리가 막 약혼을 발표하려던 순간, 제프와 티나가 선수를 치며 곧 아기가 태어난다고 밝혔다.

'남이 하려는 말이나 행동을 먼저 하다' 또는 '남이 누릴 영예나 칭찬, 공로나 기발한 착상 등을 가로채다'라는 이 표현은 18세기 초 연극 연출에서 유래했다. 비평가이자 극작가 존 데니스는 1709년 런던의 드루리 레인 왕립극장에서 자신의 희극『아피우스와 버지니아』를 무대에 올리면서 나무 사발 대신 금속 사발로 천둥소리를 내는 새 장치를 만들어 사용했다. 하지만 기대와 달리 연극은 청중의 관심을 끌지 못하여 나흘 만에 폐막되고 새로운 작품『맥베스』로 교체되었다. 얼마 후 새 연극을 보게 된 데니스는 자신이 고안한 천둥소리 장치가『맥베스』에 사용되는 것을 보자 화가 나서 이렇게 소리쳤다고 한다. "Damn them! They will not let my play run, but they steal my thunder!"망할 자식들! 내 연극은 상연 못 하게 하면서 내 천둥소리는 훔치고 있잖아! 이 표현은 1827년 스코틀랜드 신문『인버네스 쿠리어』에 다음과 같이 실린 후 현재의 은유적 의미로 쓰이기 시작했다. "Whether Mr Canning has stolen Mr Brougham's thunder, or not, is nothing to me."캐닝 씨가 브로엄 씨의 법안 구상을 가로챘는지 여부는 내게 중요치 않다.

ride shotgun
조수석에 타다, 주의 깊게 돌보다

I was riding shotgun on a night patrol when a boy darted out from an alley and ran towards the truck.
조수석에 동승하여 야간 순찰 중이었는데 한 소년이 골목에서 뛰쳐나와 트럭으로 돌진했다.

'ride shotgun'조수석에 타다이라는 표현은 역마차가 인기를 끌었던 미국의 서부 개척 시대와 호주의 식민지 시절로 거슬러 올라간다. 서부 영화에 자주 등장하듯이 역마차는 강도 떼나 적대적인 원주민의 표적이 되는 경우가 많았다. 특히 금괴나 현금을 수송할 때 운수회사에서는 습격에 대비해 소총이나 엽총으로 특수 무장한 사람들을 고용하여 운전석 옆에 동승하도록 했는데 이들을 'shotgun messenger'무장 호송인라고 불렀다. 그래서 무장 호송인이 없다면 화물은 싣지 않고 승객들만 태운 사실을 알 수 있었다. 이 표현은 1905년 앨프리드 헨리 루이스의 소설 『석양 길』에 처음 등장했다. "Wyatt and Morgan Earp were in the service of The Express Company. They went often as guards—'riding shotgun,' it was called—when the stage bore unusual treasure."와이어트와 모건 어프는 익스프레스 컴퍼니 소속이었다. 그들은 역마차에 특별한 귀중품이 실릴 때 종종 '라이딩 샷건'이라 불리던 무장 호송인으로 동승했다. 오늘날에는 '조수석에 동승하다' 또는 '누군가를 주의 깊게 돌보다'라는 은유적 의미로 쓰인다.

close but no cigar
아슬아슬한, 근사치에 아주 조금 못 미치는

As usual, it will be close but no cigar for Liverpool.
늘 그렇듯 리버풀은 간발의 차이로 승리를 놓칠 것이다.

이 문구는 20세기 중반에 생겨난 말로 주로 미국에서 많이 쓰이는 구어체 표현이다. 당시에도 지금의 놀이동산처럼 축제가 열릴 때면 어른들을 상대로 하는 게임 매점이 있었다. 사격 게임에서 과녁 한가운데를 정확히 맞힌 사람은 시가 담배를 상품으로 받았다. 그런데 과녁을 맞히긴 했지만 한가운데를 정확히 맞히진 못해 상품을 놓친 사람에게는 "close but no cigar"거의 맞혔는데 담배는 못 받겠네라고 말한 데서 유래했다. 즉 입상 직전까지 갔지만 간발의 차이로 입상하지 못한 사람에게 이런 식으로 말하고는 한다. 지면에는 1929년 5월 18일 자 『롱아일랜드 데일리 프레스』에 처음 등장했는데, 그 주에 끝난 대통령 선거 경합에서 두 차례나 2위를 기록한 휴고 스트라우브라는 사람을 다룬 기사의 헤드라인으로 인용되었다.

hands down
쉬운, 용이한, 명백한

We were really unprepared for our last game, and the other team won hands down.
우리는 지난 경기에 사실상 준비가 안 되어 있어서 상대 팀이 손쉽게 이겼다.

19세기 스포츠 신문에서 쓰기 시작한 이 표현은 경마를 생각하면 이해하기 쉽다. 보통 경주하는 동안 기수는 말이 계속 질주하도록 재촉하고 방향을 제어하기 위해 두 손을 올려 고삐를 단단히 잡는다. 그런데 레이스가 거의 끝나 갈 무렵, 강력한 우승 후보가 다른 경쟁자들과 간격을 한참 벌린 채 많이 앞서고 있다면 굳이 전력 질주를 하지 않아도 될 것이다. 그래서 선두 주자는 결승선에 가까워지면 말의 질주 속도를 늦추려 고삐를 느슨하게 풀어 준다. 즉 '두 손을 내린 채'hands down 느긋하게 승리를 자신했다는 데서 이 표현이 생겨났다. 주로 경마 경기를 묘사할 때 쓰이다가 1850년대부터는 다른 분야에서도 쓰이기 시작했고, 20세기 초부터는 '손쉬운 승리'를 은유적으로 의미하게 되었다.

sell someone down the river
①배신하다 ②홀대하다, 박대하다

The anger among employees comes from the sentiment that company sold them down the river during the financial crisis.
직원들의 분노는 재정 위기 동안 회사가 자신들을 배신했다는 감정에서 비롯된다.

글자 그대로 해석하면 '누군가를 강 아래로 팔아넘기다'라는 뜻으로 19세기 미국에서 유래한 표현이다. 공업이 발달한 북부의 노예는 보통 가정에서 집안일을 돌보았지만 남부의 노예는 주로 농장에서 힘든 노동을 했다. 특히 1793년 조면기가 발명된 이후로 노동력이 더 많이 필요해졌는데 1800년대 초 대서양 노예무역이 중단되자 공급 부족에 시달린 남부 농장주들은 북부에서 노예를 사들여 충당했다. 그러자 북부의 노예주들은 문제를 일으키거나 골치 아픈 노예들을 남부에 팔아치웠다. 특히 미시시피 하류에 있던 농장들은 외지고 가혹한 환경이었으므로 주로 집안일을 하던 북부 노예들이 견디기 힘들었다. 이런 배경에서 'sell someone down the river'라는 표현이 생겨났고, 1910년 5월 12일자 『시카고 데일리 트리뷴』에 실린 야구 선수 팻 모런 방출에 관한 기사에서 지금과 같은 은유적 의미로 쓰이기 시작했다. "Pat has been sold 'down the river'; Pat, who has seen the most prosperous days of the Chicago Nationals, is no longer with us." 팻은 '배신당했다.' 시카고 내셔널스의 전성기를 함께한 팻은 더 이상 우리 곁에 없다.

call someone on the carpet
불러서 혼내다, 질책하다

When my team lost that big client, the boss called me on the carpet.
우리 팀이 그 큰 고객을 놓치자, 상사에게 불려가 호되게 깨졌다.

이 말은 18세기에 유행했던 관용어에 뿌리를 둔 미국식 표현으로 '누군가를 문책하다', '윗사람이 아랫사람을 불러 실수나 잘못을 꾸짖거나 비난하다'라는 뜻이다. 이 표현은 흥미로운 과정을 거쳐 탄생했다. 이 구절과 연관될 수 있는 첫 번째 관용어는 1700년대에 '고려 중, 심의 중'이라는 의미로 흔히 사용되던 'on the carpet'이다. 이때 카펫은 거래나 협상이 실시되는 탁자를 덮는 두툼한 천을 가리키는 말이었으므로 카펫 위에 있다는 것은 그 문제를 고려 중이라는 의미였다. 카펫이 바닥에 깔리기 시작한 1800년대 초부터는 '잘못을 저지른 하인이 주인에게 불려가 혼난다'는 의미로 'walk the carpet'이라는 표현이 생겨났다. 즉 돌이나 나무 바닥으로 된 부엌이나 하인 숙소에서 카펫이 깔린 주인의 방으로 소환된다는 의미였다. 'walk the carpet'과 'on the carpet'이 1880년대 초에 미국 영어에서 한데 융화되어 'call on the carpet'이 된 것으로 추측되는데, 당시에는 '심의 중'이라는 뜻으로 쓰였지만 지금은 누군가를 질책한다는 뜻으로 쓰인다.

dark horse
다크호스, 복병, 의외의 강력한 경쟁 상대

No one thought the brash newcomer would be a threat to the established candidates, but he's turning out to be a real dark horse in this campaign.
그 무모한 신인이 기존 후보자들에게 위협이 될 거라고 아무도 생각하지 않았지만, 그는 이번 선거 운동에서 진정한 다크호스로 드러나고 있다.

글자 그대로 '검은 말'이라는 뜻에서 알 수 있듯이 '다크호스'dark horse는 원래 경마에서 유래한 용어로 '도박꾼들에게 잘 알려져 있지 않아 승부를 걸기 어려운 경주마'를 일컫는 말이었다. 여기서 'dark'는 색이 검다는 의미보다는 '깜깜이', 즉 잘 알려져 있지 않다는 뜻이다. 이 용어가 처음 인쇄물로 기록된 것은 1831년 벤저민 디즈레일리의 소설 『젊은 공작』에서 주인공이 내기를 건 경마의 결과를 묘사하는 대목이다. "A dark horse which had never been thought of, and which the careless St. James had never even observed in the list, rushed past the grandstand in sweeping triumph."생각지도 못했던, 그리고 부주의한 세인트 제임스가 명단에서 전혀 주목하지 않은 검은 말이 관람석을 지나 돌진하여 완승을 거두었다. 경마 용어로 쓰이던 '다크호스'는 1844년 미국에서 무명에 가까운 정치인 제임스 K. 포크가 민주당의 쟁쟁한 경쟁자들을 제치고 후보로 지명되었다가 결국 11대 대통령에 당선되면서 '정치 분야에서 예상치 못한 강력한 경쟁자'를 지칭하게 되었다. 이제 음악, 영화 등 다양한 대중문화 부문에서도 두루 쓰이는 표현이다.

go bananas
①몹시 화가 나다 ②흥분하다, 열광하다

I'll end up going bananas if I have to work in this cubicle for one more day!
이 골방에서 하루라도 더 일했다가는 돌아 버릴 거야!

20세기 초부터 바나나와 관련된 어휘가 많이 쓰였다. 예컨대 말도 안 되는 난센스를 언급할 때 'that's banana oil'무슨 헛소리야이라고 하는가 하면, 무질서하고 낙후된 약소국을 경멸적으로 지칭할 때 'banana republic'바나나 공화국이라는 표현을 썼다. 1950년대에 원숭이ape가 로켓에 실려 발사되며 영화와 텔레비전에서 인기 소재로 떠오르자 1960년대부터 미국 대학 캠퍼스에서는 '미치다, 몹시 화가 나다, 흥분하다'를 의미하는 'go ape'라는 표현이 생겨났다. 그러다 원숭이와 바나나 사이의 깊은 연관성 때문에 'go bananas'라는 표현으로 발전되어 점점 널리 쓰였다. 바나나는 슬랩스틱 코미디에 없어서는 안 될 소재였는데, 특히 껍질에 미끄러지는 행위는 시대를 초월한 고전이 되었다. 오늘날에는 '몹시 화가 나다', '좋아서 흥분하다'라는 의미로 쓰인다.

basket case
무력한, 기능이 마비된, 경제가 마비된

If the unemployment rate doesn't decrease soon, the country is going to become a financial basket case.
실업률이 속히 줄어들지 않는다면, 그 나라는 재정난에 빠질 것이다.

이 표현은 양차 세계대전 당시에 떠돌던 소문에서 유래한 말이다. 처음에는 '양팔과 양다리를 잃은 병사들'을 지칭했는데, 사지가 절단된 병사들이 바구니에 실려 병원에 이송됐다는 소문에서 나온 것으로 보인다. 공교롭게도 이 표현이 처음 기록으로 등장한 것은 미군 의무감 메리트 아일랜드 소장의 명으로 발표된 한 공고문이었는데, 소문으로 떠돌고 있는 'basket case'는 사실무근이라며 자신이 근무하는 병원에서는 그런 사례가 전혀 없다고 부인하는 내용이었다. 이 고시 내용을 미국의 많은 신문이 보도하면서 'basket case'의 정의를 게재했다. "By 'basket case' is meant a soldier who has lost both arms and legs and therefore must be carried in a basket." '바스켓 케이스'는 '팔과 다리를 모두 잃어 바구니에 실려 이송되어야 하는 병사'를 의미한다. 1940년대 중반부터는 '무력하거나 무능한 사람' 그리고 '심각한 경제난에 빠진 국가나 조직'으로까지 의미가 확대되었다. 1950년대부터는 '부품이 없거나 고장 난 차량'도 'basket case'라고 지칭했고, 오늘날에는 '감정적 이유로 상황에 대처하지 못하는 사람'을 의미하기도 한다.

rub someone the wrong way
(의도치 않게) 불쾌하게 만들다, 화나게 하다

He's always talking about how those commercials rub him the wrong way, but I think they're cute.
그는 그 광고가 불쾌하다고 늘 말하지만, 내 생각에는 멋있기만 하다.

글자 그대로 해석하면 '누군가를 반대 방향으로 문지르다'라는 이 표현의 기원에 대해서는 두 가지 설이 있는데, 하나는 영국 작가 메리 휴스의 『메리 아줌마 이야기』에 실린 이야기에서 유래했다는 설이다. 고양이는 보통 머리에서 꼬리 방향으로 내려가며 쓰다듬는 것을 좋아하여 반대 방향, 즉 잘못된 방향으로 쓰다듬으면 짜증을 낸다고 하는데, 바로 여기에서 'rub someone the wrong way'가 '선의로 한 행동이지만 오히려 상대방을 불쾌하게 만든다'는 뜻이 되었다고 한다.

또 다른 설은 마룻바닥에 관한 설이다. 식민지 시대 미국에서 하인들은 특정한 방식으로 마룻바닥을 문질러야 했다. 참나무 널빤지로 만들어진 나무 바닥을 잘못 문질렀다가는 줄무늬가 생겨 마룻바닥을 망가뜨려 주인을 화나게 했던 데서 이 표현이 생겨났다고 본다.

meet a deadline
기한에 맞추다

Buyers were rushing to meet a deadline for a tax credit.
구매자들은 세액 공제 마감을 넘기지 않으려고 서두르고 있었다.

'데드라인'deadline은 남북 전쟁 당시 북군 포로수용소에서 만들어진 용어로 말 그대로 '사선'을 의미한다. 3만 명 이상이 수용되어 있던 조지아주의 앤더슨 포로수용소에서는 물 부족과 추위와 열악한 위생으로 수감자의 3분의 1이 사망했다. 전쟁이 끝나자 그 책임을 물어 수용소 관리자 헨리 워츠가 체포됐고, 재판 과정에서 그간 자행된 비인도적 처사가 드러났다. 수많은 포로가 가축 우리처럼 말뚝을 친 좁은 공간에 수용되었고, 말뚝 안쪽으로 6미터 지점에 경계선을 그어 놓고 누구든 그 선에 닿거나 넘으면 사살됐다. 이 사실이 언론에 대서특필되면서 'deadline'이라는 말이 널리 알려졌다. 1900년대 초에 오 헨리가 『매혹적인 옆얼굴』에 사용하면서부터 '넘어서는 안 될 선'을 의미하게 되었다. "She had unfailing kindliness and good nature; and not even a whitelead drummer or fur importer had ever dared to cross the dead line of good behavior in her presence."그녀는 늘 친절하고 성품이 온화했으므로 백납 판매상이나 모피 수입상조차도 결례를 범하지 못했다. 1920년대부터 언론계에서 '원고 마감 시한'의 의미로 쓰기 시작했다. 오늘날 'meet a deadline'은 모든 분야에서 '마감 시한에 맞춰 일을 마치다'라는 의미로 쓰인다.

seven year itch
권태기, 불만

We've been together eight years now — so we're over the seven year itch, not that I had one.
우리는 사귄 지 8년 되었으니 권태기는 지난 셈이다, 그렇다고 해서 권태기가 있었다는 말은 아니다.

글자 그대로 해석하면 '7년에 걸친 가려움증'이라는 뜻의 이 표현은 원래 진드기가 옮기는 피부병인 옴을 일컫는 말이었다. 옴은 얼굴과 몸에 매우 자극적인 붉은 여드름을 일으키는 세균성 질환으로 전염성이 매우 강했다. 전후 군인들에 의해 널리 퍼져 유럽과 미국에서 만연한 이 질병은 특히 가려움증 때문에 여간 성가신 것이 아니었다. 지금은 거의 사라졌지만 19세기와 20세기 초까지만 해도 반사회적 행동에 대한 하늘의 벌이라고 여겨질 만큼 끔찍한 병이었다. 그 후 치료약이 개발되자 이 말도 사라졌다가, 1952년 미국의 극작가 겸 각본가 조지 액설로드가 발표한 희곡의 제목으로 쓰이면서 다시 등장했다. 이 작품 속에서는 옴이 아니라 '결혼 생활 7년이 지난 남편이 느끼는 외도 욕구'를 지칭했다. 2년 후 이 작품은 영화로 제작되었는데 바로 마릴린 먼로의 지하철 송풍구 신으로 유명한 『7년 만의 외출』이다. 영화가 흥행한 이후 'seven year itch'는 원래의 뜻인 옴보다는 '권태기'라는 의미로 쓰이게 되었다. 오늘날에는 결혼 생활뿐 아니라 '일정 기간이 지나 대인관계나 일, 물건에 대한 만족도가 떨어지는 상황'을 의미한다.

lock, stock and barrel
완전히, 전부

When Jimmy came home from his football game, he was so hungry that he ate
everything in the refrigerator, lock, stock, and barrel.
축구 경기를 마치고 집에 돌아온 지미는 배가 너무 고파서 냉장고에 있는 것들을 몽땅 먹어 치웠다.

이 말은 원래 초기 형태의 소총 머스킷을 구성하는 세 가지 주
요 부품을 일컫던 명칭이었다. lock은 발사장치인 방아쇠, stock
은 아랫부분의 받침대인 개머리판, barrel은 총알이 나가는 방
향을 잡아 주는 원통 모양의 총신을 의미했다. 그러므로 방아쇠,
개머리판, 총신이 있다면 총을 조립할 수 있는 중요 부품이 모
두 완비된 셈이었다. 처음에는 머스킷의 각 부품을 일컫던 lock,
stock, barrel이 19세기부터는 함께 짝을 이루어 '완전히', '전부'
라는 은유적 의미로 쓰이기 시작했는데, 기록으로 처음 등장한
것은 1817년 스코틀랜드의 시인이자 소설가 월터 스콧이 쓴 편지
에서였다. 스콧은 자신의 정원에 들이고 싶었던 망가진 분수대를
묘사하면서 이렇게 적었다. "Like the Highlandman's gun, she
wants stock, lock, and barrel, to put her into repair."스코틀랜드 고
지인의 총처럼 그 분수대는 통째로 수리해야 한다. 스콧이 쓴 이후로 널리 쓰이
기 시작한 이 표현은 러디어드 키플링도 작품『실명』에서 썼다.

by the skin of one's teeth
가까스로, 간신히, 아슬아슬하게

I got through to the next round of auditions by the skin of my teeth.
나는 오디션 다음 라운드에 간신히 진출했다.

글자 그대로 해석하면 '이에 붙은 피부(잇몸)에 의해'라는 의미의 이 표현은 인생에서 겪는 고난, 특히 의인이 수난을 당하는 문제를 다룬 구약성경 『욥기』에서 그 기원을 찾을 수 있다. 욥은 의로운 사람으로 많은 자녀와 가축을 가진 다복한 부자였다. 그런데 하느님과의 사이를 갈라놓으려는 사탄의 술책으로 모든 재산과 자녀를 잃고 온몸에 종기가 나는 등 갖은 고난을 겪는다. 그런 그를 위로하기는커녕 과거에 저지른 잘못으로 벌을 받은 것이 틀림없다고 손가락질하는 친구들에게 욥은 소외와 고통을 호소하며 자신의 신세를 한탄한다. "My bone clings to my skin and my flesh, And I have escaped only by the skin of my teeth." 나는 피골이 상접하여 뼈만 앙상하게 드러나고, 잇몸으로 겨우 연명하는 신세가 되었다.(『욥기』 19:20) 그러나 아내와 친구들로부터 핀잔을 들으면서도 끝내 하느님에 대한 믿음을 저버리지 않은 욥은 결국 하느님의 은총을 회복한다. 후대에 와서는 잇몸이라는 원래 의미는 사라지고 이에 붙은 피부가 극히 적다는 뉘앙스만 부각되어 주로 어떤 일을 간신히 해 내거나 가까스로 위험을 모면할 때 쓰는 말이 되었다.

the root of the matter
사건의 진상, 사물의 본질적 부분, 문제의 근원

After all, even though many detectives did their best to investigate the case,
they failed to uncover the root of the matter.
많은 형사가 최선을 다해 그 사건을 조사했지만, 결국 사건의 진상을 밝히지는 못했다.

'사건이나 사물의 뿌리', 즉 '핵심이나 본질적 부분'을 의미하는
이 표현은 구약성경 『욥기』에서 유래를 찾을 수 있다. 욥을 찾아
온 친구들은 그가 수많은 시련을 겪는 데에는 다 그럴 만한 이
유가 있을 것이며, 결국 욥이 저지른 과거의 잘못이 근원일 거
라고 말한다. 이에 욥은 하느님에 대한 믿음을 저버리지 않으
며 친구들에게 울분을 토해 낸다. "But you who say, 'How shall
we persecute him, seeing that the root of the matter is found
in him?' Be afraid of the sword for yourselves; for wrath will
bring punishment by the sword, that you may know that
there is a judgment." 자네들은 "그자를 어떻게 몰아붙일까? 문제의 근원은 그에게
있지" 하고 말들 하네만 칼을 두려워하게. 자네들의 격분은 칼 맞을 죄악이라네. 심판이 있음
을 알아 두게나.(『욥기』 19:28~29)

weigh in the balance
꼼꼼히 따져 보다, 면밀히 검토하다

We'll have to weigh each applicant in the balance before deciding who to hire, so it could be a couple of weeks before we make our final decision.
누구를 채용할지 결정하기 전에 지원자를 면밀히 검토해 봐야 하므로 최종 결정을 내리려면 2주쯤 걸릴 수도 있다.

고대에는 수평 막대 양쪽에 추와 무게를 잴 물건을 올려놓고 무게를 비교하는 천칭을 저울로 사용했다. 이 표현은 양쪽이 '균형을 이루는지'in the balance를 보아 '무게를 측정'weigh했던 데서 유래한 표현으로, 지금은 어떤 사안을 결정하기 전에 양면성, 즉 '긍정적인 면과 부정적인 면을 면밀히 따져 본다'는 의미가 되었다. 천칭을 사용한 역사는 매우 오래되었으므로 이 표현은 일찍이 성경에 등장하는데, 특히 구약성경에서 온갖 고난이 끊이지 않던 욥이 친구들에게 자신은 하느님 앞에 떳떳하다고 항변하는 대목에 나온다. "Does he not see my ways, and count all my steps? If I have walked in falsehood and my foot has hastened to deceit; Let me be weighed in an even balance that God may know my innocence."하느님은 내가 하는 일을 낱낱이 알고 계신다. 내 모든 발걸음을 하나하나 세고 계신다. 나는 맹세할 수 있다. 여태까지 나는 악한 일을 하지 않았다. 다른 사람을 속이려고도 하지 않았다. 하느님이 내 정직함을 공평한 저울로 달아 보신다면, 내게 흠이 없음을 아실 것이다.(『욥기』 31:4~6)

black sheep
말썽꾼, 골칫거리, 겉도는 사람

But when I went to art school, it seemed that I was the black sheep.
하지만 예술대학에 들어갔을 때 나는 마치 그곳에 어울리지 않는 사람처럼 느껴졌다.

예로부터 검은색은 부정적이거나 안 좋은 뉘앙스로 많이 쓰였다. 일찍이 2세기 로마 시대에는 장례와 관련이 있었는데, 이는 아마도 고대 이집트 문화에서 유래한 듯하다. 프랑스어로 'bête noire' 검은 짐승는 '혐오하거나 두려워하는 어떤 대상'을 의미했고, 검은 고양이는 불운의 상징이기도 했다. 구약성경에서는 『시편』을 비롯하여 여러 곳에서 하느님을 목자로, 사람을 양으로 표현하고 있다. 영어 문화권에서 'black sheep'검은 양은 집단, 특히 가족 내에서 '특이하거나 평판이 좋지 않은 사람'을 일컫는데, 하얀 양들 틈에서 간혹가다 태어나는 검은 양에서 유래한 표현이다. 하얀 양들과 달리 깎아 낸 양털을 다른 색으로 염색할 수 없는 검은 양은 주인에게는 그리 달갑지 않은 존재였다. 특히 성경 전통의 영향 때문에 18세기와 19세기에는 검은 양이 악마의 상징으로 여겨지기도 했다. 현대에 와서는 이렇게 심한 부정적 의미는 사라지고 '겉도는 사람, 말썽꾸러기, 골칫덩어리' 정도의 가벼운 뉘앙스로 쓰인다.

out of the mouths of babes

아이답지 않게 똘똘한 소리를 하다, 아이들이 의외로 현명한 소리를 하다

Sometimes, out of the mouths of babes come some of the simplest explanations for some of the most complicated stories.
아이들의 입을 통하면 아무리 복잡한 이야기도 아주 단순하게 설명될 때가 있다.

글자 그대로 해석하면 '아이의 입에서 나온다'는 뜻으로 '때로는 아이들이 중요한 진리를 깨닫고 우리 마음에 예리한 생각을 불러일으킨다'는 의미로 쓰이는 이 오래된 격언은 구약성경에서 기원을 찾을 수 있다. 『시편』에서 하느님의 높은 위엄을 찬미하는 구절에 이 표현이 나온다. "O LORD, our Lord, how awesome is your name through all the earth! You have set your majesty above the heavens! Out of the mouths of babes and infants you have drawn a defense against your foes, to silence enemy and avenger."주 저희의 주님, 온 땅에 당신 이름, 이 얼마나 존엄하십니까! 하늘 위에 당신의 엄위를 세우셨습니다. 당신의 적들을 물리치시고 대항하는 자와 항거하는 자를 멸하시려 아기와 젖먹이의 입에서 나오는 것으로 당신께서는 요새를 지으셨습니다.(『시편』 8:1~2)

fire and brimstone
지옥의 고통, 천벌, 온갖 욕설

Yet for all his proverbial fire and brimstone, my father was not a violent man.
말로는 온갖 욕설을 퍼부었어도 아버지는 폭력적인 사람은 아니었다.

글자 그대로 해석하면 '불과 유황'이라는 뜻의 이 표현은 '지옥의 위험과 영원한 고통'을 의미하는 말이다. 구약성경 『시편』 11장 6절에 사악한 사람에게 내리는 저주를 표현한 구절이 있다. "Upon the wicked he shall rain snares, fire and brimstone, and an horrible tempest: this shall be the portion of their cup."그분께서 악인들 위에 불과 유황의 비를 그물처럼 내리시어 타는 듯한 바람이 그들 잔의 몫이 되리라. 또 신약성경 『요한 묵시록』 21장 8절에서도 온갖 악행을 일삼는 사람들에 대한 심판을 표현하고 있다. "But the fearful, and unbelieving, and the abominable, and murderers, and whoremongers, and sorcerers, and idolaters, and all liars, shall have their part in the lake which burneth with fire and brimstone: which is the second death."그러나 비겁한 자와 불충한 자, 역겨운 것으로 자신을 더럽히는 자와 살인자와 불륜을 저지르는 자, 마술쟁이와 우상 숭배자, 그리고 모든 거짓말쟁이가 차지할 몫은 불과 유황이 타오르는 못뿐이다. 이것이 두 번째 죽음이다. 오늘날에는 종교적 의미의 천벌보다는 '심한 고통'과 '온갖 욕설'이라는 의미로 쓰인다.

my cup runneth over
더할 나위 없이 행복하다, 분에 넘치다

This week, I finished paying off my mortgage, my arthritis improved, and my first grandchild was born. My cup runneth over.
이번 주에 나는 대출금을 다 갚았고 관절염도 호전되었으며 첫 손주까지 보았다. 이보다 더 행복할 수는 없다.

글자 그대로 해석하면 '잔이 흘러넘친다'는 이 말은 '과분할 정도로 누리는 행복'을 의미하는데 성경에서 유래한 표현이다. 'runneth'는 'runs'의 옛 말이지만 격언으로 굳어져 옛 형태를 그대로 쓴다. 유명한 찬송가 가사로도 쓰이는 『시편』23장에는 양들을 살뜰히 돌보는 목자에 빗대어 인간에게 과분한 사랑을 베푸는 하느님을 다음과 같이 표현하고 있다. "주님은 나의 목자, 나는 아쉬울 것 없어라. 푸른 풀밭에 나를 쉬게 하시고 잔잔한 물가로 나를 이끄시어 내 영혼에 생기를 돋우어 주시고 바른길로 나를 끌어 주시니 당신의 이름 때문이어라. 제가 비록 어둠의 골짜기를 간다 하여도 재앙을 두려워하지 않으리니 당신께서 저와 함께 계시기 때문입니다. 당신의 막대와 지팡이가 저에게 위안을 줍니다." 그리고 그렇게 누리는 과분한 행복을 잔칫상을 받는 것에 비유했다. "Thou preparest a table before me in the presence of mine enemies; thou anointest my head with oil; my cup runneth over."당신께서 저의 원수들 앞에서 저에게 상을 차려 주시고 제 머리에 향유를 발라 주시니 저의 술잔도 가득합니다.(『시편』23:5)

this too shall pass
이 또한 지나가리라

While I was going through my divorce, I was constantly reminding myself that this too shall pass.
이혼을 진행하는 동안 나는 이 또한 지나가리라고 끊임없이 되뇌었다.

'지금 상황이 아무리 절망적이더라도 일시적이며 결국 끝난다'는 뜻의 이 격언은 기원전 1200년경 고대 페르시아에서 유래했다. 중세 이슬람 수피교 시인들이 남긴 저작을 보면 어느 강력한 왕이 현자들을 불러 모아 어떤 시대, 어떤 상황에도 변함없이 살아남을 명구가 무엇인지 물었다고 한다. 심사숙고 끝에 현자들은 "이 또한 지나가리라"라는 말을 내놓았다. 이에 깊이 감동한 왕은 그 말을 반지에 새겨 넣게 했다. 또 다른 설을 보면, 왕이 슬프거나 울적할 때 기분이 좋아지게 하는 반지를 만들라고 명령했다. 고민 끝에 현자들은 "이 또한 지나가리라"라는 문구를 새긴 단순한 모양의 반지를 왕에게 건넸다. 정말로 반지는 효력을 발휘하여 왕이 울적할 때마다 들여다보면 기분이 좋아졌다. 그렇지만 한편으로는 행복한 순간 또한 지나가 버리는 법이니 이 반지는 일종의 저주이기도 했다. 이 격언은 19세기 초 영국의 시인 에드워드 피츠제럴드가 페르시아의 우화를 각색하여 소개한 『솔로몬의 인장』에 쓰면서 서구에 알려졌고, 1859년 9월 30일 링컨이 대통령으로 당선되기 전에 연설에서 언급하면서 유명해졌다.

from strength to strength
일취월장, 더욱더, 점점 더

Since her lung transplant operation she has gone from strength to strength.
폐 이식 수술을 받은 후 그녀는 점점 호전되었다.

이미 잘하고 있는데 더욱 잘할 것으로 기대될 때 쓰는 이 표현은 널리 쓰인 지는 오래되지 않았지만 그 유래는 한참을 거슬러 올라가 구약성경 『시편』에 이미 등장한다. "They go from strength to strength, till each appears before God in Zion." 그들은 힘을 얻고 더 얻으며 올라가서, 시온에서 하느님을 우러러 뵐 것입니다.(『시편』 84:7) 이 표현은 1535년 최초로 인쇄되어 출간된 영어 성경인 마일스 커버데일의 성경에 등장한 이래 킹 제임스 성경을 비롯한 후대의 버전에도 그대로 실렸다. 1900년대까지는 주로 미국의 종교계에서 많이 쓰였고, 20세기 초반부터는 영국에서도 일반 분야에서 널리 퍼졌다.

at one's wit's end
어찌할 바 모르는, 골머리를 앓는

The baby's been crying for hours, and I'm at my wits' end!
아기가 몇 시간째 울고 있는데, 어찌할 바를 모르겠다!

글자 그대로 해석하면 '이성의 끝에 다다랐다'는 뜻으로 어찌할 바 모를 정도로 당황할 때 쓰는 표현이다. 이 말은 14세기에 번역된 최초의 영어 성경 위클리프 성경에 언급되며 처음으로 영어에 등장했다. "They that go down to the sea in ships, that do business in great waters; These see the works of the LORD, and his wonders in the deep. For he commandeth, and raiseth the stormy wind, which lifteth up the waves thereof. They mount up to the heaven, they go down again to the depths: their soul is melted because of trouble. They reel to and fro, and stagger like a drunken man, and are at their wit's end." 배를 타고 항해하던 이들, 큰물에서 장사하던 이들. 그들이 주님의 일을 보았다, 깊은 바다에서 그분의 기적들을. 그분께서 명령하시어 사나운 바람을 일으키시자 그것이 파도들을 치솟게 하였다. 그들이 하늘로 솟았다가 해심으로 떨어지니 그들 마음이 괴로움으로 녹아내렸다. 술 취한 사람처럼 비틀거리고 흔들거리니 그들의 온갖 재주도 엉클어져 버렸다.(『시편』 107:23~27) 마지막 부분에 나오는 당황스러운 상황을 표현한 구절에서 이 말이 생겨났다.

two-edged sword
양날의 검, 양면성을 지닌 상황

Her authority in the company is a two-edged sword. She makes more enemies than allies.
회사에서 그녀의 위신은 양날의 검이다. 자기편보다는 적이 더 많이 생긴다.

칼의 양날이 다 날카로우면 양쪽으로 벨 수 있으니, 이 표현은 '어떤 상황이나 사물의 이중성 또는 양면성'을 의미한다. 구약 성경 『시편』 149장 6~7절에 다음과 같은 구절이 나온다. "With the praise of God in their mouths, and a two-edged sword in their hands, to bring retribution on the nations, punishment on the peoples." 그들의 입에는 하느님께 드릴 찬양이 가득하고, 그 손에는 쌍날칼이 들려 있어, 뭇 나라에게 복수하고, 뭇 민족을 철저히 심판한다. 또 신약성경 『히브리서』 4장 12절에는 사람의 영혼 깊숙이 꿰뚫는 하느님의 말씀에 담긴 예리한 힘을 표현하는 구절이 있다. "Indeed, the word of God is living and effective, sharper than any two-edged sword, penetrating even between soul and spirit, joints and marrow, and able to discern reflections and thoughts of the heart." 사실 하느님의 말씀은 살아 있고 힘이 있으며 어떤 쌍날칼보다도 날카롭습니다. 그래서 사람 속을 꿰찔러 혼과 영을 가르고 관절과 골수를 갈라, 마음의 생각과 속셈을 가려냅니다. 이렇게 쌍날칼은 때로는 뭇 민족에게 복수하는 데에 쓰이기도 하지만, 사람의 영혼을 강렬하게 사로잡는 하느님의 말씀처럼 힘이 있기도 하다. 사람을 죽이기도 하지만 마음속 깊은 생각을 살피게 하는 양면성이 있다.

laughter is the best medicine
웃음이 최고의 보약

Perhaps many volunteers taking care of old patients are well aware of the fact that laughter is the best medicine.
노인 환자를 돌보는 자원봉사자는 웃음이 최고의 약이라는 사실을 잘 알고 있다.

웃음은 삶에 대한 새로운 시각을 줄 수 있다. 더 많이 웃을수록 건강해지고 긍정적인 태도를 유지할 수 있다. 긍정적 사고는 신체적 질병이나 정신적 고통으로부터 회복되는 데 도움이 되는 것은 물론 갈등을 해소하는 방법이 되기도 한다. 또한 웃음은 스트레스와 불안에서 벗어나 기분을 고조시키고 지속적인 행복감을 주는 일종의 항우울제라고도 할 수 있다. 기분 좋은 웃음은 마음에 평안을 가져오며, 분노의 감정을 극복하는 자연스러운 방법이다. 이처럼 현대에 와서 실제로 웃음의 효과가 과학적으로 입증되고 있는데, 오래전부터 전해 온 이 격언의 유래 역시 구약성경에서 찾을 수 있다. 『잠언』 17장 22절을 보면 다음과 같은 구절이 나온다. "A cheerful heart is good medicine, but a crushed spirit dries up the bones." 즐거운 마음은 병을 낫게 하지만, 근심하는 마음은 뼈를 마르게 한다. 옛사람들은 즐거운 마음이 신체에 미치는 영향을 이미 알고 있었던 것이다.

there is nothing new under the sun
하늘 아래 새로운 것은 없다, 같은 일이 반복되다

Another war broke out and people continued to kill each other because of territory and religion. There's nothing new under the sun.
또 다른 전쟁이 발발하여 사람들은 영토와 종교 때문에 서로 계속 죽인다. 똑같은 일이 반복되고 있다.

'태양 아래 새로운 것은 없다', 단조로운 삶에 대한 염세적 표현으로 많이 쓰이는 이 속담은 구약성경에서 유래한 말이다. 솔로몬 왕이 쓴 것으로 전해지는 『코헬렛』 1장 9절에 이 표현이 나온다. "What has been, that will be; what has been done, that will be done. There is nothing new under the sun." 이미 있던 것이 훗날에 다시 있을 것이며, 이미 일어났던 일이 훗날에 다시 일어날 것이다. 이 세상에 새 것이란 없다. 이 말은 '하느님과 분리된 삶에서는 세상사가 다 거기서 거기'라는 뜻이다. 현세적 관점에서만 본다면, 인간이 일생 동안 애쓰는 모든 활동은 거대한 자연의 법칙에서 보면 미미해 보인다. 그래서 인간은 과거를 잊는 경향이 있고, 개인적으로나 역사적으로나 과거의 실수를 되풀이하게 된다. 또 '사회가 아무리 많이 변하더라도 인간의 본성은 늘 변함없이 그대로'라는 뜻이기도 하다. 『코헬렛』에서는 이렇게 현세적 관점에서 세상사를 지향할 것이 아니라, 현세에서 주목받지 못하는 우리의 작은 선행조차도 하느님께서는 보고 계시니 하느님을 경외하는 마음으로 계명을 지키며 선하게 살라고 결론짓고 있다.

to everything there is a season
모든 것에는 때가 있기 마련이다

He doesn't understand you now, but he'll realize when he grows up. Because to everything there is a season.
그가 지금은 네 말을 이해하지 못하지만 좀 더 크면 깨달을 거야. 모든 것에는 때가 있으니.

이 말은 구약성경에서 유래한 표현으로 『코헬렛』 3장 1절에 언급되어 있다. "To every thing there is a season, and a time to every purpose under the heaven." 모든 일에는 다 때가 있다. 세상에서 일어나는 일마다 알맞은 때가 있다. 이 구절에 이어 다음과 같은 구체적인 내용이 열거되어 있다. "태어날 때가 있고, 죽을 때가 있다. 심을 때가 있고, 뽑을 때가 있다. 죽일 때가 있고, 살릴 때가 있다. 허물 때가 있고, 세울 때가 있다. 울 때가 있고, 웃을 때가 있다. 통곡할 때가 있고, 기뻐 춤출 때가 있다. 돌을 흩어 버릴 때가 있고, 모아들일 때가 있다. 껴안을 때가 있고, 껴안는 것을 삼갈 때가 있다. 찾아 나설 때가 있고, 포기할 때가 있다. 간직할 때가 있고, 버릴 때가 있다. 찢을 때가 있고, 꿰맬 때가 있다. 말하지 않을 때가 있고, 말할 때가 있다. 사랑할 때가 있고, 미워할 때가 있다. 전쟁을 치를 때가 있고, 평화를 누릴 때가 있다."

many hands make light work
백짓장도 맞들면 낫다

Come on, help me fix this fence — many hands make light work.
어서 와서 이 울타리 고치는 것 좀 도와줘. 백짓장도 맞들면 낫잖아.

글자 그대로 해석하면 '많은 손이 일을 가볍게 만든다'는 뜻으로 '혼자 일하기보다는 여러 사람이 합심하여 일하면 더 많은 것을 성취할 수 있다'는 의미가 담긴 이 속담은 영웅을 노래한 중세의 낭만시 『햄프턴의 베비스 경』에 처음으로 등장했고, 시인이자 극작가 존 헤이우드가 1546년에 엮은 『속담집』에도 수록되었다. 이 개념의 뿌리는 구약성경에서 찾아볼 수 있다. "Two are better than one, because they have a good return for their work: If one falls down, his friend can help him up. But pity the man who falls and has no one to help him up!"혼자보다는 둘이 더 낫다. 두 사람이 함께 일할 때에 더 좋은 결과를 얻을 수 있기 때문이다. 그 가운데 하나가 넘어지면, 다른 한 사람이 자기의 동무를 일으켜 줄 수 있다. 그러나 혼자 가다가 넘어지면, 딱하게도 일으켜 줄 사람이 없다.(『코헬렛』 4:9~10)

a fly in the ointment
옥에 티, 작은 허점, 흠

I like the house, but there's a fly in the ointment: I have to commute so far to work.
그 집이 마음에 들지만 한 가지 흠이 있다. 출퇴근하기에 너무 멀다.

글자 그대로 해석하면 '연고에 빠진 파리'라는 뜻의 이 표현은 그 유래가 오래되었다. 요즘에는 연고가 상처나 뾰루지 등에 바르는 의약용 약물이지만 과거에는 치장이나 신성한 의식에 사용되는 향유였다. 성경에는 하느님이 선택하는 인물을 가리킬 때 '기름부음 받은 자'라는 표현이 등장하는데, 실제로 누군가를 왕이나 지도자로 세울 때 머리에 도유식(기름을 붓는 의식)을 거행했다. 연고ointment는 'oint'라는 철자에서 볼 수 있듯이 도유anoint하는 데 쓰이는 기름이었다. 'a fly in the ointment'는 구약성경에 나오는 표현이다. "Dead flies cause the ointment of the apothecary to send forth a stinking savour: so doth a little folly him that is in reputation for wisdom and honour."향유에 빠져 죽은 파리가 향유에서 악취가 나게 하듯이, 변변치 않은 작은 일 하나가 지혜를 가리고 명예를 더럽힌다.(『코헬렛』 10:1)

근대에 와서는 '값진 무언가를 망치거나 성가신 원인이 되는 작은 결점'이라는 뜻이 되었는데 1707년 영국의 신학자 존 노리스가 쓴 『겸손에 관한 실용론』에 처음 기록되어 있다.

a little bird told me
풍문으로 듣다, 누가 그러더라

A little bird told me you might be applying for another job.
누가 그러는데 너 다른 직장에 지원할지도 모른다며.

우리말 속담 가운데 '낮말은 새가 듣고 밤말은 쥐가 듣는다'에 해당하는 이 표현은 아주 오래전부터 전해 내려온 말이다. 다윗의 아들로 지혜로운 왕의 상징이기도 한 솔로몬이 쓴 것으로 전해지는 구약성경 『코헬렛』 10장 20절에 다음과 같은 충고가 나온다. "Do not revile the king even in your thoughts, or curse the rich in your bedroom, because a bird of the air may carry your words, and a bird on the wing may report what you say." 마음속으로라도 왕을 욕하지 말며, 잠자리에서라도 부자를 저주하지 말아라. 하늘을 나는 새가 네 말을 옮기고, 날짐승이 네 소리를 전할 것이다. '아무리 조심한다고 해도 누군가는 들을 수 있으니 언행에 주의하라'는 경고를 담은 말이다. 왕이 세상만사를 좌우하던 시대에는 아무리 사소한 내용이더라도 왕을 비방하는 소리를 했다가는 목숨을 잃기 십상이었으니.

beat swords into plowshares
무기를 평화의 도구로 만들다, 무장을 해제하고 평화를 추구하다

When the aspiration to social stability and durable peace becomes dominant, people will eventually beat their swords into plowshares.
사회 안정과 항구적 평화를 바라는 열망이 커질 때, 사람들은 결국 무기를 내려놓고 평화를 추구할 것이다.

유엔 건물 북쪽 정원에는 예브게니 부체치의 청동 작품 「칼을 쳐서 쟁기로」가 서 있다. 칼을 두드려 쟁기로 만들고 있는 사람의 모습으로 형상화된 이 표현은 사실 "They will beat their swords into plowshares and their spears into pruning hooks"그들은 칼을 쳐서 보습을 만들고 창을 쳐서 낫을 만들리라(『이사야서』 2:4)라는 성경 구절에서 유래했다. 칼과 쟁기는 둘 다 철로 만들어져 날카롭지만 그 목적은 정반대인 도구이다. 칼이 전쟁을 대표하는 살상 도구라면 쟁기는 인간에게 이로운 창조적 도구를 상징한다. 다양한 정치사회 집단에서 이 표현을 써 왔는데, 현대에는 이러한 개념이 실제로 적용된 사례가 많다. 제1차세계대전 당시 화학무기로 개발된 질소겨자는 1940년대에 세계 최초의 항암제인 머스틴의 기초가 되었다. 정밀한 타격을 위해 개발된 미국의 장거리용 무기인 위성항법시스템GPS은 내비게이션 등의 민간 응용 분야로 확대되었다. 또한 1993년 메가톤스 메가와트 프로그램(핵무기에서 추출한 고농축 우라늄의 처분에 관해 러시아와 미국 사이에 맺은 협정) 덕분에 구소련의 핵탄두 연료 500톤이 20년 동안 원전을 위한 연료로 전환될 수 있었다.

woe is me!

아, 이럴 수가! 슬프도다!

Woe is me! I have to work when the rest of the office staff is off.
아아, 이럴 수가! 다른 직원들은 다 쉬는데 나만 일해야 하다니.

글자 그대로 해석하면 '불운이 나에게 닥치다'라는 뜻으로 실패하거나 재앙에 절망했을 때 흔히 쓰는 이 감탄사는 구약성경에서 유래한 표현이다. 『이사야서』 6장 5절을 보면 주님을 보고 놀란 이사야가 다음과 같이 외친다. "Woe is me! I am ruined! For I am a man of unclean lips, and I live among a people of unclean lips, and my eyes have seen the King, the LORD Almighty!" 큰일 났구나! 나는 이제 망했다. 나는 입술이 더러운 사람이다. 입술이 더러운 백성 가운데 살면서 임금이신 만군의 주님을 내 눈으로 뵙다니! 『예레미야서』 4장 31절에도 같은 표현이 나온다. "I hear a cry as of a woman in labor, a groan as of one bearing her first child—the cry of the Daughter of Zion gasping for breath, stretching out her hands and saying, 'Woe is me now! I am fainting; my life is given over to murderers.'" 나는 몸 푸는 여인이 내는 듯한 소리를, 첫아기를 낳는 여인처럼 괴로워하는 소리를 들었다. 손을 뻗쳐 들고 헐떡이는 딸 시온의 소리를 들었다. "불행하여라, 이 내 목숨! 살인자들 앞에서 내 힘이 다해 가는구나."

put one's house in order
자신의 문제부터 해결하다, 처신을 똑바로 하다

The government gives the used car industry a twelve-month deadline opportunity to put its house in order, if it fails to do so, it has to face tough statutory controls.
정부는 중고차업계에 1년 간 자정 기회를 주었는데, 만일 실패한다면 강력한 법적 통제에 돌입할 수밖에 없다.

글자 그대로 해석하면 '자신의 집안일을 정돈한다'는 뜻의 이 표현은 우리말로 '수신제가'와 비슷한 말이다. '남의 일에 참견하기 전에 자기 문제나 잘 처리하라'고 할 때 흔히 쓰는 말로 구약성경에서 유래를 찾을 수 있다. 남유다 왕국의 개혁왕 히즈키야가 병이 들자 예언자 이사야는 그가 회복되지 못하고 죽을 것이라는 하느님의 말을 전한다. 그 말을 들은 히즈키야 왕은 통곡하며 하느님께 자신이 성실하고 온전한 마음으로 살아 왔으니 굽어 살펴달라고 눈물로 기도한다. 그의 간절한 탄원 기도에 마음이 움직인 하느님은 히즈키야 왕의 원래 수명에 열다섯 해를 더해 준다. 이렇게 히즈키야 왕의 발병과 치유에 대해 설명하고 있는 『이사야서』 38장 시작 부분에 이사야가 하느님의 말씀을 전하며 죽기 전 신변을 정리하라는 말이 나온다. "Thus says the LORD: Put your house in order, for you are about to die; you shall not recover." 주님께서 이렇게 말씀하십니다. '너의 집안일을 정리하여라. 너는 회복하지 못하고 죽을 것이다.' 이 구절에서 보듯 성경에서 쓰인 의미는 '죽기 전에 신변 정리를 한다'는 뜻이었으나 지금은 '자기 문제부터 해결하다', '똑바로 처신하다'라는 의미로 쓰인다.

a drop in the bucket
극소량, 새 발의 피, 구우일모

What we were paid for our work was a drop in the bucket compared to what the company earned.
우리가 일한 대가로 받은 돈은 회사가 벌어들이는 것에 비하면 새 발의 피다.

'양동이 속 물 한 방울'처럼 '아주 미미한 양이나 정도'를 표현하는 이 말은 구약성경에서 유래했다. 솔로몬 왕이 죽은 후 급속히 약해진 이스라엘 왕국은 남북으로 분열되었고 얼마 후 북이스라엘은 아시리아에 정복당하여 속국이 되었다. 이 시기에 활동하던 예언자 이사야는 주변 강대국들의 위협에 떨고 있는 백성에게 '예루살렘이 그동안의 죗값을 모두 치르고 하느님의 위로와 구원을 받게 되리라'고 선포한다. 그러면서 헨델이 『메시아』에서 써먹은 유명한 구절을 읊는다. "골짜기는 모두 메워지고 산과 언덕은 모두 낮아져라. 거친 곳은 평지가 되고 험한 곳은 평야가 되어라. 이에 주님의 영광이 드러나리니 모든 사람이 다 함께 그것을 보리라. 주님께서 친히 이렇게 말씀하셨다." 이어 하느님의 위대하심을 노래한다. "Surely the nations are like a drop in a bucket; they are regarded as dust on the scales."보라, 민족들은 두레박에서 떨어지는 물 한 방울 같고 저울 위의 티끌같이 여겨진다.(『이사야서』 40:15) 인간의 눈에는 아무리 막강한 민족이라도 하느님에게는 두레박에서 떨어지는 물 한 방울처럼 하찮다는 의미다.

see eye to eye
의견이 일치하다, 견해가 같다

Will labor and management ever see eye to eye on the new agreement?
새로운 협정에 대해 노사가 의견 일치를 볼 수 있을까요?

'누군가와 의견을 같이하거나 서로 깊이 이해한다'는 의미의 이 표현은 구약성경 구절에서 유래했다. 예루살렘의 해방과 구원의 선포를 예언으로 노래한 『이사야서』 52장 8절에 다음과 같은 구절이 나온다. "Thy watchmen shall lift up the voice; with the voice together shall they sing: for they shall see eye to eye, when the LORD shall bring again Zion."들어 보아라. 너의 파수꾼들이 목소리를 높인다. 다 함께 환성을 올린다. 주님께서 시온으로 돌아오심을 그들은 직접 눈으로 본다. 1939년 영국의 시사 주간지 『스펙테이터』 6월호에 실린 "He wished to affirm the solidarity of the Axis and to dispel the rumours that he and the Duce did not see eye to eye in regard to foreign policy"그는 추축국의 결속을 확인하고 자신과 수장이 외교 정책에 관해 의견이 일치하지 않는다는 소문을 불식시키고 싶었다에서 볼 수 있듯이 당시 언론 매체에서 활발하게 쓰인 이 표현은 '직접 보거나 대면하다'라는 성경 구절 속 원래 의미 대신 어느 누군가의 눈이 다른 이의 눈높이 수준과 정확히 같은 상태, 즉 '의견이 일치하다'라는 뜻으로 쓰이기 시작했다.

like a lamb to the slaughter
위험을 알지 못한 채 유순하게

His young bride walked down the aisle of the church like a lamb to the slaughter.

그의 어린 신부는 아무것도 모른 채 순순히 교회 통로를 걸어갔다.

글자 그대로 해석하면 '도살장으로 끌려가는 어린 양처럼'이라는 이 말은 '어떤 대의명분을 위해 누군가가 희생된다'는 뜻인데, 그리스도의 희생적 죽음에서 기원을 찾을 수 있다. 구약성경에 나오는 '하느님의 고난받는 종'이란 앞으로 오게 될 '메시아'를 의미한다. "He was oppressed and afflicted, yet he did not open his mouth; he was led like a lamb to the slaughter, and as a sheep before her shearers is silent, so he did not open his mouth." 그는 굴욕을 당하고 고문을 당하였으나, 아무 말도 하지 않았다. 도살장에 끌려가는 어린 양처럼 털 깎는 사람 앞에 잠자코 서 있는 어미 양처럼 아무 말도 하지 않았다.(『이사야서』 53:7) 신약성경 『사도행전』 8장 32절에서는 그 종이 바로 예수라고 언급한다. "This was the scripture passage he was reading: Like a sheep he was led to the slaughter, and as a lamb before its shearer is silent, so he opened not his mouth." 그가 읽던 성경 구절은 이러하였다. "그는 양처럼 도살장으로 끌려갔다. 털 깎는 사람 앞에 잠자코 서 있는 어린 양처럼 아무 말도 하지 않았다."

no rest for the wicked
딴짓할 틈이 없다

Well, it's been nice talking to you, but I really must go. No rest for the wicked!
만나서 반가웠어요, 하지만 정말 가 봐야겠어요. 쉴 틈이 없다니까요!

글자 그대로 해석하면 '사악한 자들에게는 휴식이 없다'는 뜻의 이 표현은 구약성경에서 기원을 찾을 수 있다. 원래 형태는 'no peace for the wicked'로 예언자 이사야가 한 말에서 유래했다. "But the wicked are like the tossing sea which cannot be calmed, And its waters cast up mud and filth. 'No peace for the wicked!' says my God." 그러나 악인들은 요동치는 바다와 같아 가만히 있지 못하니 그 물결들은 오물과 진창만 밀어 올린다. 나의 하느님께서 말씀하신다. "악인들에게는 평화가 없다."(『이사야서』 57:20~21) 이 표현은 원래 성경 텍스트를 인용할 때 많이 언급되었으나, 1933년 해럴드 그레이가 미국의 여러 신문에 연재한 인기 만화 『고아 애니』 시리즈 한 편의 제목으로 사용하면서 세속적 의미로 사용되기 시작했고 이후로 많은 노래 제목이나 영화 제목으로 쓰였다. 보통은 할 일이 너무 많다고 불평하는 사람에게 "성질이 못돼서 할 일이 많은 거야"라며 농담처럼 말할 때 쓴다.

holier than thou
고고한 척하는, 성인군자인 척하는

She was intensely irritated by Jane's holier-than-thou attitude.
그녀는 제인의 고고한 척하는 태도에 몹시 화가 났다.

글자 그대로 해석하면 '너보다 더 거룩한'이라는 뜻의 이 표현은 구약성경 구절에서 유래했다. 예언자 이사야는 하느님의 은혜를 저버리고 우상을 숭배한 이스라엘에 진노한 하느님의 말씀을 다음과 같이 전한다. "Which remain among the graves, and lodge in the monuments, which eat swine's flesh, and broth of abominable things is in their vessels; Which say, Stand by thyself, come not near to me; for I am holier than thou.' These are a smoke in my nose, a fire that burneth all the day." 그들은 굴 무덤 속에 들어가 앉고 은밀한 곳에서 밤을 지내는 자들, 돼지고기를 먹으며 부정한 고기 국물을 제 그릇에 담는 자들이다. 그러면서도 다른 사람들에게 "물러서서 나에게 다가오지 마시오. 당신 때문에 부정 타겠소" 하고 말하는 자들이다. 이런 자들을 내가 참지 못한다. 그들을 향한 나의 분노는 꺼지지 않는 불처럼 타오른다.(『이사야서』 65:4~5) 스스로 다른 사람들보다 거룩하다고 여긴 이스라엘 백성을 지칭했던 이 말은 '혼자 고고한 척하거나 잘난 체한다'는 부정적 의미로 많이 쓰인다.

There are none so blind as those who will not see

보고 싶은 것만 보는 사람만큼 맹목적인 사람은 없다

He's a dangerous man to work with because he never listens to others. There's a saying, there are none so blind as those who will not see.
그는 다른 사람의 말을 절대 듣지 않기 때문에 함께 일하기에 위험한 사람이다. 보고 싶은 것만 보는 사람만큼 맹목적인 사람은 없다고 하지 않는가.

'가장 망상에 사로잡힌 사람은 이미 알고 있으면서도 모르는 체하기로 작정한 사람'이라는 의미의 이 속담은 1546년 존 헤이우드의 『속담집』에 처음 실렸지만, 배경이 되는 개념은 성경에서 유래했다. 구약성경에서 하느님은 예언자 예레미야의 입을 통하여 이스라엘 백성들이 말로는 주님을 섬긴다고 하면서도 실제 삶은 말하는 것과 다르다고 꾸짖는다. "Pay attention to this, foolish and senseless people who have eyes and see not, who have ears and hear not. Says the LORD, 'should you not fear me, should you not tremble before me? (……) But this people's heart is stubborn and rebellious; they turn and go away.'"어리석고 지각없는 백성아, 제발 이 말을 들어라. 눈이 있어도 보지 못하고 귀가 있어도 듣지 못하는구나. 주님의 말씀이다. "너희는 나를 경외하지도 않고 내 앞에서 떨지도 않는단 말이냐? (……) 이 백성은 완고하고 반항하는 마음을 지니고 돌아서서 가 버렸다."(『예레미야서』 5:21)

the leopard cannot change its spots
제 버릇 개 못 준다, 세 살 버릇 여든 간다

He is not trying his best and bound to fail the exam again, a Leopard cannot change his spots after all.
그는 최선을 다하지 않고 있으니 시험에 또 떨어질 수밖에 없다. 그 버릇이 어디 가겠는가.

글자 그대로 해석하면 '표범이 자신의 얼룩무늬를 바꿀 수 없다'는 뜻이다. '아무리 노력해도 사람의 본성은 쉽게 바뀌지 않는다'는 속뜻이 담긴 이 표현은 구약성경에서 유래했다. 예언자 예레미야는 유대와 예루살렘의 교만한 백성들이 하느님의 말을 듣기를 거부하고 자신들의 고집대로 살아가며 다른 신을 섬기고 경배한다고 꾸짖는다. 그러면서 자신이 들은 하느님의 말씀을 다음과 같이 전한다. "Can the Ethiopian change his skin or the leopard its spots? Neither can you do good who are accustomed to doing evil."에티오피아 사람이 자기의 피부색을 바꿀 수 있겠느냐? 표범이 자기의 얼룩을 바꿀 수 있겠느냐? 만약 그렇게 할 수만 있다면 악에 익숙해진 너희도 선을 행할 수가 있을 것이다.(『예레미야서』 13:23) 이 표현은 좋은 본성보다는 '악행을 행하는 나쁜 본성은 쉽게 바뀌지 않는다'는 부정적 의미로 많이 쓰인다.

wheels within wheels
뒤얽힌 사정, 복잡한 사연, 난맥상

In making political agreements there are always wheels within wheels.
정치적 합의를 하는 데에는 항상 복잡한 사정이 있게 마련이다.

글자 그대로 해석하면 '바퀴 속의 바퀴'라는 뜻의 이 표현은 구약 성경에서 유래했다. 유대 왕국이 멸망하고 많은 사람이 바빌론으로 끌려간 전반기에 활동한 선지자 에제키엘은 유배 온 사람들과 크바르 강가에 있다가 환시 속에서 주님의 발현을 보게 된다. 그리고 앞은 사람의 얼굴, 오른쪽은 사자 얼굴, 왼쪽은 황소 얼굴, 뒤쪽은 독수리의 얼굴을 하고 몸에는 날개가 달린 네 생물이 나타난다. 그들 옆에는 바퀴가 하나씩 있었는데, 바퀴의 모습은 이렇게 설명되어 있다. "The appearance of the wheels and their work was like unto the colour of a beryl: and they four had one likeness: and their appearance and their work was as it were a wheel in the middle of a wheel."그 바퀴의 형상과 구조를 보니, 그 형상은 빛나는 녹주석과 같고 네 바퀴의 형상이 모두 똑같으며, 그 구조는 마치 바퀴 안에 바퀴가 들어 있는 것처럼 보였다.(『에제키엘서』 1:16) 여기서 유래한 'wheels within wheels'는 '일의 처리 과정이나 결정 등이 아주 복잡하거나 비밀스러워 이해하기 쉽지 않은 상황'이나 '복잡하게 꼬여 쉽사리 풀리지 않는 난제' 등을 의미하게 되었다.

feet of clay
타고난 결점, 약점, 허약한 토대

Why are people always surprised when they discover that their heroes have feet of clay?
사람들은 자신이 동경하는 인물들에게도 약점이 있다는 것을 알면 왜 늘 놀라는 걸까?

19세기부터 사용된 이 표현은 구약성경 『다니엘서』에 나오는 이야기에서 유래했다. 네부카드네자르 왕은 예루살렘을 침공하여 유대 왕국을 멸망시킨 후 유대인들을 바빌로니아로 끌고 갔다. 왕이 꿈에서 기이한 형상을 보았는데 아무도 해몽할 수 없자 끌려온 유대인 다니엘이 하느님의 환시를 통해 꿈을 풀이했다. 왕이 본 것은 순금으로 된 머리, 은으로 된 가슴과 팔, 청동으로 된 배와 넓적다리, 쇠로 된 종아리, 쇠와 진흙으로 된 발의 모습을 한 거대한 입상이었다. 그런데 산에서 떨어진 돌 조각 하나가 발을 치자 온 상이 다 부서져 그 흔적조차 찾아볼 수 없게 되었다. 다니엘의 해몽에 따르면, 순금 머리는 네부카드네자르를 상징하고, 은 가슴과 팔, 청동 배와 넓적다리는 각기 그 뒤에 일어나는 바빌로니아보다 못한 다른 나라를 의미한다. 그러고 나서 쇠처럼 강건한 넷째 나라가 생겨나지만 쇠가 진흙과 섞이지 못하듯 둘로 나뉘게 된다. 떨어져 나온 돌 하나는 하느님이 세우는 왕국으로 앞의 모든 나라를 부수어 멸망시키고 영원히 서 있을 것이라 했다. 그래서 'feet of clay'_{진흙으로 만들어진 발}는 '전체를 무너뜨리는 약점'을 의미하게 되었다.

the writing on the wall
나쁜 징조, 불길한 징조, 임박한 재난의 조짐

Investors shouldn't assume that banks see the writing on the wall.
투자자들은 은행들이 불길한 조짐을 알아차린다고 생각해서는 안 된다.

글자 그대로 해석하면 '벽에 쓰인 글씨'라는 뜻의 이 표현은 구약 성경 『다니엘서』에 나오는 이야기에서 유래한 말이다. 유대 왕국을 멸한 네부카드네자르의 아들 벨사차르 왕은 어느 날 천 명이나 되는 대신들을 불러 큰 잔치를 벌였다. 술기운이 오른 왕은 예루살렘 성전에서 가져온 금 그릇에 술을 담아 마시고 우상들을 찬양하였다. 그러자 갑자기 사람의 손이 나타나더니 석고 벽 위에 글을 쓰기 시작했다. 공포에 사로잡힌 벨사차르는 온갖 현인들을 불러 그 의미를 알아보려 했지만 실패하고 결국 선왕의 꿈을 해몽했던 다니엘을 불러들인다. 벽에 쓰인 글씨는 아람어로 '므네, 므네, 트켈, 파르신'이라고 적혀 있었는데, 의미를 해석하면 이러하다. '므네'는 '하느님이 왕국의 시대를 계산해 보니 이미 끝났다'는 뜻이고, '트켈'은 '임금을 저울에 달아 보니 함량이 미달되었다'는 뜻이고, '파르신'은 '나라가 둘로 갈라져 메디아인과 페르시아인에게 넘어간다'는 뜻이다. 바로 그날 밤에 벨사차르는 살해되고 메디아인 다리우스가 그 나라를 차지하였다. 벨사차르에게 닥칠 불길한 예언이 벽에 적힌 데서 유래한 이 표현은 '불길한 조짐이나 징조'를 의미하게 되었다.

separate the wheat from the chaff
좋은 사람을 가려내다, 옥석을 가리다, 좋고 나쁨을 분간하다

With so many manuscripts arriving daily, it's a challenge to separate the wheat from the chaff and spot the really exceptional ones.
매일 수많은 원고들이 들어오기 때문에, 옥석을 가려 정말 뛰어난 작품을 찾아내기란 어렵다.

글자 그대로 해석하면 '쭉정이에서 알곡을 가려내다'라는 뜻의 이 말은 성경에서 유래했다. 알맹이가 꽉 찬 알곡과 달리 껍질만 있는 쭉정이는 먹을 수 없으니 땔감으로나 쓰면 모를까 아무짝에도 쓸모가 없다. 그래서 옛날에는 키로 까불러 가벼운 쭉정이는 날려 버리고 알곡만 모았다. 구약성경에는 악인을 이렇게 쭉정이에 비유한 표현이 등장한다. "Not so the wicked! They are like chaff that the wind blows away." 악인은 그렇지 않으니, 한낱 바람에 흩날리는 쭉정이와 같다.(『시편』 1:4~5) 신약성경에는 최후에 선인과 악인이 가려질 것을 키질에 비유하여 경고하는 구절이 등장한다. "His winnowing fork is in his hand, and he will clear his threshing floor, gathering his wheat into the barn and burning up the chaff with unquenchable fire." 그분은 손에 키를 들고 있으니, 타작마당을 깨끗이 하여, 알곡은 곳간에 모아들이고, 쭉정이는 꺼지지 않는 불에 태우실 것이다.(『마태오 복음서』 3:12) 이런 의미가 이어져 오늘날 이 표현은 '좋은 사람과 나쁜 사람을 구분하다', '옥석을 가리다'라는 뜻으로 쓰인다.

fall by the wayside
도중에 무산되다, 밀려나다

With the economy suffering, the president's plan for environmental reform has increasingly fallen by the wayside.
경제가 어려워지면서 대통령의 환경 개혁안은 도중에 무산되었다.

글자 그대로 해석하면 '길가에 떨어지다'라는 의미의 이 표현은 신약성경 복음서에 나오는 비유에서 유래했다. 씨 뿌리는 사람이 나가서 씨를 뿌렸는데, 어떤 씨는 길에 떨어져 짓밟히거나 새들이 먹어치워 버렸다. 어떤 것은 바위에 떨어져 싹이 났지만 물기가 없어 말라 버렸다. 또 가시덤불에 떨어진 것도 있었는데 가시덤불이 자라자 숨을 막아 버렸다. 그러나 좋은 땅에 떨어진 씨는 자라나 백 배의 열매를 맺었다. 여기서 씨앗은 하느님의 말씀을 의미한다. 길에 떨어진 씨앗은 말씀을 듣기는 했지만 악마가 와서 그 말씀을 앗아가 버리기 때문에 믿지 못하여 구원받지 못하는 사람들을, 바위에 떨어진 씨앗은 들을 때에는 그 말씀을 기쁘게 받아들이지만 뿌리가 없어 한때는 믿다가 시련이 닥치면 떨어져 나가는 사람들을, 가시덤불에 떨어진 씨앗은 말씀을 듣기는 했지만 살아가면서 걱정과 재물과 쾌락에 숨이 막혀 열매를 제대로 맺지 못하는 사람들을, 좋은 땅에 떨어진 씨앗은 바르고 착한 마음으로 말씀을 듣고 간직하여 인내로 열매를 맺는 사람들을 각각 의미한다. 그래서 'fall by the wayside'는 길가에 뿌려진 씨앗처럼 '도중에 떨어져 나가거나 무산되는 것'을 나타낸다.

for Pete's sake / for the love of Pete
맙소사, 제발, 도대체

I haven't seen you in years, for Pete's sake!
도대체 이게 몇 년 만이지!

이 두 표현은 모두 '맙소사'라는 뜻의 'for God's(Christ's) sake'
와 'for the love of God(Christ)'을 완곡하게 대신한 말인데, 신을
입에 올리는 것이 신성모독이라고 여겨지던 시대에 만들어진 말
이다. 오늘날에는 원래의 어구가 일반적으로 쓰이지만 'for Pete's
sake'와 'for the love of Pete' 같은 대체 어구도 여전히 사용된다.
여기서 'Pete'는 예수의 제자인 베드로Peter를 지칭하는 것으로 보
는 견해가 지배적이다. 하느님이나 예수를 직접 언급하는 것이 불
경하게 생각되었으므로 제자인 베드로를 대신 부른 것이다.

또 다른 설도 있다. 'for Pete's sake!'라는 감탄사는 1918년에 처음
인쇄물에 등장하는데, 이는 1880년대에 등장한 'for the love of
Mike'를 연상시킨다. 이 표현은 18세기 초반부터 짜증 나는 상황
에서 쓰이기 시작한 감탄사 'for the love of God'을 대체하는 완
곡 표현이었다. 'for pity's sake'의 'pity'가 'Pete'라는 이름을 쓰는
데 영향을 미쳤을 수도 있다. 그 결과 1918년 무렵부터 짜증이나
실망감을 나타내기 위해 'Mike'와 더불어 'Pete'를 쓰기 시작했
다. 두 이름 모두 흔한 인명이므로 신을 거론하는 불경을 피할 수
있었기 때문이다.

baptism of fire
①영적 세례 ②첫 출전, 첫 시련, 힘든 시작

One week into her new job, Mary felt like she was undergoing a baptism of fire
when she was suddenly put in charge of the company's account.
새 직장에 입사한 지 일주일 만에 갑자기 회사의 회계를 담당하게 되자 메리는 불벼락을 맞는 기분이었다.

글자 그대로 해석하면 '불의 세례'라는 뜻의 이 표현을 처음 쓴 사람은 세례자 요한으로 신약성경 『마태오 복음서』 3장 11절에 이런 말이 나온다. "I baptize you with water for repentance. But after me will come one who is more powerful than I, whose sandals I am not fit to carry. He will baptize you with the Holy Spirit and with fire." 나는 너희를 회개시키려고 물로 세례를 준다. 그러나 내 뒤에 오시는 분은 나보다 더 큰 능력을 지닌 분이시다. 나는 그분의 신발을 들고 다닐 자격조차 없다. 그분께서는 너희에게 성령과 불로 세례를 주실 것이다. 『루카 복음서』 3장 16절에도 똑같이 나오는 이 구절은, 하느님의 영광을 바라는 신자들이 시련을 통해 성령으로 정화되게 만드는 신앙의 쇄신을 언급한 것으로 보인다. 군사적으로는 '군인이 처음으로 전투에 참가한 것'을 말한다. 『가톨릭 백과사전』과 작가 존 디디에 따르면, 이 표현은 1822년 프랑스어에서 번역되어 영어로 유입되었다고 한다. 오늘날에는 '힘든 일이나 버거운 역할을 새로 맡게 된다'는 의미로 쓰인다.

man cannot live by bread alone
사람은 빵만으로 살 수 없다

As a social democrat, the Prime Minister of Nepal Koirala differed with communists; as he often said man cannot live by bread alone.
네팔 총리 코이랄라는 사회민주주의자로서 공산주의자들과는 달랐다. 사람이 빵만으로 살 수 없다고 자주 언급했기 때문이다.

구약성경에서 모세는 이집트를 탈출한 후 광야를 방랑하는 이스라엘 백성들에게 하느님의 언약을 알려 준다. "He therefore let you be afflicted with hunger, and then fed you with manna, a food unknown to you and your fathers, in order to show you that not by bread alone does man live, but by every word that comes forth from the mouth of the LORD." 그분께서는 너희를 낮추시고 굶주리게 하신 다음, 너희도 모르고 너희 조상들도 몰랐던 만나를 먹게 해 주셨다. 그것은 사람이 빵만으로 살지 않고, 주님의 입에서 나오는 모든 말씀으로 산다는 것을 너희가 알게 하시려는 것이었다.(『신명기』 8:3) 신약성경에도 관련 내용이 있다. 광야에서 40일간 금식한 뒤 배고픔에 시달리는 예수에게 다가온 악마가 '하느님의 아들이라면 돌을 빵으로 변하게 해 보라'고 유혹하자 예수는 이렇게 답한다. "It is written: One does not live by bread alone, but by every word that comes forth from the mouth of God." 성경에 기록되어 있다. "사람은 빵만으로 살지 않고 하느님의 입에서 나오는 모든 말씀으로 산다."(『마태오 복음서』 4:4)

to a T
자로 잰 것처럼, 정확하게, 완전하게

You have to make sure the fabric lines up to a T, or the stitching will start coming out before too long.
옷감 선을 정확히 맞추어야 해. 그렇지 않으면 머잖아 솔기가 빠져나올 거야.

'아주 작은 세부사항까지 놓치지 않는다'는 뜻인 이 표현은 신약 성경에 나오는 예수의 가르침에서 유래했다. 14세기에 라틴어 성경을 영어로 옮긴 위클리프 번역본과 1611년에 나온 킹 제임스 성경을 보면 『마태오 복음서』 5장 18절에 'tittle'획, 점이라는 말이 나온다. 예수는 율법이나 예언서를 폐지하러 온 것이 아니라 오히려 완성하러 왔다면서 이렇게 말한다. "Till heaven and earth pass, one jot or one tittle shall in no wise pass from the law, till all be fulfilled."천지가 없어지기 전에는 율법은 일 점 일획도 없어지지 않고, 다 이루어질 것이다. 이 구절에 나오는 'jot'은 그리스어 'iota', 즉 소문자 'i'를 가리킨다. 율법이 글자 하나, 점 하나까지 빠지지 않고 그대로 온전히 이루어진다는 이 구절에서 'to a tittle'점 하나까지이라는 표현이 유래했다. '아주 사소한 것까지 정확히'를 의미하는 이 표현은 나중에 'tittle'을 줄여 머리글자인 T만 쓰게 되면서 지금과 같은 'to a T'의 형태로 바뀌었다.

say what you mean
and mean what you say
진심을 말하다

I don' want to listen to your long-winded excuse, just say what you mean and mean what you say.
장황한 변명 따위는 듣고 싶지 않아. 그냥 네 본심을 말해.

'거짓을 말하지 말고 속마음 그대로 말하되, 말한 것은 반드시 지키라'는 의미의 이 격언은 표현은 다르지만 근본 개념은 성경에 바탕을 두고 있다. 예수는 산상 설교에서 특히 거짓 맹세를 하지 말 것이며 아예 '하늘이든, 땅이든, 예루살렘이든, 그 무엇을 두고도 맹세하지 말라'고 가르친다. "Let your 'Yes' mean 'Yes', and your 'No' mean 'No'. Anything more is from the evil one."너희는 말할 때에 '예' 할 것은 '예' 하고, '아니오' 할 것은 '아니오'라고만 하여라. 그 이상의 것은 악에서 나오는 것이다.(『마태오 복음서』 5:37) 이 표현은 루이스 캐럴의 『이상한 나라의 앨리스』에서 앨리스가 3월의 토끼에게 하는 말 가운데 약간 변주되어 인용된다. "'Then you should say what you mean,' the March Hare went on. 'I do,' Alice hastily replied; 'at least—at least I mean what I say—that's the same thing, you know."3월의 토끼가 계속했다. "그렇다면 무슨 뜻인지 말해야 해." 앨리스가 재빨리 대답했다. "난 그렇게 해. 적어도 진심을 말해. 너도 알다시피 같은 거잖아." 그러자 3월의 토끼는 앨리스의 논리가 틀렸다고 반박한다.

rain falls on the just and the unjust
신은 모든 사람에게 공평하다

I can't understand why rain falls on the just and the unjust. I believe it's real justice for the wicked to be punished.
왜 신이 모든 사람에게 공평한지 이해할 수가 없다. 내 생각에 진정한 정의는 악인들이 벌을 받는 것이다.

글자 그대로 해석하면 '비는 의인이나 악인을 구별하지 않고 내린다'는 뜻의 이 오래된 격언은 '좋은 일과 궂은일은 사람을 가리지 않고 닥친다'는 의미이다. 옛 농경사회에서는 농사짓는 데 좋은 날씨가 무엇보다도 중요했다. 신약성경 『마태오 복음서』 5장 44~47절에 하느님은 '의롭든 의롭지 못하든 모든 농부에게 똑같이 햇살과 비를 주신다'는 내용이 나온다. 여기서 의로운 농부는 하느님을 섬기는 사람을 의미하고, 의롭지 않은 농부는 하느님께 적대적인 사람을 의미하는데, 하느님은 적대적인 사람조차도 사랑하여 똑같이 좋은 선물을 준다는 뜻이다. "Love your enemies and pray for those who persecute you, (······) He causes his sun to rise on the evil and the good, and sends rain on the just and the unjust. If you love those who love you, what reward will you get? (······) Do not even pagans do that?"너희 원수를 사랑하고, 너희를 박해하는 사람을 위하여 기도하여라. (······) 아버지께서는, 악한 사람에게나 선한 사람에게나 똑같이 해를 떠오르게 하시고, 의로운 사람에게나 불의한 사람에게나 똑같이 비를 내려 주신다. 너희를 사랑하는 사람만 너희가 사랑하면, 무슨 상을 받겠느냐? (······) 이방 사람들도 그만큼은 하지 않느냐?

left hand doesn't know
what the right hand is doing
오른손이 한 일을 왼손이 모르다, 남모르게 선행을 베풀다

We have a tendency to want others to know our good deeds contrary to Jesus'
preaching that we should not let our left hand know what our right hand does.
우리는 남모르게 선행을 베풀라는 예수의 가르침과는 달리 다른 사람들이 우리의 선행을 알아주기를
바라는 경향이 있다.

'선행을 할 때는 남들이 모르도록 은밀히 하라'는 의미인 이 말은
예수가 산상 설교에서 올바른 자선에 대해 설명한 데에서 유래했
다. 예수는 회당과 거리에서 사람들에게 칭찬을 받으려고 자선을
베푼다면 자기가 받을 상을 이미 다 받았으므로 하느님에게서 인
정받지 못한다며 '남에게 보이려고 의로운 일을 하지 않도록 조
심하라'고 가르치고 있다. "But when you give to the needy, do
not let your left hand know what your right hand is doing, so
that your giving may be in secret. Then your Father, who sees
what is done in secret, will reward you." 너는 자선을 베풀 때에는, 오른
손이 하는 일을 왼손이 모르게 하여, 네 자선 행위를 숨겨 두어라. 그리하면, 남모르게 숨어
서 보시는 네 아버지께서 너에게 갚아 주실 것이다.(『마태오 복음서』 6:3~4) '타인에게
자선을 베풀 때에는 명예나 보답을 바라지 말고 자선을 베푼 사
실조차 곧 잊어버리라'는 이러한 견해는 1854년 헨리 소로가 『월
든』에서 다시금 인용했다.

forgive and forget
지난 일은 깨끗이 잊다, 다 잊고 용서하다

After the argument the boys decided to forgive and forget.
말다툼을 하고 난 후 소년들은 다 잊기로 결심했다.

이 표현의 근간을 이루는 개념은 신약성경에서 찾을 수 있다. 『마태오 복음서』 6장 14~15절을 보면 예수는 사람들에게 용서하라고 가르친다. "If you forgive men when they sin against you, your heavenly Father will also forgive you. But if you do not forgive men their sins, your Father will not forgive your sins." 너희가 남의 잘못을 용서해 주면, 하늘에 계신 너희 아버지께서도 너희를 용서해 주실 것이다. 그러나 너희가 남을 용서하지 않으면, 너희 아버지께서도 너희의 잘못을 용서해 주지 않으실 것이다. 『히브리인들에게 보낸 서간』 8장 12절에는 하느님은 사람들의 죄를 기억하지 않는다고 언급되어 있다. "I will forgive their evildoing and remember their sins no more." 나는 그들의 불의를 너그럽게 보아주고 그들의 죄를 더 이상 기억하지 않으리라. 'forgive and forget' 이라는 표현은 1608년 셰익스피어가 『리어왕』에서 처음 만들어 사용했다. "Pray you now, forget and forgive." 이제 모두 용서하고 잊어버리길. 그리고 1612년에 영어로 번역된 세르반테스의 『돈키호테』에도 이 표현이 등장한다. "Let us forget and forgive injuries." 모든 상처는 용서하고 잊어버립시다.

the eyes are the window of the soul
눈은 마음의 창

I can tell what's on his mind by looking into his eyes. Because the eyes are the window of the soul.
그의 눈을 보면 속마음을 알 수 있다. 눈은 마음의 창이니까.

'눈은 마음의 창', 즉 '눈을 보면 마음속 생각이 드러난다'는 이 격언은 매우 오래되어 언제 어디서 생겨났는지는 정확히 알 수 없다. 다만 이 말에 내재하는 주제는 성경에 표현되어 있다. 예수는 산상 설교에서 여러 가지 가르침을 들려주며 '눈은 몸의 등불'이라고 가르치고 있다. "The eye is the lamp of the body. If your eyes are good, your whole body will be full of light. But if your eyes are bad, your whole body will be full of darkness. If then the light within you is darkness, how great is that darkness!"눈은 몸의 등불이다. 그러므로 네 눈이 성하면 네 온몸이 밝을 것이요, 네 눈이 성하지 못하면 네 온몸이 어두울 것이다. 그러므로 네 속에 있는 빛이 어두우면, 그 어둠이 얼마나 심하겠느냐?(『마태오 복음서』 6:22~23) 신약성서가 쓰이기 100년 전에 키케로도 이와 비슷한 말을 한 것으로 전해지는데, 라틴어로 표현하면 다음과 같다. "Ut imago est animi voltus sic indices oculi."얼굴은 마음의 그림이라는 걸 눈이 설명해 준다.

no man can serve two masters
두 가지를 동시에 병행할 수 없다

My son tried going to school and working, both full-time, but soon discovered that he could not serve two masters.
내 아들은 일하면서 학교에 다니려고 했지만, 두 가지를 병행할 수 없다는 것을 곧 깨달았다.

글자 그대로 해석하면 '두 주인을 섬길 수 있는 사람은 없다', 즉 '상반되는 두 가지를 동시에 추구할 수 없다', '양자택일을 해야 한다'라는 의미가 담긴 이 격언은 신약성경에 나오는 예수의 가르침에서 유래했다. 예수는 특히 하느님을 섬기는 척하면서 사리사욕을 채우는 위선자들을 많이 꾸짖었는데, 의로운 일을 할 때에는 남이 알지 못하게 하라고 가르친 뒤 하느님 나라와 재물을 동시에 추구할 수 없음을 분명히 밝힌다. "No one can serve two masters. Either he will hate the one and love the other, or he will be devoted to the one and despise the other. You cannot serve both God and Money." 아무도 두 주인을 섬길 수 없다. 한쪽은 미워하고 다른 쪽은 사랑하며, 한쪽은 떠받들고 다른 쪽은 업신여기게 된다. 너희는 하느님과 재물을 함께 섬길 수 없다.(『마태오 복음서』 6:24)

borrow trouble

쓸데없는 걱정을 하다, 사서 고생하다

Worrying too much about death is just borrowing trouble.
죽음을 너무 염려하는 것은 쓸데없는 걱정에 불과하다.

글자 그대로 해석하면 '걱정거리를 빌려 오다'라는 이 표현은 '일어나지 않은 일을 미리 걱정하다', '쓸데없는 걱정을 하다'라는 뜻으로 쓰인다. 1803년 미국에서 발행된 『자유로운 신체제』 12호에 'Borrowing Trouble'이라는 기사 제목으로 처음 등장한 이래, 각종 잡지와 루이자 메이 올컷 등 여러 소설가가 쓰면서 널리 퍼졌다. 부정형인 'don't borrow trouble'은 'don't borrow trouble from tomorrow'내일 일을 걱정하지 말라의 줄임말로 신약성경에서 그 유래를 찾을 수 있다. 예수는 다른 민족들처럼 무엇을 먹을까, 무엇을 입을까 걱정하는 대신 먼저 하느님의 나라와 그분의 의로움을 찾으라고 가르치며 마지막으로 이렇게 덧붙인다. "Therefore do not worry about tomorrow, for tomorrow will worry about itself. Each day has enough trouble of its own."그러므로 내일을 걱정하지 마라. 내일 걱정은 내일이 할 것이다. 그날 고생은 그날로 충분하다.(『마태오 복음서』 6:34) 우리는 종종 일어나지 않는 일을 놓고 걱정하지만 쓸데없는 걱정은 시간과 에너지를 낭비할 뿐 아니라 중요한 일에 관심을 쏟지 못하게 한다.

cast pearls before swine
진가를 알아보지 못하다, 소귀에 경 읽기

Emma explained the beauty of the sculpture to her friend but it was just casting pearls before swine.
엠마는 친구에게 조각의 아름다움에 대해 설명했지만 소귀에 경 읽기였다.

글자 그대로 해석하면 '돼지 앞에 진주를 던진다'는 뜻으로 진가를 알아보지 못하는 사람에게는 아무리 좋은 것을 주어야 소용이 없음을 나타내는 이 표현은 예수가 제자들에게 한 말에서 유래했다. 『마태오 복음서』 7장 6절에 예수의 이런 가르침이 나온다. "Do not give what is holy to dogs, and do not throw your pearls before swine, or they will trample them under their feet, and turn and tear you to pieces." 거룩한 것을 개에게 주지 말고, 너희의 진주를 돼지 앞에 던지지 마라. 그것들이 발로 그것을 짓밟고 돌아서서 너희를 물어뜯을지도 모른다. 무리 지어 길거리를 떠도는 주인 없는 개와 더러운 동물로 여겨지는 돼지는 이방인이나 거룩한 가르침을 알아들을 수 없는 자들을, 진주는 매우 값진 것을 상징한다. 그러므로 '아무리 훌륭한 지혜라 해도 그것을 받아들일 능력이 없는 자에게는 무용지물'이라는 의미였다. 미국의 극작가 테네시 윌리엄스도 『욕망이라는 이름의 전차』에 "But I have been foolish—casting my pearls before swine!" 하지만 내가 어리석었어, 소귀에 경 읽기였으니! 라는 대사를 쓴 바 있고, 다른 영화 속 대사에도 이 표현이 자주 등장한다.

seek and you shall find
열심히 구하면 얻을 것이다

Since there are plenty of jobs out there, you just need to be willing and to broaden your scope a bit. Seek and you shall find.
널린 게 일거리니 기꺼이 조금 더 범위를 넓혀 봐. 열심히 구하면 찾을 수 있을 거야.

따로 설명이 필요 없을 정도로 유명한 이 말은 무엇인가를 간절히 청하는 자세에 대한 예수의 가르침에서 유래했다. ""Ask and it will be given to you; seek and you shall find; knock and the door will be opened to you. For everyone who asks receives; he who seeks finds; and to him who knocks, the door will be opened."구하여라, 그리하면 하느님께서 너희에게 주실 것이다. 찾아라, 그리하면 너희가 찾을 것이다. 문을 두드려라, 그리하면 하느님께서 너희에게 열어 주실 것이다. 구하는 사람마다 얻을 것이요, 찾는 사람마다 찾을 것이요, 문을 두드리는 사람에게 열어 주실 것이다.(『마태오 복음서』 7:7~8)

여기서 구하고 찾고 두드리는 것은 모두 기도 행위를 은유적으로 표현한 말인데, 특히 기도하는 사람은 단발성 행위가 아니라 끊임없이 지속적으로 청하는 자세가 중요하다는 점을 강조하고 있다. 현대에 와서는 문자적 의미보다는 '열심히 애쓰는 노력이 보답을 받는다'는 좀 더 넓은 뜻으로 쓰인다.

straight and narrow
정직한 행동, 단정한 품행, 바른 생활, 정도

The pastor tried hard, but unsuccessfully, to keep the boys to the straight and narrow path.
그 목사는 소년들을 올바른 삶으로 인도하려고 애썼지만, 성공하지 못했다.

글자 그대로 해석하면 '곧고 좁은'이라는 뜻의 이 표현은 예수의 가르침에서 유래한 말이다. 산상 설교에서 원하는 것을 청하는 간절한 태도에 대해 가르친 예수는 '세상 많은 사람들이 따르는 쉬운 길보다는 생명으로 이르는 좁은 문으로 들어가라'고 알려 준다. "Enter through the narrow gate; for the gate is wide and the road broad that leads to destruction, and those who enter through it are many. How narrow the gate and constricted the road that leads to life. And those who find it are few." 너희는 좁은 문으로 들어가라. 멸망으로 이끄는 문은 넓고 길도 널찍하여 그리로 들어가는 자들이 많다. 생명으로 이끄는 문은 얼마나 좁고 또 그 길은 얼마나 비좁은지, 그리로 찾아드는 이들이 적다.(『마태오 복음서』 7:13~14) 여기서 '좁은 문'은 '세상의 보통 사람들이 가지 않는 길', 즉 '하느님의 뜻에 꼭 들어맞는 올바른 삶의 태도와 자세'를 의미한다.

wolf in sheep's clothing
양의 탈을 쓴 늑대, 위선자, 위험을 숨긴 적

Beware of the police chief. He seems polite, but he's a wolf in sheep's clothing.
그 경찰서장을 조심해. 그는 겉으론 예의 바른 척하지만 속은 위선자야.

글자 그대로 해석하면 '양가죽을 뒤집어 쓴 늑대'라는 뜻으로 '위선자'를 가리키는 말이다. 성경에는 하느님과 인간의 관계를 목자와 양 떼에 비유하여 설명하는 구절이 자주 등장한다. 고대에는 양이 가장 중요한 재산이었다. 식재료가 되는 양젖과 고기, 옷이나 각종 생활용품을 만드는 털과 가죽, 뿔과 뼈와 내장은 물론 연료로 쓰는 분뇨까지 버리는 것 없이 요긴하게 쓰였다. 이런 양은 목자의 음성을 알아들어 절대 다른 목자의 소리를 따라가지 않는다고 한다. 또한 기질이 온순하면서도 둔하여 맹수들의 먹이가 되기 십상이었다. 이러한 양들을 지키기 위해 목자는 물가나 풀밭으로 이끌어야 했고, 저녁에는 우리에 가두어 놓고 맹수들의 공격으로부터 보호해 주어야 했다. 이러한 관계에 빗대어 예수는 탐욕에 가득 찬 위선자들을 조심하라고 가르친다. "Beware of false prophets, who come to you in sheep's clothing, but underneath are ravenous wolves." 너희는 거짓 예언자들을 조심하여라. 그들은 양의 옷차림을 하고 너희에게 오지만 속은 굶주린 이리들이다.(『마태오 복음서』 7:15)

no one pours new wine into old wineskins
새 술은 새 부대에

It is urgent that the new system of protecting platform workers should be legislated—no one pours new wine into old wineskins.
기존의 법안으로는 담아낼 수 없으므로 플랫폼 노동자들을 보호할 새로운 제도가 하루빨리 제정되어야 한다.

글자 그대로 해석하면 '아무도 새 포도주를 헌 가죽 부대에 붓지 않는다', 즉 '새로운 이념이나 정신은 기존의 틀에 담을 수 없다'는 의미인 이 표현은 성경에서 유래했다. 바리새인들은 예수가 금식도 하지 않고 세리와 죄인과 어울려 음식을 먹는다고 비난한다. 그러자 예수는 '의사가 필요한 사람은 건강한 사람이 아니라 병든 사람이듯 자신은 의인이 아니라 죄인을 부르러 왔다'면서, '하느님이 바라는 것은 희생 제물이 아닌 자비라는 것을 잊지 말라'고 한다. 그리고 율법과 대비되는 새로운 가르침을 비유로 알려 준다. "They pour new wine into fresh wineskins, and both are preserved." 새 포도주는 새 부대에 담아야 한다. 그래야 둘 다 보존된다.(『마태오복음서』 9:17) 근동 지방에서는 포도주를 담글 때에 아주 부드러우면서도 질긴 양가죽 주머니에 넣어 숙성을 시켰다. 시간이 지나 포도주가 발효하면 부피가 팽창하는데, 양가죽은 신축성이 있으므로 끄떡없이 잘 견딘다. 그러나 한번 사용하고 나면 가죽에 당분이 잔뜩 들러붙어 신축성이 떨어진다. 그래서 새 포도주를 헌 부대에 담으면 발효되면서 늘어나는 부피를 감당치 못하여 터지고 만다. 가죽 부대는 물론 그 안에 담긴 포도주마저 망치지 않으려면 새 술은 반드시 새 부대에 담아야 했다.

As a man sows, so shall he reap
뿌린 대로 거두다, 인과응보

Mark made a fortune by cheating others, but lost it all when someone cheated him. As a man sows, so shall he reap.
마크는 남을 속여 큰돈을 벌었지만, 다른 누군가에게 속아 모든 것을 잃었다. 인과응보다.

이 구절은 신약성경 『갈라티아 신자들에게 보낸 서간』 6장 7절에서 유래한 표현이다. "Be not deceived, God is not mocked, for whatsoever a man soweth, that shall he also reap."착각하지 마십시오. 하느님은 우롱당하실 분이 아니십니다. 사람은 자기가 뿌린 것을 거두는 법입니다. 사실 이 구절은 구약성경 『잠언』 22장 8절 "He who sows wickedness reaps trouble, and the rod of his fury will be destroyed"불의의 씨를 뿌리는 자는 재난을 거두어들이고 그 교만의 기세도 사그라진다라는 구절에서 전해 내려왔는데, 신약성경 『마태오 복음서』 13장 3~8절을 보면 예수는 씨 뿌리는 사람의 비유로 이 가르침을 더욱 강조한다. 씨 뿌리는 사람이 여러 곳에 씨를 뿌렸다. 그런데 길에 떨어진 것들은 새가 먹어 버렸고, 돌밭에 떨어진 것은 뿌리가 없어서 해가 솟아오르자 말라 버렸고, 가시덤불 속에 떨어진 것들은 가시덤불이 자라면서 숨을 막아 버렸다. 그러나 좋은 땅에 떨어진 것은 열매를 맺었으며 서른 배, 예순 배, 백 배로 늘어난 것도 있었다.

the rich get richer and the poor get poorer
부익부 빈익빈

The country has to take steps to stop a growing polarization, otherwise the rich get richer and the poor get poorer.
그 나라는 심화되는 양극화를 막기 위한 조치를 취해야 한다. 그렇지 않으면 부익부 빈익빈이 될 것이다.

자유시장 체제의 자본주의사회를 비판할 때 경제적 불평등을 거론하며 자주 사용하는 이 말은 영국의 시인 셸리가 최초로 만들어 낸 것으로 알려져 있다. 1821년에 집필했으나 사망 후 1840년에 발표된 유작 『에세이, 해외에서 온 편지들』에 실린 「시의 옹호」에서 셸리는 이렇게 언급했다. "They have exemplified the saying, 'To him that hath, more shall be given; and from him that hath not, the little that he hath shall be taken away.' The rich have become richer, and the poor have become poorer……."그들은 '많이 가진 자는 더 많이 얻을 것이고, 가진 것이 적은 자는 가진 것마저 것을 빼앗길 것이다'라는 말을 잘 나타낸 예이다. 부익부, 빈익빈이 되었으니……. 그런데 이 표현은 성경에 나오는 예수의 말을 바꾼 것이다. 예수가 말한 원래 의미는 '복음이 삶에 뿌리를 내리는 사람은 더 큰 열매를 맺을 것'이라는 가르침이었다. "To anyone who has, more will be given and he will grow rich; from anyone who has not, even what he has will be taken away."사실 가진 자는 더 받아 넉넉해지고, 가진 것이 없는 자는 가진 것마저 빼앗길 것이다.(『마태오 복음서』 13:12)

sign of the times
시대의 징표, 시대의 흐름

The program and its enthusiastic reception by the public are a sign of the times.
그 프로그램과 그것을 대중이 열광적으로 받아들이는 것은 시대의 흐름이다.

이 표현은 바리새파와 사두개파와 논쟁을 벌인 예수의 발언 가운데 나온다. 많은 병자들을 고치고 다시 빵 일곱 개와 물고기로 사천 명을 먹이는 기적을 일으킨 예수는 바리새파와 사두개파 사람들로부터 하늘에서 오는 표징을 보여 달라는 요청을 받는다. 그들이 그렇게 요구한 이유가 단지 자신을 시험하기 위함인 것을 간파한 예수는 이렇게 대답한다. "In the evening you say, 'Tomorrow will be fair, for the sky is red'; and, in the morning, 'Today will be stormy, for the sky is red and threatening.' You know how to judge the appearance of the sky, but you cannot judge the signs of the times." 너희는 저녁때가 되면 "하늘이 붉으니 날씨가 좋겠구나" 하고, 아침에는 "하늘이 붉고 흐리니 오늘은 날씨가 궂겠구나" 한다. 너희는 하늘의 징조는 분별할 줄 알면서 시대의 표징은 분별하지 못한다.(『마태오 복음서』16:2~3) 하늘의 표징만 보려 하고 백성들이 압제와 고통에 허덕이는 시대의 징조는 외면하는 유대 지도층을 꾸짖는 의미였던 이 표현은 이제 일반적인 의미에서 '시대의 흐름이나 경향'을 나타내는 말이 되었다.

move mountains
온갖 노력을 기울이다, 놀라운 성과를 올리다

If you get a team of competent experts on your side, you can move mountains.
유능한 전문가 집단을 네 편으로 끌어들인다면 못할 일이 없다.

글자 그대로 해석하면 '산을 움직이다'라는 뜻으로, '불가능해 보이는 일들을 성취하거나 그러기 위해서 온갖 노력을 기울인다'는 의미를 담은 표현이다. 신약성경 복음서에는 한 남자가 간질병을 앓는 아들을 데리고 예수를 찾아오는 이야기가 나온다. 그는 아들을 고치기 위해 예수의 제자들에게 데려갔으나 고치지 못하였다며 예수에게 직접 고쳐 달라고 애원한다. 예수가 아이에게 들려 있던 귀신을 꾸짖어 쫓아내자 아이는 멀쩡해졌다. 제자들이 자신들은 어찌하여 귀신을 쫓아내지 못했는지 묻자 예수는 이렇게 대답한다. "Because you have so little faith. I tell you the truth, if you have faith as small as a mustard seed, you can say to this mountain, 'Move from here to there' and it will move. Nothing will be impossible for you." 너희의 믿음이 약한 탓이다. 내가 진실로 너희에게 말한다. 너희가 겨자씨 한 알만 한 믿음이라도 있으면, 이 산더러 "여기서 저기로 옮겨 가라" 하더라도 그대로 옮겨 갈 것이다. 너희가 못할 일은 하나도 없을 것이다.(『마태오 복음서』 17:20)

a millstone around one's neck
고민거리, 마음의 짐

I wish I hadn't bought that house — the mortgage is a millstone around my neck.
그 집을 사지 말았어야 하는데. 담보 대출이 너무 부담스럽다.

글자 그대로 해석하면 '누군가의 목 주위에 걸린 연자매'라는 뜻으로 '심한 중압감에 시달리는 상황'을 나타내는 이 표현은 14세기부터 자주 쓰였지만 그 기원은 신약성경이다. 예수는 '하늘나라에서 가장 큰 사람이 누구냐'는 질문에 '회개하여 어린아이처럼 되지 않으면 하늘나라에 들어갈 수 없다'며 '자신을 낮추는 이가 하늘나라에서 가장 큰 사람'이라고 대답한다. 그러면서 죄의 유혹을 단호히 물리치라고 가르친다. "But if anyone causes one of these little ones who believe in me to sin, it would be better for him to have a large millstone hung around his neck and to be drowned in the depths of the sea."나를 믿는 이 작은 이들 가운데 하나라도 죄짓게 하는 자는, 연자매를 목에 달고 바다 깊은 곳에 빠지는 편이 낫다.(『마태오 복음서』18:6) 연자매는 일반 맷돌보다 수십 배나 큰 거대한 맷돌로 보통 사람 대신 소나 말이 돌렸고, 물에 빠뜨려 익사시킬 때 쓰이기도 했다. 지금은 좀 더 가벼운 의미로 '피할 수 없는 책임감이나 부담감'을 지칭한다.

last but not least
마지막으로 빼놓을 수 없는, 마지막으로 언급하지만 마찬가지로 중요한

The writer thanked everyone for their help: her publisher, her editor, and last but not least, her husband.
그 저자는 출판사, 편집자, 그리고 마지막으로 남편 등 모든 이들의 도움에 감사를 표했다.

글자 그대로 해석하면 '마지막이지만 결코 무시하지 못할'이라는 뜻의 이 표현은 주로 '마지막 연주자나 연사가 앞선 출연자들보다 뛰어나지 못해 마지막에 소개되는 것이 아니다'라는 의미로 쓰인다. 이 말이 처음 언급된 기록은 1580년 존 릴리의 소설 『유퓨스와 그의 잉글랜드』였다. 형태는 약간 다르지만 이 표현의 기원은 신약성경 복음서에서 찾아볼 수 있다. '부자가 하느님 나라에 들어가기는 낙타가 바늘귀로 지나가는 것보다 어렵다'고 가르친 예수는 '가진 것을 모두 버리고 예수를 스승으로 따른 자신들은 무엇을 받겠냐'는 제자들의 질문에 '그것은 인간의 소관이 아닌 하느님의 소관'이라고 알려 주며 이렇게 덧붙인다. "Everyone who has given up houses or brothers or sisters or father or mother or children or lands for the sake of my name will receive a hundred times more, and will inherit eternal life. But many who are first will be last, and the last will be first." 내 이름 때문에 집이나 형제나 자매, 아버지나 어머니, 자녀나 토지를 버린 사람은 모두 백 배로 받을 것이고 영원한 생명도 받을 것이다. 그런데 첫째가 꼴찌 되고 꼴찌가 첫째 되는 이들이 많을 것이다.(『마태오 복음서』 19:29~30)

at the eleventh hour
막판에, 아슬아슬하게

The author's lecture was abruptly canceled at the eleventh hour due to the circumstances of the organizer.
그 작가의 강연은 주최 측의 사정으로 막판에 갑자기 취소되었다.

이 말은 "하늘나라는 선한 포도밭 주인과 같다"고 비유한 예수의 가르침에서 유래했다. 『마태오 복음서』 20장 11~16절에 나오는 내용이다. 아침 일찍 집을 나선 포도밭 주인은 일당 1데나리온에 일할 사람들을 여러 번에 걸쳐 모았다. 그리고 오후 늦게 다시 나가 일거리가 없던 사람들을 데려와 일을 시켰다. 저녁때가 되자 제일 나중에 온 이들부터 품삯을 받게 했다. 맨 먼저 온 이들은 그들이 1데나리온씩 받는 것을 보며 '나는 더 받겠지' 생각했지만 결국 똑같이 받았다. 그러자 그들은 뙤약볕 아래에서 온종일 고생했는데도 한 시간만 일한 사람들과 똑같이 대우한다고 투덜거렸다. 그 말에 주인은 약속한 대로 주었는데 무엇이 잘못되었냐며 자기 몫과 다른 사람의 몫을 비교하는 탐욕에 일침을 가한다. 인간의 방식대로라면 일한 시간에 비례해서 받는 것이 정의일 수 있겠지만, 포도밭 주인은 일거리를 얻지 못해 빈손으로 돌아갈 처지에 있는 사람들의 하루 양식을 해결해 주는 것이 정의라고 생각한 듯하다. 이렇게 일이 끝나기 한 시간 전에 마지막 일꾼이 와서 일한 데서 'at the eleventh hour'막판에라는 표현이 유래했다. 특히 제1차세계대전 정전협정이 1918년 11월 11일 11시에 조인된 이후로는 '아슬아슬하게'라는 의미가 더욱 두드러졌다.

den of thieves
강도들의 소굴, 도적 소굴

They believe that the legislature has become nothing but a den of thieves.
그들은 국회가 도적 소굴에 불과하다고 생각한다.

'비밀 거래를 하는 것으로 강하게 의심되는 장소나 집단'을 의미하는 이 표현은 신약성경에서 그 기원을 찾을 수 있다. 메시아로 환호를 받으며 예루살렘에 입성한 예수는 제일 먼저 성전에 들어가 그곳에서 사고팔고 하는 자들을 모두 내쫓고, 환전상들의 탁자와 비둘기 장수들의 의자를 둘러엎음으로써 성전을 정화하려고 했다. 그리고 그들에게 이렇게 말한다. "It is written: 'My house shall be a house of prayer,' but you are making it a den of thieves." "나의 집은 기도의 집이라 불릴 것이다"라고 기록되어 있다. 그런데 너희는 이곳을 '강도들의 소굴'로 만드는구나.(『마태오 복음서』 21:13) 기도하는 곳인 신성한 성전이 본래의 목적에서 벗어나 탐욕이 난무하는 현장이 되고 있음을 한탄한 데서 'den of thieves'도적 소굴라는 표현이 유래했다. 1719년 대니얼 디포가 『로빈슨 크루소』에서 이 표현을 사용했고, 18세기 후반에는 영국의 급진적 문필가이자 정치가인 윌리엄 코빗이 쓴 『영문법』의 대명사와 관련된 구문론 부분에 'House of Commons'하원와 같은 다른 집단 용어와 함께 수록될 만큼 널리 알려지게 되었다.

practice what you preach
언행을 일치시키다

My parents always told us to respect each other and not to bicker, and they really did practice what they preached.
부모님은 항상 서로 존중하고 다투지 말라고 하셨는데, 실제로도 말씀한 그대로 실천하셨다.

글자 그대로 해석하면 '네가 훈계하는 대로 실천하라'는 뜻으로 '말하는 대로 행하라'는 뜻의 이 표현은 말과 행동이 다른 사람들을 비판한 성경에서 유래를 찾아볼 수 있다. 예수는 로마의 압제에 시달리는 백성들에게 지키기도 어려운 율법만을 강요하여 이중고에 시달리게 만든 지도층을 심하게 비판했다. 『마태오 복음서』 23장 2~4절을 보면 예수는 높은 자리를 차지하고 앉아 율법만을 강요하며, 어려운 사람이나 약자의 아픔을 외면하는 율법학자와 바리새인을 닮지 말라고 가르친다. "The scribes and the Pharisees sit in Moses' seat. So you must obey them and do everything they tell you. But do not follow their example, for they do not practice what they preach. They tie up heavy burdens and lay them on people's shoulders, but they themselves are not willing to lift a finger to move them." 율법학자들과 바리새인들은 모세의 자리에 앉아 있다. 그러니 그들이 너희에게 말하는 것은 다 실행하고 지켜라. 그러나 그들의 행실은 따라 하지 마라. 그들은 말만 하고 실행하지는 않는다. 또 그들은 무겁고 힘겨운 짐을 묶어 다른 사람들 어깨에 올려놓고, 자기들은 그것을 나르는 일에 손가락 하나 까딱하려고 하지 않는다.

strain at a gnat and swallow a camel
소탐대실하다, 작은 일에 얽매여 큰일을 소홀히 하다

Amber wastes time in straining at a gnat and swallowing a camel. She has no sense of priorities.
앰버는 사소한 것에 얽매여 큰일을 놓치고 있다. 우선순위에 대한 감각이 전혀 없다.

글자 그대로 해석하면 '하루살이는 걸러 내고 낙타는 삼키다'라는 뜻으로 '중요한 일은 놓치고 하찮은 일에 지나치게 신경을 쓴다'는 표현이다. 『마태오 복음서』 23장 24절을 보면 예수는 율법학자들과 바리새인들이 말만 하고 실행하지 않고, 무겁고 힘겨운 짐은 다른 사람들 어깨에 올려놓고 자기들은 손가락 하나 까딱하지 않는다고 호되게 꾸짖으며 다음과 같이 호통을 친다. "You blind guides, which strain at a gnat, and swallow a camel."
눈먼 인도자들아! 너희는 하루살이는 걸러 내면서 낙타는 삼키는구나! 『레위기』 11장 20~23절을 보면 유대인들은 네 발로 걸으며 날개가 달린 모든 벌레 가운데, 메뚜기, 방아깨비, 귀뚜라미 등 발 위로 다리가 있어 땅에서 뛸 수 있는 곤충은 먹어도 되지만 나머지 것들은 먹는 것을 금지했다. 그런데 물에는 곤충이나 유충이 들어 있을 수 있기 때문에 율법을 엄격히 지키는 유대인들은 혹시라도 불결한 곤충을 우연히 섭취할까 두려워 물을 마시기 전에 천으로 벌레를 걸러 냈다. 예수는 이 관행을 언급하며 바리새인들이 그러한 사소한 율법은 어기지 않으려고 애쓰면서도 속임수나 탐욕 같은 큰 죄를 저지르거나 묵인하는 행위를 낙타를 삼키는 것에 빗대어 비판한 것이다.

the spirit is willing
but the flesh is weak
마음은 간절하지만 몸이 말을 듣지 않는다

Every year I resolve to eat better and do more exercise; but, always, the spirit is willing, but the flesh is weak.
해마다 더 잘 챙겨 먹고 운동도 더 하기로 결심한다. 하지만 늘 마음만큼 몸이 따라 주지 않는다.

우리 식으로 말하자면 '마음은 굴뚝같지만 몸이 따라 주지 않는 다'는 의미의 이 표현은 신약성경에 나오는 예수의 말에서 유래했다. 원래 의미는 지금과 약간 뉘앙스가 다른데, '마음으로는 좋은 뜻을 행하려고 해도 육체적 욕망에 이끌려 실행하기가 어렵다'는 의미였다. 체포되기 전 예수는 제자들을 데리고 겟세마니 동산으로 올라갔다. 제자들과 약간 떨어진 곳에서 홀로 근심과 괴로움에 사로잡혀 피땀을 흘리며 기도하던 예수는 몇 번이나 제자들에게 깨어 함께 기도해 달라고 했지만 제자들은 모두 졸음을 이기지 못하여 잠들고 말았다. 그 모습을 본 예수는 베드로에게 이렇게 말한다. "So you could not keep watch with me for one hour? Watch and pray that you may not fall into the temptation. The spirit is willing, but the flesh is weak." 이렇게 너희는 나와 함께 한 시간도 깨어 있을 수 없더란 말이냐? 유혹에 빠지지 않도록 깨어 기도하여라. 마음은 간절하나 몸이 따르지 못한다.(『마태오 복음서』 26:41)

live by the sword, die by the sword
폭력으로 흥한 자는 폭력으로 망한다

As the old saying 'Live by the sword, die by the sword' goes, the gang leader
who organized so many murders was eventually murdered himself.
'검으로 흥한 자, 검으로 망한다'는 옛말처럼 수많은 살인을 저지른 조직폭력배의 우두머리는 결국 자신도
살해당했다.

폭력은 폭력을 낳는다는 사실을 일깨워 줄 때 쓰는 이 표현은 자기방어라 할지라도 완전한 비폭력을 강조함으로써 폭력의 악순환을 끊으라고 한 예수의 가르침에서 유래했다. 예수가 제자들과 함께 겟세마니에서 머물며 기도할 때, 수석 사제들과 원로들의 지시를 받은 자들이 칼과 몽둥이를 들고 나타난다. 스승 예수를 팔아넘기기로 이미 약속한 유다가 예수에게 다가가 입을 맞추며 인사함으로써 신호를 보내자 그들은 일제히 예수에게 달려든다. 칼과 몽둥이를 든 자들에게 붙잡힐 위험에 처한 예수를 지키려던 한 사람이 휘두른 칼에 대사제의 하인은 귀를 잘린다. 그러자 예수는 칼을 휘두른 사람에게 이렇게 타일렀다. "Put your sword back into its place; for all those who take up the sword shall perish by the sword."칼을 칼집에 도로 꽂아라. 칼을 잡는 자는 모두 칼로 망한다.(『마태오 복음서』 26:52) 그러고는 다친 하인의 귀를 고쳐 준 뒤 자진해서 잡혀간다.

wash one's hands
책임을 회피하다, 손을 떼다, 관계를 끊다

They believe that it is impossible to wash their hands of these poor orphans.
그들은 이 불쌍한 고아들과 관계를 끊는 것은 불가능하다고 생각한다.

'어떤 일이나 사람에 대한 책임을 회피하거나 관계를 끊는다'는 뜻을 담은 이 표현은 『마태오 복음서』 27장에 나오는 빌라도의 행위에서 유래한 말이다. 유대인 원로와 수석 사제 들은 로마 총독 빌라도에게 재판받도록 예수를 보냈다. 예수를 심문한 뒤 고소당한 죄목을 찾지 못한 빌라도는 예수가 유대 지도층의 심기를 건드려 고발되었음을 간파한다. 그래서 축제 때마다 군중이 원하는 죄수 하나를 풀어 주는 관례에 따라 예수를 적당히 매질이나 하고 풀어 주려고 작정한다. 빌라도의 아내는 남편에게 지난밤 꿈자리가 뒤숭숭했다면서 예수의 일에 관여하지 말라는 전갈을 보낸다. 빌라도는 당시 감옥에 갇혀 있던 죄수 바라바와 예수 가운데 누구를 풀어 주면 좋겠느냐고 군중에게 묻는다. 그러나 이미 수석 사제와 원로 들의 사주를 받은 군중은 바라바를 풀어 주라고 요청한다. 빌라도가 여러 차례 물었지만 군중은 예수를 십자가에 못 박으라고 외쳤다. 폭동이 일어나려는 조짐에 두려워진 빌라도는 물을 받아 군중 앞에서 손을 씻으며 자신은 예수의 죽음에 책임이 없다고 발뺌한다. 여기에서 'wash one's hands'손을 씻다에 '손을 뗀다'는 뜻이 담기게 되었다.

crown of thorns
가시 면류관, 고난, 수난

Might you be innocent, but you have to put on this crown of thorns.
너는 결백할지 모르지만, 이 고난을 짊어져야 한다.

그리스도교에서 '가시 면류관'은 십자가와 더불어 예수의 수난을 드러내는 대표적 상징이다. 빌라도의 군사들이 가시나무로 관을 엮어 예수의 머리에 씌우며 조롱하였는데, 신약성경 『마태오 복음서』 27장 29절에 다음과 같이 표현되어 있다. "And when they had plaited a crown of thorns, they put it upon his head, and a reed in his right hand: and they bowed the knee and mocked him, saying Hail, King of the Jews!" 그리고 가시나무로 관을 엮어 그분 머리에 씌우고 오른손에 갈대를 들리고서는, 그분 앞에 무릎을 꿇고 "유대인들의 임금님, 만세!" 하며 조롱하였다. 서양의 많은 화가는 가시 면류관의 억센 가시들이 살 속으로 파고들어 피 흘리는 모습으로 예수의 고난을 형상화했다. 서양에서는 성지 예루살렘에서 발견된 예수의 가시 면류관으로 추앙받는 유물이 전해져 오는데, 1063년 로마제국이 동서로 갈라질 때 콘스탄티노플로 옮겨졌다가, 십자군 전쟁 중인 1238년에 콘스탄티노플의 라틴 황제 보두앵 2세가 프랑스 왕 루이 9세에게 넘겨주었다고 한다. 이후 파리의 노트르담 대성당에서 보관하다가, 2019년 대성당에 화재가 발생한 뒤로 루브르 박물관으로 옮겨졌다.

sow the good seed
복음을 전하다, 전도하다

Members of the church visited neighboring villages every Sunday afternoon
to sow the good seed to the young people.
그 교회의 신자들은 매주 일요일 오후 이웃 마을들을 찾아 젊은이들에게 복음을 전했다.

글자 그대로 해석하면 '좋은 씨를 뿌리다'라는 뜻의 이 표현은 신
약성경에 나오는 예수의 가르침 가운데 씨 뿌리는 사람의 비유
에서 유래했다. 씨 뿌리는 사람이 씨를 뿌려 놓으면 싹이 트고 자
라는데 어떻게 그리 되는지는 모른다. 『마르코 복음서』 4장 14절
에서 예수는 이렇게 설명한다. "The sower sows the word." 씨 뿌리
는 사람은 실상 말씀을 뿌리는 것이다. 씨앗은 어디에 뿌려졌는지에 따라 열
매를 맺기도 하고 그렇지 못하기도 하다. 길가나 돌밭이나 가시
덤불에 뿌려진 것은 말라죽거나 뿌리가 없어 오래 견디지 못하고
열매도 맺지 못한다. 그러나 좋은 땅에 뿌려진 씨는 서른 배, 예
순 배, 백 배의 열매를 맺는다. 이 비유가 나오게 된 배경에는 예
수와 그의 가르침에 율법학자들이 적대감을 보인 상황이 있었다.
씨가 떨어지는 터전은 복음을 받아들이는 사람의 마음 자세를 비
유한다고 볼 수 있다. 하지만 씨 뿌리는 사람의 입장에서는 햇살
과 비가 의인과 죄인을 구분하지 않고 공평하게 내리듯이 좋은
밭만을 고집하지 않고 모든 곳에 부지런히 뿌려야 한다는 의미도
내포되어 있다. '좋은 씨앗'은 당연히 열매를 맺을 수 있는 좋은
말씀, 즉 '복음'을 의미한다.

put in my two cents
자기 의견을 조심스럽게 밝히다, 주장하다

If I can just put in my two cents, I think the staff would really appreciate a bump in their pay.
내 의견을 조심스럽게 밝히자면, 직원들이 임금 인상을 정말 고맙게 생각할 것 같다.

글자 그대로 해석하면 '2센트를 집어넣다'라는 뜻의 이 표현은 1900년대 영국에서 권투 붐이 일었던 시기에 노팅엄에서 생겨났다. 도박꾼 잭 젯라미는 가진 돈이 적었음에도 새로운 총아 잭 존슨에게 항상 판돈을 걸려고 했다. 그는 매 경기마다 "two, two, two my two cents in for Johnson"2, 2, 내가 가진 2센트를 존슨에게 몽땅 건다라며 관중을 웃겼는데, 공손하고 겸손한 태도를 드러냄으로써 액수가 너무 작다는 비난 등을 미리 차단한 것으로 보인다. 이렇게 '논쟁의 여지가 있는 말을 할 때 그 충격을 줄이길 바라며 자신의 의견을 조심스럽게 꺼낸다'는 의미로 쓰이는 이 표현은 신약성경 『마르코 복음서』 12장에 나오는 가난한 과부의 이야기에서 기원한다. 예수가 성전 앞 헌금함 맞은쪽에 앉아 사람들이 헌금함에 돈을 넣는 모습을 보고 있었다. 부자들은 큰돈을 넣었는데 가난한 과부 한 사람이 동전 두 닢을 넣었다. 그러자 예수는 가난한 과부가 넣은 돈이 다른 모든 사람보다 많은 돈이라고 제자들에게 말한다. 다른 사람들은 모두 풍족한 데에서 얼마씩 떼어 넣은 것이었지만, 과부는 궁핍한 가운데에서 자신이 가진 것을 다 넣었기 때문이다.

give up the ghost
숨을 거두다, 멈추다, 단념하다

We've driven the same car for over ten years and it's just given up the ghost.
우리 차는 10년 넘게 몰았는데 이제 완전히 맛이 갔다.

이 표현에서 쓰인 'ghost'는 '유령'이 아니라 '영혼'이라는 뜻이다. 구약성경에서 욥이 한 말 가운데, 그리고 신약성경에서 예수의 임종을 묘사하는 부분에 각기 언급되어 있다. "But man dies, and wastes away: yea, man gives up the ghost, and where is he?"그러나 아무리 힘센 사람이라도 한번 죽으면 사라지게 되어 있고, 숨을 거두면 그가 어디에 있는지도 모르게 됩니다.(욥기 14:10) "And Jesus cried with a loud voice, and gave up the ghost."예수께서 큰 소리를 지르시고 숨을 거두셨다.(『마르코 복음서』 15:37) 영혼이 몸에서 떠나는 것이니 '숨을 거둔다'는 의미인데, 이 말을 꼭 사람에게만 쓰지는 않는다. 기계 따위에 쓰면 '더 이상 작동하지 않는다'는 뜻이며, 어떤 일을 할 때에 성공 가능성이 없어서 '중도에 포기하거나 단념한다'는 은유적 의미로도 사용한다.

physician, heal thyself
너나 잘해라, 남 말 하고 있네

A: You should go on a strict budget.
B: But you manage money even worse than I do! Physician, heal thyself.
A: 너 돈 좀 아껴 써야겠어.
B: 나보다 더 헤프게 쓰는 주제에! 너나 잘하셔.

글자 그대로 해석하면 '의사야, 네 병이나 고쳐라'라는 뜻으로 '남을 비난하기보다는 자신의 문제에 신경 쓰라'는 의미를 담고 있다. 빈정대는 투로 쓰이는 이 속담 또한 성경에서 유래한 표현이다. 요르단강에서 세례를 받은 뒤 광야에 나가 40일간 단식하며 악마의 유혹을 물리친 예수가 갈릴래아로 돌아와 여러 회당에서 가르침을 전하니 모든 사람에게 칭송을 받았다. 이어 고향인 나자렛으로 가서 안식일에 회당에 들어가 성경 말씀을 읽으며 사람들을 가르치자, 사람들은 예수의 말에 놀라며 예수가 요셉의 아들이 아니냐고 수군거린다. 그들의 반응에 예수는 이렇게 말한다. "Surely you will quote me this proverb, Physician, heal thyself: 'Do here in your native place the things that we heard were done in Capernaum.' Verily I say to you, no prophet is accepted in his own native place."너희는 틀림없이 "의사야, 네 병이나 고쳐라" 하는 속담을 들며 "네가 카파르나움에서 하였다고 우리가 들은 그 일들을 여기 네 고향에서도 해 보아라" 할 것이다. 내가 진실로 너희에게 말한다. 어떠한 예언자도 자기 고향에서는 환영을 받지 못한다.(『루카 복음서』 4:23~24)

turn the other cheek
애써 참다, 감수하다, 관대하게 용서하다

When Bob got mad at Mary and yelled at her, she just turned the other cheek.
밥이 메리에게 화를 내며 소리를 질러도 그녀는 묵묵히 참았다.

글자 그대로 해석하면 '다른 쪽 뺨을 내밀다'라는 의미의 이 표현은 신약성경에 나오는 구절에서 유래했다. 사람들에게 참행복에 대해 가르치던 예수는 원수를 사랑하는 방법을 구체적으로 알려 준다. "Love your enemies, (……) If someone strikes you on one cheek, turn to him the other also. If someone takes your cloak, do not stop him from taking your tunic. (……) Do to others as you would have them do to you. If you love those who love you, what credit is that to you? Even sinners love those who love them." 너희는 원수를 사랑하여라. (……) 네 뺨을 때리는 자에게 다른 뺨을 내밀고, 네 겉옷을 가져가는 자는 속옷도 가져가게 내버려 두어라. (……) 남이 너희에게 해 주기를 바라는 그대로 너희도 남에게 해 주어라. 너희가 자기를 사랑하는 이들만 사랑한다면 무슨 인정을 받겠느냐? 죄인들도 자기를 사랑하는 이들은 사랑한다.(『루카 복음서』 6:27~32) 오늘날 이 표현은 모욕을 당하더라도 맞서서 저항하거나 앙갚음하지 않고 '참다', '용서하다'라는 의미로 쓰인다.

let the dead bury the dead
지난 일에 연연하지 마라

The two warring nations have finally agreed to let the dead bury the dead and work instead to build a better future together.
전쟁 중인 두 나라는 마침내 지난 일은 잊고 더 나은 미래를 건설하기 위해 노력하기로 합의했다.

글자 그대로 해석하면 '죽은 자는 죽은 사람이 묻게 하다'라는 뜻의 이 말은 신약성경에 나오는 표현이다. 예수는 자신을 따르라는 말에 제자들이 이 핑계 저 핑계 대며 뒤로 미루자 '사명을 최우선으로 생각하라'고 가르친다. "But he replied, 'Lord, let me go first and bury my father.' But he answered him, 'Let the dead bury their dead. But you, go and proclaim the kingdom of God.'" 그러나 그는 "주님, 먼저 집에 가서 아버지의 장사를 지내게 허락해 주십시오" 하고 말하였다. 예수께서는 그에게, "죽은 이들의 장사는 죽은 이들이 지내도록 내버려 두고, 너는 가서 하느님의 나라를 알려라" 하고 말씀하셨다.(『루카 복음서』 9:59~60) 또 다른 제자가 먼저 가족들에게 작별 인사를 하게 허락해 달라고 하자 예수는 "쟁기에 손을 대고 뒤를 돌아보는 자는 하느님 나라에 합당하지 않다"고 단호하게 대답한다. 아버지의 장례를 치르거나 집안 식구들에게 작별 인사를 하는 것은 모두 봉사 의무를 회피하는 구실을 상징한다. 여기에서 '과거에 연연하지 말고 현재에 충실하라'는 표현 'let the dead bury the dead'가 생겨났다.

good Samaritan
친절을 베푸는 사람, 남을 돕는 사람

He acted as a good Samaritan and took the poor woman to the hospital.
그는 친절을 발휘하여 그 불쌍한 여자를 병원으로 데려갔다.

이 표현은 『루카 복음서』 10장에 나오는 착한 사마리아인의 비유에서 유래했다. 사마리아인은 순혈 유대인이 아니라 아시리아에게 정복당한 후 외국인들과의 통혼으로 생겨난 혼혈인의 자손이었다. 유대인은 이들을 극도로 혐오하여 '사마리아'라는 말만 들어도 침을 뱉고 사마리아 지역에는 발도 들이지 않을 정도였다. 한 율법학자가 자기의 정당함을 드러내고 싶어서 예수에게 '누가 나의 이웃'인지 묻자 예수는 다음과 같은 비유를 들려준다. 어떤 나그네가 길을 가다가 강도를 만나 옷을 빼앗기고 두들겨 맞아 초주검이 되어 길가에 버려졌다. 같은 동포인 유대인 사제와 레위인은 그를 보고도 외면해 버렸지만 유대인이 그토록 혐오하는 한 사마리아인은 그를 가엾이 여겨 상처를 치료해 주고 자기 노새에 태워 여관으로 데려가 돌보아 주었다. 그리고 여관 주인에게 돈을 주고 비용이 더 들면 돌아올 때에 갚아 주겠다며 다친 사람을 보살펴 달라고 부탁한다. 말을 마친 예수는 율법학자에게 딱한 처지의 나그네에게 진정한 이웃이 되어 준 '그 사마리아인처럼 자비를 베풀라'고 가르친다. 이 비유에서 유래한 'good Samaritan'선한 사마리아인은 오늘날에는 모든 자선가, 특히 '가난하거나 어려운 이들을 돕는 사람'을 지칭하게 되었다.

lost sheep
길 잃은 양, 죄인, 옳은 길에서 벗어난 사람

Without proper parenting, the child could become a lost sheep in the future.
제대로 돌보지 않는다면 그 아이는 장차 옳은 길에서 벗어나게 될 수도 있다.

예수는 사람들이 쉽게 이해할 수 있도록 생활과 밀접한 관련이 있는 비유를 들려줬는데, 『루카 복음서』 15장을 보면 '길 잃은 양'에 비유하여 하느님의 자비를 설명하고 있다. 사람들의 손가락질을 받던 세리와 죄인 들이 예수의 가르침을 들으려고 가까이 모여 들자 바리새인과 율법학자 들은 예수가 죄인을 받아들이고 그들과 함께 음식을 먹는다고 투덜거린다. 그러자 예수는 잃었다 되찾은 양의 비유를 들어 그들에게 따끔한 일침을 가한다. 어떤 사람이 양 백 마리를 가지고 있었는데, 한 마리를 잃어버렸다. 그러자 아흔아홉 마리를 광야에 놓아둔 채 잃어버린 양을 찾을 때까지 뒤쫓아 간다. 그러다 양을 찾자 몹시 기뻐하며 어깨에 둘러메고 집으로 가서 친구들과 이웃들을 불러 잃었던 양을 되찾았다며 함께 기뻐해 달라고 한다. 이 비유를 말한 뒤 예수는 스스로 의롭다고 자부하는 자들을 꾸짖는다. "……in just the same way there will be more joy in heaven over one sinner who repents than over ninety-nine righteous people who have no need of repentance." 이와 같이 하늘에서는, 회개할 필요가 없는 의인 아흔아홉보다 회개하는 죄인 한 사람을 두고 더 기뻐할 것이다.(『루카 복음서』 15:7)

safe and sound
무사히, 무탈하게

It was a rough trip, but we got there safe and sound.
힘든 여정이었지만 우리는 무사히 그곳에 도착했다.

글자 그대로 해석하면 '안전하고 건강한'이라는 뜻으로 '다친 곳 없이 성한 상태'를 의미하는 이 표현은 성경에 나오는 이야기에서 유래했다. 예수는 '하늘에서는 회개할 필요가 없는 의인보다 회개한 죄인 한 사람을 더 기뻐한다'고 가르치며 돌아온 탕자의 비유를 들려준다. 어떤 사람에게 아들이 둘 있었는데 작은아들은 자기 몫의 재산을 미리 달라고 하여 먼 고장으로 떠났다. 그곳에서 방탕한 생활로 전 재산을 탕진하고는 심한 기근이 들자 곤궁에 허덕인다. 급기야는 돼지치기를 하며 돼지가 먹는 쥐엄나무 열매라도 먹고 싶었으나 그마저도 주는 사람이 없었다. 그제야 정신을 차린 아들은 잘못을 뉘우치며 아버지 집에 가서 품팔이꾼이라도 해야겠다고 생각하고는 집으로 돌아갔다. 죽을죄를 지었다며 아들이라고 불릴 자격도 없다는 작은아들을 아버지는 반갑게 맞이하며 살진 송아지를 잡아 축제를 벌인다. 집에 돌아와 무슨 영문인지 묻는 큰아들에게 하인이 이렇게 대답한다. "Your brother has returned and your father has slaughtered the fattened calf because he has him back safe and sound." 아우님이 오셨습니다. 아우님이 몸성히 돌아오셨다고 하여 아버님이 살진 송아지를 잡으셨습니다.(『루카 복음서』 15:27)

people in hell want ice water, too
원한다고 다 충족되는 것은 아니다

Whenever I wish I could marry a handsome rich guy, my mom says, "People in hell want ice water, too."
내가 잘생긴 부자와 결혼하고 싶다고 하면 엄마는 "그럴 수만 있다면 얼마나 좋겠니"라고 하신다.

글자 그대로 해석하면 '지옥에 있는 이들 역시 얼음물을 원한다'는 뜻으로 신약성경에 나오는 부자와 거지 라자로의 이야기에서 유래한 표현이다. 『루카 복음서』 16장에서 예수는 재물을 올바르게 이용하라고 가르치며 부자와 라자로의 비유를 들어 설명한다. 고급 옷을 걸치고 날마다 즐겁고 호화롭게 살던 부자가 있었다. 그의 집 대문 앞에는 종기투성이 라자로가 누워 상에서 떨어지는 부스러기로라도 배를 채우기를 바랐지만 얻어먹기는커녕 개들이 와서 라자로의 종기를 핥곤 하였다. 거지 라자로는 나중에 죽어서 천사들에게 이끌려 아브라함의 품에 안겼고, 부자는 지옥으로 가서 불구덩이에서 고통을 당했다. 아브라함의 품에 안긴 라자로를 본 부자는 라자로를 보내어 그 손가락 끝에 물을 찍어 자신의 혀를 축이게 해 달라고 소리쳤다. 그러나 아브라함은 그가 생전에 좋은 것을 받았기 때문에 고초를 겪는 것이고 라자로는 나쁜 것들을 받았기 때문에 이제 위로를 받는 것이라며, 둘 사이에는 큰 구렁이 가로놓여 있어 서로 건너갈 수 없다고 대답한다. 지옥에 있던 부자가 목을 축이길 간절히 원했지만 이룰 수 없었음에 빗대어 이 표현이 생겨났다.

by and by
머잖아, 곧, 가까운 미래에, 이윽고

The rain poured down in a torrent, but by and by, the clouds thinned and the sun eventually came out again.
비가 억수같이 내렸지만, 구름이 걷히더니 결국 해가 다시 나왔다.

'얼마 후' 또는 '장차'를 의미하는 이 말의 기원은 1400년대로 거슬러 올라가는데 원래는 'one by one'차례로, 차근차근과 같은 뜻이었다. 그러다 16세기 초부터 지금과 같은 의미로 사용되기 시작했다. 실제로 이 표현은 1611년에 나온 킹제임스 버전의 신약성경에 수차례 쓰였는데 원래 그리스어 'euthieos'즉시를 번역한 말이었다. 예수가 제자들에게 그 시대의 종말에 대해 말하는 장면에서 이 표현이 나온다. "But when ye shall hear of wars and commotions, be not terrified: for these things must first come to pass; but the end is not by and by."전쟁과 난리의 소문을 듣더라도 두려워 하지 말아라. 이런 일이 반드시 먼저 일어나야 한다. 그러나 종말이 곧 오는 것은 아니다.(『루카 복음서』 21:9) 후대로 오면서 그리스도교 문화권에서 이 표현은 종말보다는 영원한 생명에 대한 희망을 나타낼 때 사용되었다.

stone's throw away
엎어지면 코 닿을 거리, 아주 가까운 거리, 지척

This vacation place is amazing. The ocean is a stone's throw away!
이 휴양지는 놀랍다. 바다가 바로 코앞이다!

'상당히 가까운 거리'를 비유적으로 이를 때 쓰는 표현이다. 간음하다 현장에서 잡힌 여인을 벌하려는 사람들에게 예수가 '죄 없는 사람만이 먼저 돌을 던지라'고 했던 이야기에서 보듯이 고대 이스라엘에서는 죄인을 처벌하는 수단 가운데 돌을 던져 죽이는 방법이 있었다. 실제로 신약성경 『사도행전』에 언급된 최초의 순교자 스테파노 성인은 사람들이 던진 돌에 맞아 죽었다. 그런데 이 처형 방식이 제대로 효과를 보려면 가까운 거리에서 돌을 던질 수밖에 없었다. 그렇다 보니 돌을 던져 목표물을 맞히는 사정권이 거리의 기준이 된 듯하다. 체포되기 전 겟세마니에서 기도하는 예수의 모습을 묘사한 부분에서도 비슷한 표현이 등장한다. "After withdrawing about a stone's throw from them and kneeling, he prayed."그러고 나서 돌을 던지면 닿을 만한 곳에 혼자 가시어 무릎을 꿇고 기도하셨다.(『루카 복음서』 22:41) 영어에서는 1581년 영국의 정치가이자 번역가 아서 홀이 번역한 『호메로스의 일리아스 10권』에서 그리스군과 트로이군이 가까이 대치하고 있었으나 짙은 안개 때문에 서로 볼 수 없는 상황을 묘사하는 구절 가운데 등장한다. "For who can sée a stones throw of ought thing in land or plaine?"
(가까이 있었으면서도) 돌을 던진다 한들 눈에 보였겠는가?

cast the first stone
앞장서서 비난하다, 성급한 판단을 내리다

Although Ben noticed the staff wasn't really paying attention to the meeting he did not want to cast the first stone.
벤은 그 직원이 회의에 집중하지 않고 있다는 것을 알았지만, 먼저 나서서 뭐라고 하고 싶지는 않았다.

글자 그대로 해석하면 '맨 먼저 돌을 던지다'라는 의미의 이 표현은 신약성경 『요한 복음서』 8장에 나오는 간음한 여인의 이야기에서 유래했다. 예수가 성전에서 백성을 가르치고 있을 때, 그를 시험하여 고소할 구실을 만들기 위해 율법학자들과 바리새인들이 간음하다 붙잡힌 여자를 끌고 온다. 그리고 여인을 가운데에 세워 놓고 "모세는 율법에서 간음한 여자에게 돌을 던져 죽이라고 명령하였는데 어떻게 생각하느냐"라고 예수에게 묻는다. 그러나 예수는 아무런 대답도 하지 않고 몸을 굽혀 손가락으로 땅에 무엇인가 쓰기 시작하였다. 그들이 재차 묻자 몸을 일으킨 예수는 이렇게 말했다. "If any one of you is without sin, let him be the first to throw a stone at her."너희 가운데 죄 없는 자가 먼저 저 여자에게 돌을 던져라.(『요한 복음서』 8:7) 그러고는 다시 몸을 굽혀 계속해서 땅에 글자를 썼다. 결국 아무도 돌을 던지지 못하고 하나둘씩 떠나가고 예수와 여인만 남게 되었다. 예수는 자신도 단죄하기 않겠다며 여인에게 다시는 죄 짓지 말라고 이른다. 여기서 유래한 'cast the first stone'은 '앞장서서 단죄하거나 비난하다', '성급히 판단하다'라는 의미로 쓰이게 되었다.

a cross to bear
짊어져야 할 십자가, 피할 수 없는 고난, 책임

When Nancy's husband passed away, she was left with quite a cross to bear having to raise four children on her own.
남편이 세상을 떠나자 낸시는 홀로 네 아이를 키워야 하는 막중한 책임을 떠안게 되었다.

이 표현은 신약성경에 나오는 예수의 수난 이야기에서 기원한다. 십자가형을 선고받은 예수는 로마 시대의 관습에 따라 자신이 못 박히게 될 십자가cross를 골고타 언덕까지 지고bear 올라가야 했다.(『요한 복음서』에는 예수가 끝까지 직접 지고 간 것으로, 나머지 복음서에는 키레네 사람 시몬이 중간에 대신 지고 간 것으로 나온다.) 사형 판결을 받은 뒤 로마 병사들에게 조롱과 함께 심하게 채찍질을 당하여 기진한 몸으로 육중한 십자가를 지고 언덕을 올라가는 일은 끔찍한 시련이었다. 여기서 십자가는 예수의 고통을 상징하게 되었고, 나아가 크든 작든 인간이 삶에서 감내할 수밖에 없는 모든 고통과 부담을 의미하게 되었다. 오늘날에는 좀 더 가벼운 의미로 '다른 누구에게 전가할 수 없는 자신만의 책임이나 부담'이라는 뜻으로 쓰인다.

head on a plate
매우 가혹한 처벌

If it is proved that Paul was the one who sabotaged my presentation to the board, I'll have his head on a plate!
이사회에 보고하지 못하도록 방해한 사람이 폴이라는 사실이 밝혀지면 가만두지 않겠어!

글자 그대로 해석하면 '쟁반에 놓인 머리'라는 뜻의 이 표현은 신약성경에 나오는 세례자 요한의 참수 이야기에서 유래한 말이다. 사람들에게 물로 세례를 주며 회개하라고 외치던 세례자 요한은 당시 예루살렘을 통치하던 헤로데 왕이 동생 필리포스의 아내 헤로디아와 결혼한 일을 두고 부당하다고 입바른 소리를 하다가 투옥된다. 헤로데의 생일 축하연에서 헤로디아의 딸 살로메가 손님들 앞에서 춤을 추어 즐겁게 해 주자 헤로데는 소녀에게 무엇이든 청하는 대로 들어주겠다고 약속한다. 그러자 살로메는 어머니가 부추긴 대로 '세례자 요한의 머리'를 쟁반에 담아 가져다 달라고 요구한다. 그때까지만 해도 헤로데는 사람들이 예언자로 여기던 요한이 못마땅해도 차마 죽이지는 못하고 있었다. 하지만 손님들 앞에서 한 약속을 어기기 어려웠던 헤로데는 결국 사람을 보내 요한의 목을 베게 한 후 그의 머리를 쟁반에 담아 오게 한다. 권력자의 잔인함과 부당함을 상징적으로 보여 주는 이 일화에서 생겨난 표현 'head on a plate'는 '저지른 행위에 타당하지 않게 가해지는 매우 가혹한 처벌'을 의미하게 되었다.

cut off one's nose to spite one's face
누워서 침 뱉기, 제 발등을 찍다

The director released the player but the team missed the championship, so all he's really done is cutting off his nose to spite his face.
감독은 그 선수를 방출했다가 올해 우승을 놓쳤다. 결국 제 발등을 찍은 셈이었다.

이 관용적 표현은 12세기부터 쓰인 것으로 알려져 있는데, 정조를 지키기 위해 자신의 신체에 손상을 가한 많은 성녀의 전설과 관련이 있다. 스코틀랜드 남동부 콜딩햄 수녀원의 원장이었던 에베 성녀는 867년 셸란섬과 웁살라에서 온 데인족 바이킹이 상륙하자 그들에게 강간당할 것을 우려하여 수녀들 앞에서 자신의 코와 윗입술을 잘라 버렸고, 다른 수녀들 역시 수녀원장의 전례를 따랐다. 그런데 수녀들의 흉측한 외모에 역겨움을 느낀 침략자들은 곧 돌아와 수녀들을 모두 살해하고 수녀원을 불태워 버렸다. 정조를 지키려고 스스로 추한 외모를 선택했던 수녀들은 목적은 달성했지만 죽음은 피할 수 없었다. 이 전설에서 유래한 이 표현은 '분노를 표출하거나 복수를 목적으로 한 과도한 자해 행위나 현명하지 못한 행동'을 가볍게 조롱하는 농담으로 쓰이게 되었다.

run amok
날뛰다

The creditors ran amok in the room and smashed all the household goods into pieces.
빚쟁이들의 난동으로 세간살이가 모두 작살났다

이 표현은 '광기에 사로잡혀 사납게 공격하다 혹은 그런 증상'이라는 의미의 말레이어 '아목'에서 유래했다. 아목은 말레이시아, 인도네시아, 브루나이의 신앙에 뿌리를 두고 있다. 이곳 사람들은 호랑이의 악령인 '한투 벨리안'Hantu Belian이 사람의 몸에 들어가 아목을 일으킨다고 믿었다. 아목이 일어나면 분노나 폭력의 징후를 보이지 않던 사람이 갑자기 돌변하여 마주치는 사람들을 닥치는 대로 흉기로 죽이거나 중상을 입히며 날뛰다 다른 사람의 손에 죽거나 스스로 목숨을 끊었다. 이를 자살이 치욕스럽게 생각되던 사회에서 자행된 일종의 고의적 자살로 보는 견해도 있다. 어쨌든 죽지 않더라도 대개는 의식을 잃었고 깨어난 후에는 자신이 한 일을 기억하지 못했다. 1770년 아목을 처음 언급한 영국의 탐험가 제임스 쿡 선장의 일기가 발표된 후 이 표현은 외국 문화에 대한 지식을 뽐내려는 여행자들이 자주 쓰면서 영국에서 인기를 끌게 되었다. 오늘날에는 해리성 장애의 일종인 정신질환으로 간주되는 아목은 이렇듯 한때는 악령에 사로잡혀 저지르는 행위로 여겨졌다. 그래서 'run amok(amuck)'은 '아목 상태에서 날뛰다', 즉 '광분하다', '난동을 부리다'라는 뜻으로 쓰인다.

knight in shining armor
백마 탄 왕자

When the police officer pulled over to help the old woman change her flat tire, she hugged him and said he was her knight in shining armor.
펑크 난 타이어를 갈아 끼우는 것을 도와주려고 경찰관이 차를 세우자, 할머니는 경찰을 껴안으며 백마 탄 왕자가 나타났다고 말했다.

글자 그대로 해석하면 '번쩍이는 갑옷을 입은 기사'라는 이 표현은 '위기에 처한 사람을 구하러 나타나는 영웅적 인물'을 묘사하는 말이다. 이 구절의 유래는 게르만족이 브리튼섬에 상륙한 5세기 초부터 1066년 노르만 정복 시절까지로 거슬러 올라간다. 중세 시대에는 곤경에 처한 사람들, 특히 연약한 여자들을 구출하는 기사에 대한 낭만적 이야기가 유행했다. 기사에게 없어서는 안 될 것이 타고 다니는 말과 몸을 보호하는 갑옷이었다. 이 표현이 처음 등장한 기록은 1790년 『영국 저널』에 발표된 영국 시인 헨리 패의 시 「재미: 시론」이었다. "No more the knight, in shining armour dress'd/ Opposes to the pointed lance his breast." 빛나는 갑옷을 입고 뾰족한 창으로 그의 가슴을 겨누는 기사는 더 이상 없네. 19세기 빅토리아 시대에 아서왕과 카멜롯 성의 기사들을 둘러싼 이야기를 모티프로 한 많은 소설과 예술 작품 속에서 말을 타고 나타나 겁에 질린 처녀들을 구하는 기사가 등장하면서 이 표현이 널리 퍼졌다.

labor of love
좋아서 하는 일, 봉사활동, 헌신적 노력

For me, arranging books on the shelf every morning is a labor of love.
매일 아침 책꽂이에 책을 정리하는 것은 내가 좋아서 하는 일이다.

글자 그대로 해석하면 '사랑의 노고'라는 뜻으로, '보수를 바라지 않고 자진해서 하는 일'이나 '사람들을 기쁘게 하기 위해 수고를 마다하지 않는 행위'를 의미하는 표현이다. 신약성경 『테살로니카 신자들에게 보낸 첫째 서간』 1장 3절에 다음과 같은 구절이 나온다. "Remembering you in our prayers, unceasingly calling to mind your work of faith and labor of love and endurance in hope of our Lord Jesus Christ, before our God and Father." 우리는 끊임없이 하느님 우리 아버지 앞에서 여러분의 믿음의 행위와 사랑의 노고와 우리 주 예수 그리스도에 대한 희망의 인내를 기억합니다. 『히브리인들에게 보낸 서간』 6장 10절에도 이 표현이 쓰였다. "For God is not unjust to forget your work and labour of love, which you have shown for his name, as you have helped his people and continue to help them." 하느님은 불의한 분이 아니시므로, 여러분이 성도들에게 봉사하였고 지금도 봉사하면서 당신의 이름을 위하여 보여 준 행위와 사랑을 잊지 않으십니다.

an idle mind is the devil's workshop
한가하면 딴생각하기 마련, 게으른 자는 나쁜 일을 꾀한다

When I'm off from school, my mom always let me do chores, while reminding
me that an idle brain is the devil's workshop.
학교를 쉬는 날이면 엄마는 한가하면 딴생각하기 마련이라며 늘 집안일을 시킨다.

예전부터 그리스도교에서는 '교만, 인색, 질투, 분노, 음욕, 탐욕, 나태'를 모든 죄의 근원이라고 가르쳤는데, 특히 나태sloth를 모든 악의 뿌리로 보았다. "In fact, when we were with you, we instructed you that if anyone was unwilling to work, neither should that one eat."사실 우리는 여러분 곁에 있을 때, 일하기 싫어하는 자는 먹지도 말라고 거듭 지시하였습니다.(『테살로니카 신자들에게 보낸 둘째 서간』 3:10) 이 속담은 여러 과정을 거쳐 만들어졌다. 12세기에 제프리 초서는 손을 'devil's tool'악마의 도구이라 불렀다. 1715년 영국의 목회자 아이작 와츠는 "Satan using idle hands"빈둥거리는 손을 활용하는 사탄이라는 말을 썼다. 1721년 제임스 켈리의 『스코틀랜드 속담집』에는 이런 속담이 수록되었다. "If the Devil finds a Man idle, he'll set him at work."악마가 게으른 사람을 본다면, 그에게 일을 시킬 것이다. 1732년 토머스 풀러의 『격언집』에서는 "Idle brains are the devil's workhouses"게으른 두뇌는 악마의 노역장이다로 표현했고, 1855년 H. G. 본이 엮은 『속담집』에서는 'workhouse'노역장 대신 'workshop'작업장을 써서 지금의 형태로 완성되었다.

as dead as a doornail
완전히 죽은, 전혀 쓸모없는

That idea from last week's meeting is dead as a doornail now that the CEO has vetoed it.
지난주 회의에서 나온 그 방안은 CEO가 거부했으므로 쓸모없어졌다.

'doornail'은 옛날에 주로 문에 박아 넣는 징처럼 생긴 대갈못이었다. 돌출된 머리 부분을 망치로 여러 번 두드리면 구부러지며 문에 박히므로 문이 더욱 탄탄해졌다. 일단 못이 그렇게 구부러지면 그것은 죽은 못이 되어 되살려 재사용하는 것이 쉽지 않았기에 'as dead as a doornail'대갈못처럼 죽어 버린이라는 표현이 생겨났다. 이 표현은 14세기부터 시인들이 사용하기 시작했으며 16세기 무렵에는 영국에서 널리 쓰이는 구어체 표현이 되었다. 1592년 셰익스피어도 『헨리 6세』 2부에서 도적떼 우두머리 잭 케이드의 대사에 이 표현을 썼다. "I have eat no meat these five days; yet, come thou and thy five men, and if I do not leave you all as dead as a doornail, I pray God I may never eat grass more."요 닷새 동안 고기는 입에도 대지 못했다. 그래도 그대와 부하 다섯이 나타났으니 그대들을 해치우지 못한다면 신에게 맹세코 푸성귀조차 먹지 않겠다. 1843년 디킨스의 『크리스마스 캐럴』에도 등장한다. "You will therefore permit me to repeat, emphatically, that Marley was as dead as a door-nail."그러니 말리가 완전히 죽었다는 사실을 강조하여 다시 말하게 해 주시오.

mum's the word
너만 알고 있어! 아무한테도 말하지 마.

Now, I don't want anyone to know that I'm pregnant yet, so mum's the word.
임신한 사실을 아직은 비밀로 했으면 좋겠어. 그러니 아무한테도 말하지 마.

침묵을 의미하는 'mum'은 15세기 웨이크필드 성체축일극에 자주 나오는 'mummer'에서 유래한 말이다. 중세 시대 영국에서는 성탄절에 기괴한 모습으로 변장한 사람들이 가가호호 찾아다녔다. 이들이 할 수 있는 말은 입술을 다문 상태에서 낼 수 있는 유일한 발음 'mum'이었으므로 이들을 'mummer'라고 불렀다. 이들의 방문을 받은 집에서는 춤을 추거나 무언으로 하는 놀이를 함께하는 것이 관례였다. 이들이 신분을 숨기고 말을 하지 않았던 이유는 통상적인 법과 사회적 관습이 완화되는 성탄절 축제 12일 동안에는 평상시 엄두도 못 내던 일들을 할 수 있었기 때문이다. 그래서 집주인을 가볍게 조롱하거나 주사위 게임에서 사기를 쳐 동전 몇 닢을 사취해도 처벌을 받지 않았다. 'mum'은 15세기 윌리엄 랭글런드의 설화시 『농부 피어스의 꿈』에 처음 등장하며, 1540년 잉글랜드의 성직자 존 팔스그레이브가 윌리엄 풀로니우스의 라틴어 작품을 번역한 『아콜라스투스의 희극』에서 'mum is counsel'입 다물 것을 권고한다이라는 표현을 썼다. 이후에 셰익스피어가 『헨리 6세』에서 다음과 같이 쓰면서 유명해졌다. "Seal up your lips and give no words but mum."입술을 꼭 다물고 아무 말도 하지 마라.

halcyon days
태평성대, 좋은 시절

I doubt whether the wool industry will ever see those halcyon days again.
양모 업계가 좋은 시절을 다시 누릴 수 있을지 의문이다.

'날씨가 온화한 동지 전후의 2주일'을 의미하는 이 표현은 그리스 신화 속 인물 알키오네와 케익스의 이야기에서 유래했다. 바람의 신 아이올로스의 딸 알키오네는 트라키아 왕 케익스와 혼인했는데 금슬이 매우 좋았다. 그런데 여러 가지 변고가 계속되자 케익스는 신탁을 들어 봐야겠다고 결심하고, 위험한 육로를 피하여 배를 타고 델포이로 가기로 했다. 바람의 무서움을 잘 아는 알키오네가 극구 말렸지만 케익스는 그대로 떠났다가 폭풍우를 만나고, 시신이라도 파도에 밀려 아내에게 닿기를 기원하며 죽고 말았다. 꿈속에서 남편의 죽음을 알게 된 알키오네는 바닷가로 나갔다가 파도에 떠밀려 온 케익스의 시신을 발견하고는 높은 방파제로 올라가 몸을 던졌다. 이를 측은하게 여긴 신들이 물총새로 변하게 해 준 덕분에 둘은 부부의 인연을 이어 갈 수 있었다. 새로 변한 알키오네는 해변에 둥지를 틀었지만 일렁이는 파도 때문에 불안했다. 그러자 바람의 신 아이올로스는 딸이 알을 낳고 품어 부화할 수 있게 해마다 열나흘 동안 바람을 멎게 하였다. 여기서 '폭풍이 없는 잠잠한 시기'를 뜻하는 'halcyon days'알키오네의 나날라는 표현이 생겨났다. 의미가 확장되어 오늘날에는 '과거의 좋았던 시절'을 뜻하기도 한다.

fall from grace
위신을 잃다, 타락하다, 실추되다

That actor had a catastrophic fall from grace after his very public racially-charged tirade.
그 배우는 매우 공개적으로 인종 차별적 연설을 한 뒤 명예가 급격히 실추되었다.

보통 '품위, 우아함'을 뜻하는 'grace'는 신학적으로는 '하느님의 은총, 은혜'를 나타낸다. '하느님의 은총을 잃고 떨어져 나간다'는 의미의 이 표현은 에덴동산에서 쫓겨난 아담과 하와의 이야기에서 유래했다. 하느님이 꾸며 주신 에덴동산에서 부족함 없이 살아가던 아담과 하와는 뱀의 꼬임에 넘어가 선악과를 따 먹고 말았다. 그 벌로 에덴동산에서 쫓겨나 여자는 남편을 주인으로 섬기며 산고 속에 자식을 낳아야 하고, 남자는 일평생 고통 속에서 땅을 부쳐야 살 수 있게 되었다. 늘 땀 흘려 일해야 양식을 먹을 수 있을 뿐 아니라 먼지로 빚어졌으니 먼지로 돌아가는 신세가 되었다. 'fall from grace'라는 표현은 신약성경 『갈라티아 신자들에게 보낸 서간』 5장 4절에 등장한다. "You who are trying to be justified by law have been alienated from Christ; you have fallen away from grace." 율법으로 의롭게 되려고 하는 사람은 그리스도에게서 끊어지고, 은혜에서 떨어져 나간 사람입니다. 오늘날에는 '타락하다', '잘못된 행동으로 명예가 실추되다'라는 의미로 쓰인다.

patience is a virtue
참는 자에게 복이 있나니

Patience is a virtue, particularly when you are trying to land your dream job.
특히 꿈에 그리던 직업을 얻으려면 인내할 줄 알아야 한다.

글자 그대로 해석하면 '인내는 미덕'이라는 뜻의 이 속담은 14세기에 윌리엄 랭글런드가 쓴 종교시 『농부 피어스의 꿈』에 처음으로 인용되어 있지만 그 기원은 그보다 훨씬 오래전으로 여겨진다. 4세기에 히스파니아 속주 출신의 로마 시인이자 찬미가 작가 프루덴티우스의 『영적 투쟁』에는 같은 의미의 라틴어 표현이 등장한다. "Maxima enim (……) patientia virtus."인내는 가장 큰 미덕이다. 똑같은 형태는 아니지만 이 말의 근간이 되는 개념은 성경에서 유래했다. 신약성경 『갈라티아 신자들에게 보낸 서간』에서는 육신과 성령을 비교해 설명하며 성령으로 맺는 좋은 열매에 대해 5장 22~23절에 다음과 같이 언급한다. "But the fruit of the Spirit is love, joy, peace, patience, kindness, generosity, faithfulness, gentleness and self-control. Against such things there is no law."그러나 성령의 열매는 사랑과 기쁨과 화평과 인내와 친절과 선함과 신실과 온유와 절제입니다. 이런 것들을 막을 법이 없습니다.

It is more blessed to give than to receive

주는 것이 받는 것보다 행복하다

It is more blessed to give than to receive, so I'm going to donate this prize money to people who are less fortunate.

주는 것이 받는 것보다 행복하다고 했으니 이 상금을 불우한 이들에게 기부할 생각이다.

이 유명한 금언은 신약성경 『사도행전』에서 유래했다. 『사도행전』은 예수 사후 사도들이 성령의 인도로 유대에서부터 이방의 땅까지 널리 복음을 전한 행적과 초대 교회의 발달 과정을 기록한 책이다. 초반부에는 예루살렘 교회의 성립과 활동, 유대와 그 주변에 행한 예루살렘 교회의 전도 과정 등을, 후반부에는 사도 바오로의 이방인 전도와 여러 교회의 성립 과정, 바오로의 체포와 심문 과정, 로마로 호송된 뒤의 행적 등을 기록했다.

사도 바오로가 에페소 교회 원로들과 작별 인사를 하며 당부하는 구절 가운데 이 표현이 나온다. "You yourselves know that these hands of mine have supplied my own needs and the needs of my companions. (……) we must help the weak, remembering the words the Lord Jesus himself said: 'It is more blessed to give than to receive.'" 여러분이 아는 대로, 나는 나와 내 일행에게 필요한 것을 내 손으로 일해서 마련하였습니다. (……) 이렇게 힘써 일해서 약한 사람을 도와주는 것이 마땅합니다. 그리고 주 예수께서 친히 "주는 것이 받는 것보다 더 복이 있다"라고 하신 말씀을 반드시 명심해야 합니다.(『사도행전』 20:34~35)

in the twinkling of an eye
삽시간에, 순식간에, 별안간

I gave my son fifty dollars, and in the twinkling of an eye, he spent it.
아들에게 50달러를 주었더니, 순식간에 다 써 버렸다.

글자 그대로 해석하면 '눈 깜짝할 사이에'라는 뜻으로 '아주 짧은 찰나'를 의미하는 이 표현은 신약성경에서 유래를 찾을 수 있다. 죽은 이들의 부활에 대해 말하던 사도 바오로는 부활 때에 완성되는 인간의 구원을 다음과 같이 표현했다. "We will not all sleep, but we will all be changed—in a flash, in the twinkling of an eye, at the last trumpet. For the trumpet will sound, the dead will be raised imperishable, and we will be changed."우리 모두 죽지 않고 다 변화할 것입니다. 순식간에, 눈 깜박할 사이에, 마지막 나팔 소리에 그리될 것입니다. 나팔이 울리면 죽은 이들이 썩지 않는 몸으로 되살아나고 우리는 변화할 것입니다.(『코린토 신자들에게 보낸 첫째 서간』 15:51~52) 옛 표현을 즐겨 인용한 셰익스피어는 1596년 『베니스의 상인』 2막 2장에서 이 말을 썼다. "Father, come. I'll take my leave of the Jew in the twinkling of an eye."아버지, 가시죠. 순식간에 그 유대인을 앞지르고 말겠어요.

a thorn in the flesh
골칫거리, 고통의 원인, 눈엣가시

His anti-government views and vast influence among the people was a thorn in the flesh of the government.
그의 반정부적인 견해와 국민들에게 미치는 막대한 영향력은 정부에게는 골칫거리였다.

사실 가시가 박히면 큰 고통은 아니지만 계속 신경을 거슬리게 만든다. 글자 그대로 해석하면 '살에 박힌 가시'라는 뜻의 이 표현은 '끊임없이 걱정을 일으키는 사람이나 성가신 문제'를 의미한다. 신약성경에서 사도 바오로의 말 가운데 이 표현이 언급되어 있다. "To keep me from becoming conceited because of these surpassingly great revelations, there was given me a thorn in my flesh, a messenger of Satan, to torment me." 내가 받은 엄청난 계시들 때문에 사람들이 나를 과대평가할지도 모릅니다. 그러므로 내가 교만하게 되지 못하도록, 하느님께서 내 몸에 가시를 주셨습니다. 그것은 사탄의 하수인이라고 할 수 있는데, 그것으로 나를 줄곧 찔러 대 내가 교만해지지 못하게 하시려는 것이었습니다.(『코린토 신자들에게 보낸 둘째 서간』 12:7) 여기서 바오로는 가시가 무엇인지 구체적으로 언급하지는 않았지만 보통 그가 직면한 고난이나 박해와 관련이 있는 것으로 해석된다. 오늘날에는 좀 더 가벼운 뜻으로 '골칫거리나 걱정거리'를 의미하게 되었다.

the powers that be
당국, 권세, 보이지 않는 실세

We do have the power to make change by voting, but, between elections, we're largely at the mercy of the powers that be.
우리는 투표를 통해 변화를 가져올 힘을 갖고 있다. 하지만 선거철이 아닐 때에는 대부분 권력에 좌우된다.

고대에는 be동사의 3인칭 복수형이 'are'가 아니라 'be'였으므로 'the powers that be'는 'the powers that are', 즉 '이미 있는 권세'라는 의미다. 때로는 줄여서 'the Powers' 또는 약어로 'TPTB'로 쓰기도 한다. 이 표현은 신약성경 『로마 신자들에게 보낸 서간』 13장 1절에서 유래했다. "Let every soul be subject unto the higher powers. For there is no power but of God: the powers that be are ordained of God." 사람은 누구나 위에 있는 권세에 복종해야 합니다. 모든 권세는 하느님께로부터 온 것이며, 이미 있는 권세들도 하느님께서 세워 주신 것입니다. 지금은 하느님이나 신, 운명 외에도 공권력, 회사의 고위 관리직, 정보 확산을 조절하는 주체, 기업이나 단체 등 조직을 통제하는 집단, 콘텐츠 생산자 등 영향력을 가진 다양한 대상을 지칭한다.

It's better to light a candle than curse the darkness
나쁜 상황을 탓하기보다 해결하려는 노력이 중요하다

It's better to light a candle than curse the darkness. That's why we need to reduce the use of plastic containers to solve environmental problems. 상황을 탓하기보다 행동으로 나서야 한다. 그러니 환경 문제를 해결하려면 플라스틱 용기 사용을 줄여야 한다.

글자 그대로 해석하면 '어둠을 탓하느니 촛불 하나라도 켜는 것이 낫다'는 뜻의 이 격언은 '벌어진 상황을 탓해 봐야 소용없고 그것을 해결하기 위한 긍정적인 행동이 도움이 된다'는 의미이다. 어둠은 오래전부터 무지 또는 악의 은유로 사용되며 성경에서도 자주 언급되었다. 빛을 보기 전, 즉 신앙을 깨닫기 전의 오랜 무지를 의미하거나, 어둠을 죽음이나 악마에 비유하여 악마를 '어둠의 왕자'라고 일컫기도 했다. 이 격언의 원형은 『로마 신자들에게 보낸 서간』 13장 2절에 다음과 같이 표현되어 있다. "The night is nearly over; the day is almost here. So let us put aside the deeds of darkness and put on the armor of light." 밤이 물러가고 낮이 가까이 왔습니다. 그러니 어둠의 행실을 벗어 버리고 빛의 갑옷을 입읍시다. 처음에는 종교적 맥락에서만 쓰였지만 차츰 일반적 의미로도 쓰이기 시작했는데, 국제엠네스티를 설립한 영국 인권운동가 피터 베넨슨이 1961년 12월 10일 세계인권선언기념일에 '행동에 나서자'는 의미로 런던의 성 마틴 교회에 촛불을 밝힘으로써 대중의 관심을 끌었다. 그 뒤로 철조망으로 둘러싸인 촛불은 국제엠네스티의 엠블럼이 되었다.

don't let the sun go down on one's anger

노여움을 풀다

I know you're mad at him right now, but you should never let the sun go down on your anger.
지금 당장은 그에게 무척 화가 나겠지만 노여움을 풀어야 해.

글자 그대로 해석하면 '날이 저물 때까지 분노를 품고 있지 않다'라는 의미로, 사도 바오로가 에페소 신자들에게 새 생활의 규범에 대해 가르치며 이 말을 언급한다. "Be angry, yet do not sin; do not let the sun go down on your anger." 화를 내더라도, 죄를 짓는 데까지 이르지 않도록 하십시오. 해가 지도록 노여움을 품고 있지 마십시오.(『에페소 신자들에게 보낸 서간』 4:26) 여기서 바오로는 화가 치미는 것이 잘못되었다기보다는 '화가 났을 때 어떻게 행동하느냐가 중요하다'고 가르치고 있다. 감정에 좌우되기 쉬운 인간이 화를 내는 것은 지극히 자연스러운 일이지만, 그것이 통제하기 힘든 격노로 바뀌도록 내버려 둔다면 위험하고 죄를 짓게 될 수도 있다는 것을 알려 주는 말이다. 일단 분노에 휩쓸리게 되면 악에 휘둘리게 될 수 있으므로 '분노가 곪아 터지지 않도록 조심해야 한다'는 뜻이다.

old wives' tale
터무니없는 이야기, 실없는 이야기, 어리석은 미신

The belief that make-up ruins your skin is just an old wives' tale.
화장이 피부를 망친다는 생각은 터무니없는 이야기에 불과하다.

글자 그대로 '노파의 이야기'라는 이 개념은 구전 전통에서 생겨 났다. 대개 옛이야기는 글을 읽지 못하는 여성들이 서로서로 또는 아이들에게 들려줌으로써 전파되어 왔는데, 도덕적 개념을 담기보다는 죽음이나 성장 등을 이해하기 쉽게 풀어 설명하거나 교훈을 주려는 내용이었다. 이들의 이야기를 어리석은 미신으로 보는 이 표현의 기원은 신약성경에서 찾을 수 있다. "Because it is consecrated by the word of God and prayer. If you point these things out to the brothers, you will be a good minister of Christ Jesus, brought up in the truths of the faith and of the good teaching that you have followed. Have nothing to do with godless myths and old wives' tales; rather, train yourself to be godly."모든 것은 하느님의 말씀과 기도로 거룩해집니다. 그대가 이런 교훈으로 형제자매를 깨우치면, 그대는 믿음의 말씀과 그대가 지금까지 따라온 그 훌륭한 가르침으로 양육을 받아 그리스도 예수의 훌륭한 일꾼이 될 것입니다. 저속하고 헛된 꾸며 낸 이야기들을 물리치십시오. 신심이 깊어지도록 자신을 단련하십시오.(『티모테오에게 보낸 첫째 서간』 4:5~7)

holy grail
궁극의 목적, 금과옥조, 매우 중요한 것

Vaccines for infectious disease have become something of a holy grail in the medical field.
전염병 백신은 의학계의 금과옥조가 되었다.

글자 그대로 해석하면 '성스러운 잔'이라는 뜻의 이 표현은 예수 그리스도와 관련이 있는 용어다. 체포되기 전날 밤 예수가 최후의 만찬에서 제자들과 포도주를 나누어 마실 때 쓴 술잔을 'holy chalice'성작라고 한다. 지금도 가톨릭 미사에서는 예수의 피를 상징하는 포도주를 담는 술잔을 성작이라고 부른다. 전설에 의하면 예수의 시신을 수습할 당시 예수의 숨은 제자 아리마태아 출신 요셉이 니코데모와 함께 예수의 옆구리에서 흘러나온 피를 그 술잔에 받았다고 전해진다. 중세에 그리스도교 신자들은 예수의 피가 담겼던 이 술잔에 대단한 치유 능력이 있다고 여겼고, 아서왕 전설에서도 원탁의 기사들이 이 술잔을 찾아 모험을 떠나는데, 이 잔을 'holy grail'성배이라고 불렀다. 'grail'의 원형 'graal'은 프랑스어 'graal' 또는 'greal'에서 온 말이고, 'graal'은 같은 어족인 옛 프로방스어 'grazal'과 옛 카탈로니아어 'gresal'에서 유래했는데 흙이나 나무나 금속으로 만든 그릇 또는 잔을 가리켰다. 성배는 아서왕 전설을 비롯하여 여러 전승에서 행복, 영원한 젊음, 무한한 풍요로움을 주는 기적의 힘을 가진 것으로 묘사되며 많은 예술가에게 영감을 불어 넣었다. 현대에 와서는 종교적 의미보다는 '추구하는 중요한 대상이나 목표'를 의미하게 되었다.

money is the root of all evil
돈은 모든 악의 근원이다

The greed of wealth is what eventually led him to murder his own brother. As ever, money is the root of all evil.

그는 부에 대한 탐욕 때문에 친형제를 살해하고 말았다. 여전히 돈은 모든 악의 근원이다.

성경에는 중요한 메시지를 전달하기 위해 돈처럼 사람들이 이해하기 쉬운 소재를 사용한 비유가 많이 나온다. 그리스도교 전통에서는 재물에 대한 집착을 죄로 보았다. 즉 돈 자체를 나쁜 것으로 보기보다는 그에 대한 탐욕을 나쁜 것으로 보았다. 이렇게 탐욕을 칠죄종七罪宗 가운데 한 가지로 보게 된 근거는 구약성경 『코헬렛』과 신약성경 『티모테오에게 보낸 첫째 서간』에서 찾아볼 수 있다. 특히 『티모테오에게 보낸 첫째 서간』 6장 10절에는 '돈에 대한 탐욕이 모든 악의 뿌리'라고 직접적으로 언급되어 있다. "For the love of money is the root of all evils, and some people in their desire for it have strayed from the faith and have pierced themselves with many pains." 돈을 사랑하는 것이 모든 악의 뿌리입니다. 돈을 좇다가, 믿음에서 떠나 헤매기도 하고, 많은 고통을 겪기도 한 사람이 더러 있습니다.

the quick and the dead
산 자와 죽은 자

Today we pay our respects for the quick and the dead who have fought for our freedom and safety.
오늘 우리는 자유와 안전을 위해 싸운 산 이와 죽은 이 들에게 경의를 표합니다.

이 표현에서 쓰인 바와 같이 예전에는 'quick'이 'living'살아 움직이는과 같은 의미였으며 지금도 이런 뜻으로 쓰이는 경우를 적잖이 찾아볼 수 있다. 'quick of the fingernail'은 '손톱 밑의 살아 있는 생살'을, 'quickening'은 '뱃속의 태아가 처음으로 움직인 태동'을 뜻한다. 'the quick and the dead'라는 표현이 영어에 처음 등장한 것은 1526년 윌리엄 틴들이 번역한 신약성경이었고, 뒤이어 1603년 셰익스피어의 『햄릿』과 1611년 킹 제임스 성경에도 쓰였다. 신약성경 『티모테오에게 보낸 둘째 서간』 4장 1절에 산 사람과 죽은 사람을 지칭하는 이 표현이 나온다. "I charge thee therefore before God, and the Lord Jesus Christ, who shall judge the quick and the dead at his appearing and his kingdom."나는 하느님 앞에서, 또 산 이와 죽은 이를 심판하실 그리스도 예수님 앞에서, 그리고 그분의 나타나심과 다스리심을 걸고 그대에게 엄숙히 지시합니다.

keep the faith
희망을 잃지 않다, 신념을 끝까지 지키다, 힘내다

If I become a prisoner of war, I will keep the faith with my fellow prisoners.
내가 전쟁 포로가 된다면 동료들과 함께 희망을 잃지 않고 끝까지 버틸 것이다.

이 관용어는 신약성경에서 유래한 표현으로, 『티모테오에게 보낸 둘째 서간』 4장 5~7절에 다음과 같은 말이 나온다. "But you, keep your head in all situations, endure hardship, do the work of an evangelist, discharge all the duties of your ministry. For I am already being poured out like a drink offering, and the time has come for my departure. I have fought the good fight, I have finished the race, I have kept the faith." 그대는 어떠한 경우에도 정신을 차리고 고난을 견디어 내며, 복음 선포자의 일을 하고 그대의 직무를 완수하십시오. 나는 이미 하느님께 올리는 포도주로 바쳐지고 있습니다. 내가 이 세상을 떠날 때가 다가온 것입니다. 나는 훌륭히 싸웠고 달릴 길을 다 달렸으며 믿음을 지켰습니다. 처음에는 '신앙을 지키다'라는 뜻으로 종교적 맥락에서만 쓰이던 이 표현은 1960년대 미국 시민운동가 사이에서 일반적으로 쓰이기 시작하면서 대중음악에도 영감을 주어 1992년에 발매된 본 조비의 앨범 제목과 곡명으로도 쓰였다. 좀 더 가벼운 뉘앙스로 친구나 동료들 사이에서 격려하거나 결속을 다질 때 '힘내라'는 의미로 쓰기도 한다.

bridle one's tongue
입조심하다, 말조심하다

I told my wife to put a bridle on her tongue when she would talk to Mark.
나는 아내에게 마크와 이야기할 때 입조심하라고 말했다.

글자 그대로 해석하면 '입에 재갈을 물리다'라는 뜻의 이 주옥같은 경구는 성경에서 유래한 것이니 2천 년도 더 된 지혜라고 하겠다. 신약성경 『야고보 서간』 1장 26절에 다음과 같은 구절이 나온다. "If anyone thinks himself to be religious, and yet does not bridle his tongue but deceives his own heart, this man's religion is worthless." 누가 스스로 경건하다고 생각하면서도, 혀를 다스리지 않고 자기 마음을 속이면, 이 사람의 신앙은 헛된 것입니다. 로마 가톨릭교회에서 『야고보 서간』의 저자로 보는 야고보 성인은 어려서부터 신앙심이 깊어 엄격하고 경건한 수양 생활을 했고, 긴 겉옷과 망토만 걸치고 맨발로 돌아다녔다고 한다. 그는 하루도 거르지 않고 율법을 준수했으며 오랜 기도 생활로 무릎은 낙타의 발바닥처럼 되어 버렸다. 형 요한과 함께 예수의 열두 제자가 된 그는 예수 사후 다른 제자들과 함께 초기 교회 공동체를 이끌었다. 그리고 예루살렘의 첫 번째 주교로 선출되어 선교 활동에 매진했다. 그러나 그를 시기하고 경계하던 바리새인들로부터 배교를 강요당했고, 이를 끝까지 거부하자 성전 꼭대기에서 그들에게 떠밀려 떨어진 뒤 돌에 맞아 순교했다고 전해진다.

gird one's loins
정신 차리다, 각오를 단단히 하다, 길 떠날 채비를 갖추다

The company is girding its loins for a plunge into the overseas market.
그 회사는 해외 시장에 뛰어들기 위해 단단히 준비하고 있다.

글자 그대로 해석하면 '허리띠를 동여매다'라는 의미로, 구약성경 『잠언』 31장 17절에 다음과 같이 언급되어 있다. "She girds her loins with strength, and strengthens her arms." 허리를 단단히 동여매고, 억센 팔로 일을 한다. 이 표현은 고대의 의복과 관련이 있다. 당시에는 발목까지 내려오는 긴 튜닉이 평상복이었는데, 달리거나 싸우거나 일을 할 때에 상당히 거치적거리는 복장이었다. 그래서 허리띠를 매고 느슨한 튜닉의 끝자락을 돌돌 말아 올려 끝부분을 허리띠에 집어넣어 동여매면 반바지처럼 간편해졌다. 전투나 장거리 여행이나 힘든 일을 앞두고는 튜닉을 이렇게 허리띠로 동여맸다. 문자적 의미 외에도 '중요한 일을 앞두고 마음을 다잡는다'는 뜻도 있다. "Wherefore gird up the loins of your mind, be sober, and hope to the end for the grace that is to be brought unto you at the revelation of Jesus Christ." 그러므로 여러분은 마음 단단히 먹고 정신을 차려서, 예수 그리스도께서 나타나실 때에 여러분이 받을 은혜를 끝까지 바라고 있으십시오.(『베드로의 첫째 서간』 1:13) 지금은 이러한 은유적 의미로 더 널리 쓰인다.

go with God
잘 가시오, 신호 가호가 함께하길

Go with God and wish us luck.
잘 가, 그리고 행운을 빌어 줘.

신의 가호를 빌어 줄 때 또는 작별할 때 쓰는 이 말은 많은 언어에서 흔히 사용된다. 본래 이 말은 수천 년 전에 '신과 함께'라는 뜻을 지닌 히브리어 이름인 'Danyael'다니엘(Daniel)에서 유래되었다. 중세 이후에 그리스도교 문화권의 서양 언어에서는 작별할 때 신의 가호를 빌었다. 라틴 교회에서는 'dominus vobiscum'주님께서 함께하시길라는 말을 썼는데, 이 말이 'to God'신에게로이라는 의미의 프랑스어 'adieu'아듀와 스페인어 'adios'아디오스에 영향을 미쳤다. 스페인어 adios는 a(to)와 Dios(God)를 합친 말이다. 특히 '신의 가호를 받아 잘 가라'는 종교적 의미가 담긴 'Vaya con Dios'바야 콘 디오스는 20세기 들어 대중매체에서 자주 언급될 정도로 비스페인어권 사람들에게도 친숙해졌다. 이 말을 영어로 그대로 옮긴 말이 바로 'go with God'이다.

찾아보기

apple of one's eye	[5 · 5]
apple of sodom	[8 · 16]
Ariadne's thread	[3 · 11]
Armageddon	[7 · 14]
armed to the teeth	[3 · 29]
As a man sows, so shall he reap	[11 · 9]
as dead as a doornail	[12 · 13]
as old as Methuselah	[8 · 3]
ashes to ashes, dust to dust	[1 · 25]
at one's wit's end	[10 · 1]
at the eleventh hour	[11 · 15]
bag and baggage	[4 · 27]
baptism of fire	[10 · 25]
basket case	[9 · 17]
be caught red handed	[2 · 6]
be caught with one's pants down	[1 · 30]
beat around the bush	[1 · 28]
beat swords into plowshares	[10 · 9]
bee's knees	[2 · 19]
bell the cat	[7 · 3]
below the salt	[2 · 9]
best man	[6 · 8]
better half	[5 · 18]
between Scylla and Charybdis	[1 · 19]
beware of Ides of March	[3 · 15]
bigwig	[7 · 16]

birds of a feather	[7 ∘ 5]
bite the bullet	[9 ∘ 8]
bite the dust	[7 ∘ 10]
black sheep	[9 ∘ 25]
blow hot and cold	[7 ∘ 6]
blue bloods	[8 ∘ 12]
Bob's your uncle	[2 ∘ 21]
borrow trouble	[11 ∘ 3]
bottoms up	[1 ∘ 10]
break a leg	[1 ∘ 27]
break the ice	[1 ∘ 5]
bridle one's tongue	[12 ∘ 29]
bring home the bacon	[2 ∘ 7]
broken heart	[4 ∘ 12]
buridan's ass	[1 ∘ 4]
burn the candle at both ends	[7 ∘ 21]
burn the midnight oil	[3 ∘ 2]
burning ears	[5 ∘ 10]
bury one's head in the sand	[2 ∘ 23]
bury the hatchet	[8 ∘ 29]
butter someone up	[5 ∘ 13]
by and by	[12 ∘ 3]
by and large	[4 ∘ 21]
by hook or by crook	[1 ∘ 16]
by the skin of one's teeth	[9 ∘ 22]
call a spade a spade	[1 ∘ 29]

call someone on the carpet [9 · 14]

carry coals to Newcastle [6 · 27]

carte blanche [2 · 24]

Cassandra complex [3 · 9]

cast pearls before swine [11 · 4]

cast the first stone [12 · 5]

cat got one's tongue [1 · 14]

chip off the old block [5 · 8]

cloak and dagger [2 · 22]

close but no cigar [9 · 11]

cock and bull story [4 · 1]

cost an arm and a leg [2 · 17]

count one's chickens [7 · 4]

crocodile tears [4 · 10]

cross the Rubicon [5 · 14]

crown of thorns [11 · 22]

curiosity killed the cat [1 · 13]

cut off one's nose to spite one's face [12 · 8]

cut the Gordian knot [1 · 6]

dark horse [9 · 15]

David and Goliath contest [9 · 3]

den of thieves [11 · 16]

deus ex machina [4 · 26]

die hard [7 · 23]

dire straits [5 · 29]

don't let the sun go down on one's anger [12 · 23]

draw a line in the sand [1 · 24]

eat humble pie [2 · 3]
Electra complex [3 · 13]
Elysium [1 · 23]
Eureka [3 · 4]
even a worm will turn [4 · 22]
every cloud has a silver lining [2 · 1]
every Tom, Dick and Harry [4 · 20]
extend an olive branch [8 · 5]

fall by the wayside [10 · 23]
fall from grace [12 · 16]
fall on one's own sword [9 · 5]
feeding the multitude [5 · 2]
feet of clay [10 · 20]
fight fire with fire [4 · 23]
fire and brimstone [9 · 27]
flight of Icarus [3 · 24]
fly off the handle [1 · 20]
for all intents and purposes [8 · 13]
for Pete's sake / for the love of Pete [10 · 24]
forbidden fruit [1 · 21]
forgive and forget [10 · 31]
from pillar to post [6 · 15]
from strength to strength [9 · 30]

get one's goat	[3 ∘ 14]
get the sack	[5 ∘ 1]
get the wrong end of the stick	[5 ∘ 20]
gird one's loins	[12 ∘ 30]
give a sop to Cerberus	[3 ∘ 16]
give the cold shoulder	[6 ∘ 6]
give up the ghost	[11 ∘ 25]
go against the grain	[4 ∘ 17]
go bananas	[9 ∘ 16]
go cold turkey	[7 ∘ 30]
go the extra mile	[5 ∘ 15]
go to Canossa	[5 ∘ 23]
go with God	[12 ∘ 31]
golden apple	[3 ∘ 21]
golden calf	[8 ∘ 21]
good Samaritan	[11 ∘ 29]
good wine needs no bush	[1 ∘ 2]
goody two-shoes	[5 ∘ 26]
gossip	[1 ∘ 15]
Greeks bearing gifts	[5 ∘ 31]
green eyed monster	[4 ∘ 8]
halcyon days	[12 ∘ 15]
hands down	[9 ∘ 12]
hang by a thread	[3 ∘ 8]
hang in the balance	[9 ∘ 2]
have a bee in one's bonnet	[7 ∘ 17]

head on a plate	[12 · 7]
Here is Rhodes, jump here!	[1 · 1]
hide one's light under a bushel	[2 · 11]
Hobson's choice	[7 · 26]
hoist with one's own petard	[1 · 12]
holier than thou	[10 · 16]
holy grail	[12 · 25]
honeymoon	[5 · 4]
I am not my brother's keeper	[2 · 4]
in a pickle	[4 · 19]
in one's heart of hearts	[8 · 18]
in stitches	[4 · 14]
in the bag	[8 · 24]
in the doldrums	[7 · 25]
in the lap of the gods	[6 · 1]
in the twinkling of an eye	[12 · 19]
It is more blessed to give than to receive	[12 · 18]
it is what it is	[8 · 17]
It's better to light a candle than curse the darkness	[12 · 22]
it's Greek to me	[4 · 13]
Jack of all trades and master of none	[1 · 18]
Jacob's ladder	[8 · 9]
Jezebel	[9 · 6]
keep the faith	[12 · 28]

kick the bucket	[7 ∘ 9]
kingdom come	[7 ∘ 11]
kiss of death	[7 ∘ 12]
knight in shining armor	[12 ∘ 10]
labor of love	[12 ∘ 11]
labyrinth	[6 ∘ 26]
lame duck	[6 ∘ 19]
land of milk and honey	[8 ∘ 11]
last but not least	[11 ∘ 14]
laughter is the best medicine	[10 ∘ 3]
left hand doesn't know what the right hand is doing	[10 ∘ 30]
leave no stone unturned	[4 ∘ 29]
let one's hair down	[8 ∘ 14]
let the cat out of the bag	[6 ∘ 9]
let the dead bury the dead	[11 ∘ 28]
like a lamb to the slaughter	[10 ∘ 14]
lion's share	[7 ∘ 2]
live by the sword, die by the sword	[11 ∘ 20]
live hand to mouth	[7 ∘ 19]
live off the fat of the land	[8 ∘ 10]
lock, stock and barrel	[9 ∘ 21]
look a gift horse in the mouth	[5 ∘ 27]
look before you leap	[7 ∘ 1]
loose lips sink ships	[8 ∘ 6]
lost sheep	[11 ∘ 30]
lotus eater	[6 ∘ 17]

mad as a hatter	[8 · 23]
make one's hair stand on end	[4 · 3]
man cannot live by bread alone	[10 · 26]
manna from heaven	[8 · 20]
many hands make light work	[10 · 6]
meet a deadline	[9 · 19]
Midas touch	[2 · 15]
mind one's p's and q's	[5 · 6]
miss the boat	[8 · 4]
money is the root of all evil	[12 · 26]
move mountains	[11 · 12]
mum's the word	[12 · 14]
my cup runneth over	[9 · 28]
narcissism	[3 · 26]
neither rhyme nor reason	[1 · 26]
night owl	[4 · 25]
nip in the bud	[7 · 7]
no man can serve two masters	[11 · 2]
no one pours new wine into old wineskins	[11 · 8]
no rest for the wicked	[10 · 15]
no spring chicken	[2 · 2]
Occam's razor	[3 · 5]
Oedipus complex	[3 · 12]
of biblical proportions	[8 · 19]
old wives' tale	[12 · 24]

omphalos syndrome [6 · 24]

once in a blue moon [2 · 29]

one for the road [6 · 13]

one's salad days [4 · 16]

one's way or the highway [5 · 7]

open Pandora's box [3 · 23]

out of the frying pan into the fire [2 · 25]

out of the mouths of babes [9 · 26]

paint the town red [7 · 28]

patience is a virtue [12 · 17]

pay the piper [8 · 8]

peeping Tom [2 · 14]

people in hell want ice water, too [12 · 2]

physician, heal thyself [11 · 26]

pile Pelion on Ossa [2 · 27]

pleased as Punch [6 · 20]

point blank range [6 · 10]

potluck [6 · 7]

pound of flesh [4 · 6]

practice what you preach [11 · 17]

pride goes(comes) before a fall [2 · 13]

Procrustean bed [3 · 25]

Promethean fire [3 · 22]

pull out all the stops [7 · 20]

put a sock in it [8 · 2]

put in my two cents [11 · 24]

put one's house in order	[10 · 11]
put out to pasture	[6 · 11]
put words in one's mouth	[9 · 4]
Pyrrhic victory	[3 · 18]
rain falls on the just and the unjust	[10 · 29]
raining cats and dogs	[2 · 20]
read between the lines	[6 · 22]
read the riot act	[7 · 31]
red herring	[7 · 24]
red letter day	[3 · 1]
red tape	[5 · 24]
rest on laurels	[5 · 16]
ride shotgun	[9 · 10]
ride the gravy train	[2 · 16]
ring true	[6 · 12]
rise from the ashes	[6 · 29]
rob Peter to pay Paul	[6 · 28]
rub salt in the wound	[2 · 28]
rub someone the wrong way	[9 · 18]
run amok	[12 · 9]
run the gauntlet	[5 · 25]
safe and sound	[12 · 1]
salt and light	[2 · 10]
saved by the bell	[8 · 30]
say what you mean and mean what you say	[10 · 28]

scapegoat	[8 · 31]
see eye to eye	[10 · 13]
seek and you shall find	[11 · 5]
sell someone down the river	[9 · 13]
separate the wheat from the chaff	[10 · 22]
set in stone	[5 · 12]
settle the score	[8 · 25]
seven year itch	[9 · 20]
show a leg	[8 · 1]
show one's true colors	[6 · 21]
sign of the times	[11 · 11]
siren song	[6 · 18]
Sisyphean labor	[3 · 19]
sit on the fence	[8 · 7]
skeleton in the closet	[7 · 27]
snake in the grass	[1 · 7]
Sodom and Gomorrah	[6 · 4]
sour grapes	[6 · 30]
sow dragon's teeth	[3 · 27]
sow the good seed	[11 · 23]
speak of the devil	[7 · 18]
spill the beans	[5 · 3]
steal someone's thunder	[9 · 9]
stone's throw away	[12 · 4]
straight and narrow	[11 · 6]
straight from the horse's mouth	[8 · 15]
strain at a gnat and swallow a camel	[11 · 18]

swap horses in midstream [1 · 3]

take the bull by the horns [3 · 6]

take the piss [7 · 29]

take …… with a grain of salt [5 · 9]

tantalize [3 · 17]

the blind leading the blind [5 · 11]

the brand of Cain [2 · 5]

the eyes are the window of the soul [11 · 1]

the face that launched a thousand ships [5 · 30]

the grass is always greener on the other side of the fence

[1 · 22]

the judgement of Solomon [9 · 7]

the last straw [1 · 31]

the leopard cannot change its spots [10 · 18]

the mountain in labor [6 · 23]

the pale horse [7 · 13]

the pot calling the kettle black [8 · 26]

the powers that be [12 · 21]

the proof is in the pudding [3 · 30]

the quick and the dead [12 · 27]

the rich get richer and the poor get poorer [11 · 10]

the root of the matter [9 · 23]

the spirit is willing but the flesh is weak [11 · 19]

the third degree [4 · 15]

the world is one's oyster [4 · 24]

the writing on the wall [10 · 21]

There are none so blind as those who will not see [10 ∘ 17]

there is nothing new under the sun [10 ∘ 4]

this too shall pass [9 ∘ 29]

three score and ten [4 ∘ 2]

throw cold water on [5 ∘ 17]

throw the baby out with the bath water [6 ∘ 5]

to a T [10 ∘ 27]

to everything there is a season [10 ∘ 5]

touch pitch [4 ∘ 5]

touch wood [3 ∘ 28]

tower of Babel [1 ∘ 8]

turn a blind eye [7 ∘ 22]

turn the other cheek [11 ∘ 27]

two-edged sword [10 ∘ 2]

under the aegis of [6 ∘ 3]

under the weather [8 ∘ 27]

up to scratch [8 ∘ 28]

vandalism [8 ∘ 22]

wake up on the wrong side of the bed [3 ∘ 7]

wash one's hands [11 ∘ 21]

wear one's heart on one's sleeve [4 ∘ 9]

weigh in the balance [9 ∘ 24]

What God has joined together let no man put asunder

[5 ∘ 21]

하루 영어교양
: 매일 한 줄로 익히는 서양 문화 상식 365

2021년 12월 24일   초판 1쇄 발행
2023년 5월 4일   초판 3쇄 발행

지은이
서미석

펴낸이	**펴낸곳**	**등록**
조성웅	도서출판 유유	제406-2010-000032호(2010년 4월 2일)

주소
주소 경기도 파주시 돌곶이길 180-38, 2층 (우편번호 10881)

전화	**팩스**	**홈페이지**	**전자우편**
031-946-6869	0303-3444-4645	uupress.co.kr	uupress@gmail.com

	페이스북	**트위터**	**인스타그램**
	facebook.com /uupress	twitter.com /uu_press	instagram.com /uupress

편집	**디자인**	**조판**	**마케팅**
사공영, 조은	이기준	정은정	전민영

제작	**인쇄**	**제책**	**물류**
제이오	(주)민언프린텍	다온바인텍	책과일터

ISBN 979-11-6770-021-6 03740

하루 한자 공부
내 삶에 지혜와 통찰을 주는 교양한자 365
이인호 지음

하루에 한 자씩 한자를 공부할 수
있는 책. 한자의 뿌리를 해설한
여러 고전 문헌과 여러 중국학자의
연구 성과를 두루 훑어 하루에
한자 한 자씩을 한자의 근본부터
배울 수 있도록 한다. 무조건
암기하기보다는 한자의 기초부터
공부하도록 해 한자에 대한
기초체력을 키우는 데 중점을 둔
책으로, 하루 한 글자씩 익히다
보면 어느새 한자에 대한 자신감이
붙을 것이다.

하루 명언 공부
**내 삶에 지혜와 통찰을 주는
명언명구 365**
김영수 지음

하루에 한 구절 고전을 공부할 수
있게 돕는 책. 긴 세월을 거쳐 온갖
비평을 이겨 내고 살아남은 인문학
고전에서 짧지만 깊은 가르침을
담은 구절만을 가려내어 뜻을 붙이고
해설을 더했다. 『사기』, 『논어』,
『손자병법』, 『도덕경』, 『채근담』
등 우리에게 비교적 익숙한 문헌뿐
아니라 『고문관지』, 『당척언』,
『서경잡기』, 『성리대전』, 『여씨춘추』
등 국내에 제대로 소개되지 않아
쉽게 접하기 힘들었던 문헌까지
총망라해 사계절, 열두 달에 맞춰
배치했다. 총 12장. 윤달까지 챙겨
366꼭지로 구성된 책의 각장
첫머리에는 이백, 임걸, 백거이, 왕유
등의 시가 수록되어 있어 한시의
멋과 흥취도 맛볼 수 있다.

하루 쓰기 공부

매일 써야 하는 당신을 위한 365일의
회복탄력성 강화

브라이언 로빈슨 지음, 박명숙 옮김

『하루 쓰기 공부』는 글쓰기의
기술에 관한 책이 아니라 글쓰기의
'회복탄력성'에 관한 책이다.
회복탄력성은 삶의 불확실성에
걸려 넘어져도 오뚝이처럼 다시
일어서는 힘, 불안과 두려움을
딛고 앞으로 나아가는 힘을 일컫는
말이다. 미국의 작가이자 저명한
심리치료사 브라이언 로빈슨은
이 책에서 버지니아 울프, 어니스트
헤밍웨이, 스티븐 킹, 토니 모리슨,
조앤 K. 롤링, 마거릿 애트우드
같은 저명한 작가, 예술가,
심리학자, 철학자, 저널리스트 등이
건네는 명언과 함께 명상, 숨쉬기
훈련, 요가 연습, 스트레스를
다루는 법과 스트레스 완화 훈련,
수면 활동과 식습관 돌보는 법
등을 안내한다. 하루에 하나씩
저자가 소개하는 365개의 문장과
조언을 읽어 나가면 마음의 근육을
강화할 수 있을 것이다.